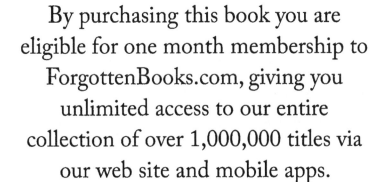

ISBN 978-0-266-31303-8
PIBN 10369112

HISTOIRE

E LA LITTÉRATURE

RÉVOLUTIONNAIRE

DU MÊME AUTEUR

Chasteté, 1 vol. . . . . Prix. 3 fr.

Saint-Amand (Cher). — DESTENAY, imprimeur breveté.

HISTOIRE

DE

LA LITTÉRATURE

RÉVOLUTIONNAIRE

PAR

GEORGES DUVAL

PRÉCÉDÉE

D'UNE INTRODUCTION

PAR M. HENRI MARCHAL

PARIS

E. DENTU, ÉDITEUR

LIBRAIRIE DE LA SOCIÉTÉ DES GENS DE LETTRES

PALAIS-ROYAL. 15, 17, 19, GALERIE D'ORLÉANS

—

1879

A MADAME VEUVE MANDON.

A la fin de son admirable livre sur la littérature au dix-huitième siècle, arrivé à la cinquante-huitième leçon, M. Villemain s'arrête au seuil de la Révolution Française. Il se demande si c'est vraiment la peine de continuer. Puis il entre timidement, salue Mirabeau, les Chénier, Condorcet, madame de Staël, M. de Maistre, les seuls qu'il semble reconnaître.

Nous avons supposé qu'à l'exemple des princes d'avant 1789, qui ne croisaient l'épée qu'avec leurs égaux, M. Villemain retenu par sa noblesse de plume, n'avait pas cru nécessaire de songer aux écrivains qui n'étaient pas de sa haute taille. Et le plus humble de ses disciples, n'ayant pas les mêmes raisons de nous montrer difficile, nous avons entrepris la tâche qu'il avait dédaignée.

Tel, est ma chère grand'mère, le travail que je te dédie.

Puisses-tu y trouver comme un complément aux nombreuses lectures qui ont fait de toi, avec la mémoire des événements, que tu possèdes si bien, une des plus charmantes causeuses que je sache.

Accepte-le comme un témoignage de la vénération et de la reconnaissance de ton petit-fils.

GEORGES DUVAL

INTRODUCTION

SUR

L'ÉTAT DES LETTRES EN FRANCE

AU COMMENCEMENT DE LA RÉVOLUTION [1]

Quand Louis XIV ne fut plus, la plupart des hommes qui semblaient nés pour sa grandeur et pour son règne l'avaient précédé dans la tombe. Sous la régence, les Français, fatigués des discordes intérieures et des querelles scolastiques, se précipitèrent dans la licence, dont une cour scandaleuse donnait le signal et l'exemple. Cependant, Massillon soutenait encore l'éloquence, et Rousseau la poésie. Crébillon tenait d'une main ferme le poignard de Melpomène; Fontenelle répandait sur les sciences une lumière nouvelle; Chaulieu conservait l'urbanité du bon temps; enfin les Sully, les La Feuillade,

[1] La Harpe.

le grand prieur de Vendôme, maintenaient les principes d'une saine littérature.

Dans cette société d'élite se trouva porté le jeune Arouet, si fameux depuis sous le nom de Voltaire, qui frappa le monde par la vivacité de son esprit, la hardiesse satirique de ses productions. Il venait d'écrire sous les verrous de la Bastille, le second chant de *la Henriade*. Quelques années après paraissait son coup d'essai dramatique : *Œdipe*, précédant de plusieurs mois *le Poème de la Ligue, et le Poème de Fontenoy*, le seul du genre héroïque dont on se souvienne. Voltaire était, pour le moment, le poète de la cour, et ce moment, celui de sa fortune, ne fut en rien, il faut bien l'avouer, celui de son génie. C'est pour la cour qu'il fit *la Princesse de Navarre*, *le Temple de la Gloire*. Il réussit mieux dans le *Poème de la Loi naturelle* auquel devait succéder un espèce de monstre en épopée comme en morale : *la Pucelle*.

En même temps était publié le poème de *La Religion* de Racine fils, qui sans être un homme de génie, a été un écrivain d'un talent réel, un versificateur de bon goût, qui devait appeler, s'il est vrai qu'il y ait des successions en art, les poésies de l'abbé de Bernis. Puis ce fut *l'Art d'Aimer de* Gentil Bernard, *Vert-Vert* de Gresset, le poème sur *la Peinture* de Lemierre, *les Saisons* de l'abbé Delille, etc. etc.

Au-dessus de tous continuait à planer Voltaire qui luttait contre le souvenir de Corneille et de Racine. Nous avons cité *Œdipe*. *Artémise* fut mal reçue. *Marianne* eut un succès dû, sans doute, aux beautés des détails. Un séjour de plusieurs années que Voltaire fit en Angleterre eut une influence marquée sur un génie que la liberté de penser devait développer. Quatre tragédies qu'il donna successivement depuis son retour, *Brutus*, *Eriphile*, *Zaïre* et *la Mort de César*, démontrèrent combien la société et le spectacle d'un peuple libre pouvaient imprimer l'austérité des idées républicaines, à un esprit rempli jusque-là de toutes les séductions de la régence, et que rien n'avait encore averti de penser librement. Le talent de Voltaire prit alors un essor plus élevé et plus hardi. Le même esprit qui avait dicté *la Henriade*, relevé par des succès plus sûrs, parut revivre dans *Alzire* et bientôt après dans *Mahomet*. Cet esprit, qui consistait alors uniquement dans des maximes de tolérance civile, dans des leçons d'humanité, et dans le désir de rendre utiles aux hommes les plaisirs de l'imagination, introduit dans la tragédie, comme il l'avait été dans l'épopée, mais avec plus de force et plus d'effet, marqua les productions de Voltaire d'un caractère particulier qui se fit sentir plus particulièrement encore dans *Mérope*, un des plus beaux sujets qu'il fût possible de traiter, dans *Oreste*, et dans *Rome sauvée*.

Simultanément florissait Crébillon, dont le nom fut longtemps le mot de ralliement d'un parti nombreux. *Idoménée* fit attendre *Atrée*, comme *Atrée*, *Rhadamiste* qui fut sa meilleure pièce. Puis, tant la poésie dramatique est à la fois séduisante et périlleuse, ce furent La Grange Chancel, La Mothe, Piron, Le Franc de Pompignan, La Noue, Guymond de la Touche, Chateaubrun, Lemierre, Saurin, de Belloy, auteurs nés avec du talent et de l'imagination, mais qui avaient plus de ressources dans l'esprit que de feu poétique et de verve théâtrale, s'exprimant quelquefois en rhéteurs, mais jamais en poètes.

Au XVIIIe siècle, la comédie ne fut pas aussi heureuse que la tragédie, et il lui fallut, pour composer un très-petit nombre d'ouvrages, réunir les efforts de trois ou quatre écrivains, dont chacun ne put élever qu'un seul monument, et qui sont tous restés fort au-dessous de Molière. *Le Glorieux*, *la Métromanie*, *le Méchant*, voilà les titres dont Thalie s'honore le plus. Citons pour mémoire les noms de Boissy, Le Sage, Le Grand, Fasan, La Mothe, Pont de Veyle, Desmahis, Barthe, Collé, La Noue, Marivaux, Sainte-Foix, Chamfort, La Chaussée; pour le drame, Diderot, qui crut avoir fait une grande découverte en proposant la tragédie domestique, Saurin, Sedaine et Fabre.

Un homme pourtant, composé de singularités bien remarquables, même dans ce siècle, ou tant de choses ont été singulières, un homme devait avoir au théâtre des succès sans exemples, j'ai nommé Beaumarchais. Beaumarchais courut au gré de son génie, qui était celui de la gaîté spirituelle et satirique. Le premier il eut le courage de faire la satire de son gouvernement et le gouvernement, étourdi, consentit à ce qu'on l'apostrophât en plein théâtre.

Puisque nous sommes dans le domaine de la poésie, citons, pour être complet, le nom de La

Mothe, le premier que l'ordre des temps amène sous nos yeux dans le genre de l'ode, où il obtint de son vivant, et même en concurrence avec Rousseau, qui l'avait précédé, une réputation qui ne lui a pas survécu. Le nom de Le Franc de Pompignan vient également sous notre plume, bien que ses odes et ses poésies sacrées aient été vite oubliées, dans un temps où la philosophie succédait à la religion sous les auspices de Voltaire et des encyclopédistes, ainsi que ceux de Malfilâtre dont les amateurs de poésie déplorèrent vivement la perte prématurée, de Thomas, de Gilbert, de Colardeau, de Florian et de Bonnard.

L'éloquence suivit la pente générale des esprits et des mœurs, dans ses acquisitions comme dans ses pertes : elle fit des progrès au barreau et baissa dans la chaire. Mais lorsque, s'associant à la philosophie, elle n'en prit que ce qu'il y avait de bon, elle acquit de nouvelles beautés puisées dans de nouveaux objets. Elle considéra le monde physique et moral, dans ses rapports les plus étendus, les gouvernements dans leur origine et dans leur nature, l'homme dans ses droits primitifs et ses titres ineffaçables. C'est ainsi qu'en se mêlant à tous les genres, elle en éleva souvent le ton et en agrandit les effets.

A mesure qu'on s'avança vers la fin du XVIIIe siècle, l'éloquence du barreau devint plus substantielle en s'approchant quelquefois des questions de droit public et de jurisprudence universelle. On aperçoit ce progrès philosophique dans quelques mémoires de Loiseau, de Target, d'Elie de Beaumont, qui eurent à traiter des causes comme celles de De Portes, des Calas, de Beresford, où la philosophie législative pouvait développer des vues générales, soutenues par des moyens oratoires. Quant à l'éloquence de la chaire, la suite naturelle des efforts que fait l'esprit pour chercher un mieux imaginaire, quand le génie a trouvé le beau réel, devait l'entraîner dans une décadence complète. La raison attachante de Bourdaloue, l'élégance de Massillon, la pureté de Fléchier, le sublime de Bossuet, firent place dans l'oraison funèbre et dans le sermon à tous les défauts qui dominent dans l'abbé de la Tour du Pin, l'abbé Clément, le père Elysée, le père Sensaric, Segaud, Neuville, l'abbé Poulle et l'abbé de Boismont.

Il faut attribuer encore leur manque de force, d'élévation, de pathétique, à la philosophie positive qu'ils ne surent pas contenir dans les bornes ou elle se doit renfermer en matière de religion. Il y a des instants où l'esprit philosophique, quand il veut avancer trop avant, s'obscurcit, où son flambeau s'éteint. C'est à ces moments qu'il faut s'arrêter. La foi lui laisse tout ce qu'il peut comprendre, elle ne lui ôte que les mystères et les objets impénétrables. Ce partage doit-il irriter la raison? Qu'il creuse autour des fondements de la religion. Qu'il essaye de les ébranler, qu'il descende jusqu'à cette pierre antique tant de fois rejetée par les incrédules, et qui les a tous écrasés. Mais lorsque, arrivé à une certaine profondeur, il aura trouvé la main du Tout-Puissant, qu'il s'arrête et n'aille pas jusqu'aux enfers. La philosophie ne saurait mener plus loin sans égarer. Une fois entrée dans les abîmes de l'infini, elle doit se voiler les yeux et remettre l'homme avec confiance entre les mains de la foi.

Mais elle régnait en maîtresse. Depuis le premier jusqu'au dernier, depuis Voltaire jusqu'à Mercier, tous étaient philosophes.

La philosophie du siècle avait été inaugurée par Fontenelle, qui la réconcilia avec les grâces. Puis était venu Montesquieu, dont la carrière fut consacrée tout entière à la méditation des plus grands projets et qui, après *les lettres Persanes*, faisait paraître l'*Esprit des Lois*, le monument du siècle le plus extraordinaire. Pouvait-on, en effet, avec tant de substance et si peu d'étendue, mêler plus heureusement la philosophie à la politique? prendre de l'une la justesse des idées générales, de l'autre celle des applications particulières, deux choses très-différentes, et qui, faute d'être réunies, ont produit si souvent, ou des législateurs qui n'étaient nullement philosophes, ou des philosophes qui n'étaient nullement législateurs. Ensuite parurent : Buffon qui, à l'imitation de Pline, prêtait à la raison le langage de l'imagination, et le premier qui des richesses de la science ait fait celle de la langue française, sans corrompre ou dénaturer ni l'une ni l'autre ; d'Alembert qui projeta l'Encyclopédie et sut ranger dans un ordre méthodique et lumineux toutes les acquisitions de l'esprit humain ; Condillac enfin qui répandait sur la métaphysique de Locke les rayons de l'évidence. Tels furent ceux qui formèrent la première classe.

La seconde se compose de moralistes comme Vauvenargues et Duclos.

Nous arrivons à la pléiade qui coopéra le plus vivement à l'avènement de la révolution, composée d'hommes qui surent travailler d'ensemble et faire pour ainsi dire coin dans le vieux siècle.

Toussaint, par qui nous commençons, en suivant l'ordre des temps et des choses, fut le premier du siècle qui se proposa un plan de morale naturelle, indépendant de toute croyance religieuse et de tout culte extérieur. Son livre *des Mœurs*, qui parut en 1748, lui valut d'ailleurs les sévices de la magistrature, qui le força de se réfugier à Berlin, où il mourut. Mais le premier code du déisme était publié, l'élan était donné.

A peu près à la même époque, Helvetius, un des plus profonds admirateurs de Maupertuis, publiait sa *Logique*, son livre de l'*Esprit*, tandis que Diderot donnait les *Pensées Philosophiques*. On avait, jusqu'à ce jour, conclu à l'existence de Dieu comme premier fondement d'une religion et d'un culte public. Diderot en admettant le premier fondement, rejetait une religion et un culte public. Il alla plus loin. Sous le prétexte de retrancher toutes superstitions, il crut devoir opposer seulement les passions aux passions, afin d'affranchir l'homme de « ces petits moyens puérils » de morale et de religion, « en« traves honteuses que des législateurs ineptes « ou hypocrites ont crues de tous temps néces« saires, et que la philosophie du dix-huitième « siècle, a seule appris à briser. » L'auteur semble s'être fait déiste pour mieux combattre les athées. Il avait été déjà théiste avec Maftesburg et plus tard devait se dire chrétien « parce qu'il est raisonnable de l'être. » Voltaire a fait dans sa vie une cinquantaine de professions de foi.

Les *Lettres sur les Aveugles*; *l'Interprétation de la nature*, et *le Principe de Philosophie morale*; le traité de l'*Education publique*, qui parut au moment ou la destruction des Jésuites laissait un vide dans l'instruction publique et quand l'*Emile* de Rousseau venait de réveiller l'attention à ce sujet; *le Code de la Nature*, qui n'était autre chose que la doctrine du bonheur commun, l'égalité des biens substituée à la propriété, forment tout le fond du système révolutionnaire. Ce furent autant de matériaux pour l'édification du monument à la philosophie, qui devait, comme un phare colossal, éclairer le siècle à venir.

Jean-Jacques Rousseau fut un de ceux qui soutinrent avec le plus de force et, il faut le dire, le plus de gloire, la théorie de l'égalité des hommes devant Dieu, dont ils sont les créatures. Dans l'ordre naturel ne sont-ils pas égaux par les mêmes imperfections et les mêmes besoins, par les mêmes droits à ses bienfaits, à raison de sa souveraine bonté, qui se doit également à tout ce qui tient de lui l'être et la vie : égaux par les mêmes tributs d'hommage, de reconnaissance et d'amour que des enfants doivent à leur père.

Il démontra, avec le même bonheur que dans l'ordre social, qui n'est qu'une conséquence nécessaire de la nature de l'homme, les hommes sont encore égaux, en ce sens qu'ils ont tous les mêmes droits d'être également protégés par les lois générales, expressément ou tacitement consenties par tous, pour assurer à tous la jouissance possible de leurs avantages naturels ou acquis, de leurs propriétés légitimes, des fruits de leur industrie, en un mot, de tout ce que l'intérêt commun maintient par la force commune contre les violences particulières.

Quelque forme ou quelque nom qu'ait pris cet ordre social, quel que soit le gouvernement adopté pour en être la garantie, que sa constitution soit plus ou moins monarchique, plus ou moins républicaine, ou, en d'autres termes, qu'elle se rapproche plus ou moins, suivant les convenances du territoire et de la population, soit du pouvoir d'un seul, soit du pouvoir de plusieurs, soit du pouvoir du plus grand nombre, telle est, en tout état de chose, la seule égalité sociale et politique. Jamais il n'y en eut, et jamais il ne put y en avoir d'autre.

L'histoire de tous les siècles n'offre aucune exception à ce principe, fondé sur la nature et sur l'expérience ; et, ce qui est plus fort, c'est qu'après avoir essayé de mettre en doute quelques-unes des vérités de Rousseau, la nation fut obligée d'y revenir, au moins en théorie, et de consigner dans un acte constitutionnel cette définition de l'égalité (*Constitution de* 1795), comme elle s'est crue obligée de proclamer et d'afficher à la fin du dix-huitième siècle, qu'elle reconnaissait un Être suprêmé.

A l'époque qui nous occupe, sauf Voltaire, les historiens furent rares. Quelques traducteurs, le Président de Brosses, Gibbon, firent remonter le cour des idées, l'un jusqu'à la république romaine, l'autre jusqu'à la chute de l'empiré romain, et ce fut à peu près tout. C'était à notre siècle qu'était réservé l'honneur de produire les Thiers, les Michelet, les Edgard Quinet, et tant d'autres maîtres en l'art de faire revivre le passé.

Dans le domaine du roman, trônait Lesage, l'auteur de *Gil-Blas*, le tableau le plus parfait, le plus moral et le plus animé de la vie humaine, où il dépensa autant d'esprit que dans *Turcaret*. *Gil-Blas* est peut-être le seul roman de l'époque qui ne soit pas guindé sur une morale stoïque et désespérante, qui n'offre jamais de la vertu et de l'humanité qu'un modèle idéal que personne ne peut se flatter d'atteindre. L'auteur y a peint les hommes tels qu'ils sont, capables de fautes et de repentirs, de faiblesses et de retours : il n'affecte point ce rigorisme outré que l'expérience dément, et que condamne une meilleure philosophie, parce qu'en exigeant trop des hommes, on les décourage, et qu'en ne pardonnant rien, on leur ôte l'envie et l'espoir de se corriger.

Sans m'arrêter à une foule de bagatelles, je passe tout de suite aux romanciers dont les ouvrages sont demeurés avec plus ou moins de réputation.

Marivaux et l'abbé Prévost, tous deux au premier rang, y sont parvenus par une route toute différente. L'un n'a pour lui qu'un seul ouvrage, dont la supériorité lui a tenu lieu de productions nombreuses : *Marianne*; l'autre, au contraire, a nui à la renommée de ses bons ouvrages, par la quantité de ses productions médiocres. Il faut en excepter cependant *Manon Lescaut* qui, grâce à la passion et à la vérité qui y dominent, est un des romans français qui survivront le plus longtemps avec *Paul et Virginie* de Bernardin de Saint-Pierre.

Citons encore le roman de Crébillon, où la corruption semble être érigée en système et l'indécence en bon air ; *le Comte de Comminge*, de madame de Tencin, qui peut-être regardé comme le pendant de *la Princesse de Clèves; la Comtesse de Savoie*, de madame de Fontaine, dont Voltaire me paraît avoir tiré le sujet de *Tancrède;* les *Lettres du marquis de Roselle*, de madame Elie de Beaumont; les *Lettres Péruviennes* qui devaient immortaliser la mémoire de madame de Graffigny; *le Marquis de Cressy* de madame Riccoboni; *les Incas* de Marmontel et *la Grenade Reconquise* de M. de Florian.

C'est à l'auteur de *Cléveland* qu'il convenait d'être le traducteur de Richardson. L'abbé Prévost fut le premier qui transplanta parmi nous, et y naturalisa pour ainsi dire cette branche si riche de la littérature anglaise. Il eut un grand imitateur, l'auteur de *la Nouvelle Héloïse*, qui a beaucoup de rapport avec *Clarisse*, avec cette différence que l'imagination est la qualité dominante de Richardson, tandis que la philosophie et l'esprit de controverse caractérisent Rousseau qui porte dans l'une et dans l'autre, la plus grande éloquence.

S'il ne faut pas regarder *Emile* comme un roman, nous arriverons de suite à celui qui s'est ouvert des sentiers nouveaux dans toutes les carrières où il est entré après d'autres. Voltaire a voulu faire des romans, et il fallait bien que les siens ne ressemblassent pas à ceux qu'on avait faits. Il écrivit *Zadig*, *Candide*, *Memnon*, *Scarmentado*, l'*Ingénu*, caractérisés par un fond de philosophie semée partout dans un style rapide, ingénieux et piquant, rendus plus sensibles par des contrastes saillants et des rapprochements inattendus, qui frappent l'imagination et qui semblent à la fois le secret et le jeu de son génie.

Nous terminerons là ce court exposé de l'état de la littérature en France au commencement de la Révolution, jusqu'au jour où sonna l'heure de 1789. On sait avec quel empressement y donna tout le monde, tête baissée.

Le choc fut prompt, le réveil terrible, le désabusement amer et cruel.

Ce fut en résumé l'époque où la littérature a donné l'impulsion à la philosophie, où la réflexion s'est tournée vers les questions qui intéressaient la religion et la politique; où la révolution des esprits a commencé. On aperçoit déjà les premières nuances du grand changement que la liberté politique devait produire dans la littérature, en comparant les écrivains du siècle de Louis XIV avec ceux qui nous ont occupé ; et l'on en arrive à se demander si la Révolution permettra à la France tant d'émulation et tant de gloire ?

DE LA

LITTÉRATURE RÉPUBLICAINE

Si les passions, les intérêts,les jalousies et les cabales ne venaient point à l'encontre de tous les grands mouvements et de toutes les nobles inspirations, les grands siècles seraient ceux des Révolutions! La liberté, l'égalité politique et les mœurs qui s'accordent avec ces institutions, permettent à la pensée une éclosion nouvelle, et lui laissent la faculté de se développer et d'être l'expression du caractère d'une nation. Or une nation n'a de caractère que lorsqu'elle est libre, tant la législation d'un peuple a de puissance sur ses goûts, ses talents et ses habitudes.

Lacédémone a existé à côté d'Athènes[1].

L'égalité politique ne pouvant subsister que si l'on classe les différences d'éducation avec encore plus de soin que la féodalité n'en mettait dans les distinctions arbitraires, la pureté du langage, la noblesse des expressions, l'image de la fierté des âmes, deviennent plus que jamais nécessaires dans un Etat fondé sur des bases démocratiques. Auparavant, certaines barrières factices empêchaient la confusion totale des diverses éducations : mais lorsque le pouvoir ne repose que sur la supposition du mérite personnel, quel intérêt ne doit-on pas mettre à conserver à ce mérite tous ces caractères extérieurs.

L'indépendance républicaine doit donc chercher à imiter la correction des auteurs du siècle de Louis XIV, pour que les pensées utiles se propagent, et que les ouvrages philosophiques soient des ouvrages classiques en littérature. Le bon goût est inséparable des bonnes mœurs.

[1] Mme de Staël.

Elle permettra aussi de transporter dans la littérature des beautés plus énergiques, un tableau plus philosophique et plus déchirant des grands événements de la vie. La république développant nécessairement des passions plus fortes, l'art de peindre doit s'accroître en même temps que les sujets s'agrandissent, de même que permettant au génie de changer les gouvernements, elle doit inspirer des écrits éloquents par le même mouvement qui la rend susceptible d'actions courageuses. Toutes les récompenses de la monarchie, toutes les distinctions qu'elle peut offrir ne donneront jamais une impulsion égale à celle que fait naître l'espoir d'être utile. La philosophie elle-même n'est qu'une occupation frivole dans un pays où ses lumières ne peuvent pénétrer dans les institutions. Lorsque la pensée ne peut jamais conduire à l'amélioration du sort des hommes, elle devient, pour ainsi dire, une occupation efféminée ou pédantesque. Celui qui écrit sans avoir agi ou sans vouloir agir sur la destinée des autres, n'empreint jamais son style ni ses idées, du caractère et de la puissance de la volonté.

Vers le XVIIIe siècle, quelques écrivains français ont conçu, pour la première fois, l'espérance de propager utilement leurs idées spéculatives; leur style en a pris un accent plus mâle, leur éloquence une chaleur plus vraie. L'homme de lettres, alors qu'il vit dans un pays où le patriotisme des citoyens ne peut jamais être qu'un sentiment stérile, est, pour ainsi dire, obligé de s'exciter à l'émotion pour en saisir les effets, de se modifier pour écrire, et de se placer, s'il le peut, en dehors de lui-même pour examiner quel parti littéraire il peut tirer de ses opinions et de ses sentiments.

Parmi les choses qui doivent le plus favoriser la littérature républicaine, il faut citer encore l'amour de la gloire et l'émulation[1].

Quelques esprits s'alimentent du seul plaisir de découvrir des idées nouvelles; et dans les sciences exactes surtout, il y a beaucoup d'hommes à qui ce plaisir suffit. Mais lorsque l'exercice de la pensée tend à des résultats nouveaux et politiques, il doit nécessairement avoir pour objet d'agir sur la destinée des hommes. A Athènes, à Rome, dans les villes dominatrices

[1] Mme de Staël.

du monde civilisé, en parlant sur la place publique, on disposait des volontés d'un peuple et du sort de tous ; de nos jours, c'est par la lecture que les événements se préparent et que les jugements s'éclairent. Le littérateur pouvant se sentir le maître d'une nation, grâce à la seule puissance de son génie, on comprend quel intérêt il doit avoir à briguer le premier rang par la force de ses moyens de convaincre et l'espérance d'un résultat prochain.

En avançant dans ce travail, quand nous étudierons les hommes qu'a produits la Révolution de 1789, nous verrons, hélas ! plutôt ce qu'ils ont fait que ce qu'ils auraient pu faire. Nous aurons l'occasion de regarder de près comment les passions et les événements modifient certaines lois. Il nous suffira pour cela de parcourir ensemble l'intervalle des dix années qui s'étendent depuis la prise de la Bastille jusqu'au 18 brumaire, depuis le moment où s'ouvrit la brèche contre l'ancien régime jusqu'au jour où recommencera l'ère d'un régime nouveau. Cet intervalle fut tout révolutionnaire sans aucun repos, perpétuellement coupé par des catastrophes. La plus longue durée de chaque régime (si l'on peut appeler de ce nom le règne éphémère de constitutions mouvantes) était de trois années. Il ne se passa jamais trois ans sans une révolution — nous ne parlons par des insurrections, il y en avait tous les jours — ou un coup d'Etat comme celui de Fructidor, qui venait avertir que rien n'était établi.

Pour qu'une littérature ait de la vie avec ensemble et consistance, il faut une certaine habileté non éloquente ; il faut pour l'émulation, un cercle de juges compétents et d'élite, quelque chose ou quelqu'un qui organise, qui régularise, qui modère et qui contienne, que l'écrivain ait en vue et qu'il désire de satisfaire ; sans quoi, il s'émancipe outre mesure, il se disperse et s'abandonne. Au XVIIe siècle on avait eu Louis XIV aidé de Boileau. Au XVIIIe siècle on avait la société, *l'opinion*, cette reine d'alors. Les grands siècles littéraires ont toujours eu ainsi un juge, un tribunal dispensateur de qui l'écrivain se sentait défendu.

En 1789, il y eut un moment d'inspiration générale, un souffle uuiversel et rapide qui suffit pendant quelque temps à la production divine et spontanée des œuvres. Mais les années qui suivirent étranglèrent bien vite le progrès au passage.

On saisirait pourtant un moment, vers 1795, où une littérature républicaine parut avoir chance non-seulement de se développer, mais de s'établir. Jamais la patrie n'avait été plus belle et plus grande, les orages de la Révolution paraissaient calmés et, pour me servir de la pittoresque expression de M. Thiers, « on regardait ces restes d'agitation comme la vie même d'un Etat libre. » La France, au comble de la puissance, resplendissante d'une gloire immortelle, était maîtresse de tout le sol qui s'étend du Rhin aux Pyrénées, de la mer aux Alpes. D'admirables armées faisaient flotter les trois couleurs à la face des rois qui avaient voulu l'anéantir. Vingt héros, divers de caractère et de talent, pareils seulement par l'âge et le courage, conduisaient les soldats à la victoire : Hoche, Kleber, Desaix, Moreau, Joubert, Masséna, Bonaparte, et une foule d'autres encore s'avançaient ensemble. Les talents littéraires ne manquaient pas, non plus qu'une sorte d'inspiration particulière, dont on trouve des exemples dans les écrits d'alors, dans ceux de Garat, de Daunou, de M.-J. Chénier, de Lemercier, de Benjamin Constant, dont Mme de Staël a essayé de construire la théorie dans son livre de *la Littérature* publié en 1800. Mais il eût fallu pour cela que le Directoire durât avec la Constitution de l'an III, et il était impossible que le Directoire durât.

Si les événements ont été contraires à l'apogée auquel on pouvait s'attendre, les passions ont certainement fait le reste. Tout état social ou insocial, tout ordre ou désordre politique a ses préjugés ; la démocratie a les siens comme la monarchie, puisque les préjugés ne sont que des opinions nécessaires, adoptées sans réflexion par les passions ou par l'ignorance. Les passions sont de tous les hommes et de tous les temps, et l'ignorance appartient surtout à un nouvel état de choses, puisque les lumières ne sont, pour le commun des hommes que le résultat de l'expérience. C'est peut-être pour cela que les vieilles monarchies ont bénéficié des efforts des jeunes Républiques. Au commencement de la Révolution, nous avions toutes les lumières nécessaires pour que le monde sentît les défauts de ce qui était : mais en avions-nous assez pour savoir généralement ce qui devait être et assez de vertu pour le vouloir? Il est aujourd'hui trop sûr que la république d'alors a été infectée de tous les vices d'une ancienne corruption, et que trop de gens ont spéculé sur la liberté aussi bassement qu'ils avaient autrefois spéculé sur la servitude. Il n'est pas moins certain que la multitude qui a su détruire, étant trop peu instruite pour édifier, a été la dupe des fripons qui ne voulaient bâtir que pour eux-mêmes.

Malgré ces événements et ces passions, et si 89 arrêta certains talents déjà formés, elle en produisit d'autres à l'instant, et la France naquit du même jour à la vie et à l'éloquence politiques. Les Romains qui mettaient volontiers toute la littérature dans l'éloquence, ce grand instrument de gouvernement (*Tu regere imperio...*) disaient que rien n'était plus favorable à la production des talents que les jours d'orage. Montaigne prétendait que les champs libres et indomptés portaient les herbes les plus gaillardes. Mais cela était vrai pour les Romains, plutôt que pour nous peut-être. C'étaient de rudes athlètes et plus faits que nous à un antagonisme violent. Mais sans prétendre nier que le souffle des grandes tempêtes aille chercher jusque dans les profondeurs de la société et y exciter tous les hommes qui se sentent faits pour les luttes publiques et pour l'action, il n'est pas moins certain que ces époques en dévorent beaucoup avant l'heure de la maturité ; et surtout qu'elles effarouchent, qu'elles fassent rentrer en elles-mêmes ces autres natures tendres, poétiques, rêveuses, si éminemment littéraires. Virgile court risque d'y périr, et Horace attendra que la foudre ait fait silence pour commencer à chanter. Il suivra le précepte de Pythagore : « Dans la tempête il faut adorer l'écho. »

En somme, s'il ne se fit point, s'il ne put se faire de grandes compositions littéraires durant les dix années ardentes de la Révolution, la tribune eut ses moments de tonnerre et d'éclat, la scène eut ses soirées brillantes, comme la presse eut ses pamphlets implacables. D'illustres savants, des têtes puissantes, celle d'un Lagrange ou d'un La Place, s'isolèrent, s'enfermèrent, comme Archimède, dans la haute sphère, dans la sphère d'Uranie, et développèrent d'une plume aidée du compas leurs conceptions inaltérables. C'étaient là des éléments encore assez riches pour tenter un écrivain et lui servir d'excuses aux yeux de ceux qui voudraient lui reprocher la hardiesse de son entreprise.

LIVRE I

LA NAISSANCE DU PEUPLE

(Avril 1789 — 6 *Octobre* 1789)

I

ÉLOQUENCE

Il paraît tout simple à qui entreprend l'histoire littéraire d'une époque, de rechercher successivement, pour le soumettre à son analyse et à son examen, ce que cette époque a produit dans chaque genre. Cette méthode toutefois, exclusivement employée, a ses dangers, ses inconvénients.

Elle expose d'abord à ne pas distinguer assez, parmi tous ces genres dont on suit à part, pendant un certain nombre d'années, le développement, ceux qu'appelaient l'état des esprits, le cours des sentiments et des idées, qui en étaient l'expression naturelle et nécessaire, desquels, par conséquent, pouvait sortir quelque chose de caractéristique, d'original, et ceux qui ramenés, sans raison de reparaître, seulement par l'habitude, la routine, ne devaient donner lieu qu'à d'insipides et insignifiantes redites. Alors cette production, absolument dénuée de valeur, qui, dans une exposition générale eut été à peine indiquée, reçoit de l'attention particulière accordée à l'histoire d'une seule classe d'ouvrages, une importance exagérée ; et, rompant la proportion du livre, elle y occupe une place que réclamaient de plus dignes sujets d'étude.

L'application trop rigoureuse de la division par genres à l'histoire littéraire la faussa encore de plus d'une manière. Cette méthode d'exposition rompt le lien qui souvent rattache entre elles des compositions produites à la fois par une inspiration commune, sous des formes diverses. Elle disperse dans plusieurs chapitres la biographie des écrivains, et ce qui en fait le principal intérêt. Je veux dire le développement de leur esprit, de leur talent, la suite régulière, l'enchaînement et comme la généalogie de leurs œuvres. Enfin, et c'est là le plus grave reproche que l'on puisse adresser à cette méthode, dans ce morcellement universel qui en est l'effet inévitable disparaissent le mouvement, l'ensemble, l'unité de l'époque littéraire dont on annonçait l'histoire.

Une époque littéraire, en effet, pourvu qu'elle

mérite réellement ce nom, est quelque chose de distinct dans le mouvement général des lettres ; quelque chose qui se sépare en partie de ce qui le précède et de ce qui le suit, et qui en partie s'y rattache ; quelque chose qui a son point de départ et son terme, et, dans l'intervalle, ses vicissitudes et son progrès. Cette époque, si on ne la présente pas ainsi, dans un tableau où se concilie, tâche difficile, j'en conviens, avec la succession chronologique des faits l'ordre logique des idées, on peut en éclairer utilement certains points particuliers, par la patience et l'exactitude de ses recherches, par la justesse de ses appréciations, mais on n'en est pas, à proprement parler l'historien.

C'est ce qui nous a décidé à adopter la classification que l'on verra.

Le devoir de l'orateur, a dit Cicéron, est d'être en état de parler sur toutes les questions de l'ordre civil, en se conciliant, autant que cela peut dépendre de lui, l'assentiment des auditeurs. La qualité de son influence dépend donc uniquement du but qu'elle propose. On voit, avec le secours de l'histoire, l'éloquence causer bien des malheurs, mais on la voit aussi fonder des villes, éteindre des guerres, établir des alliances et serrer les nœuds d'une sainte amitié. L'éloquence sans la sagesse, peut être funeste aux Etats, mais sans l'éloquence la sagesse ne leur sera d'aucun secours. L'homme qui, oubliant la sagesse et le devoir, s'écarte des sentiers de l'honneur et de la vertu, pour donner tous ses soins à l'étude de l'éloquence, peut être un citoyen inutile à lui-même et dangereux pour sa patrie ; mais s'il s'arme pour défendre et non pour attaquer les intérêts de l'Etat, il se rend aussi utile à lui-même qu'à son pays, il mérite l'amour de ses concitoyens.

L'éloquence est la faculté de persuader et de convaincre en communiquant des impressions vives et fortes ; car pour émouvoir et entraîner les autres, il faut être soi-même vivement et fortement ému. *Quid est eloquentia, nisi continuus animæ motus?*

Les débats publics, qui chez les peuples précédent et éclairent les jugements où l'existence civile, les biens, l'honneur et la vie des citoyens sont intéressés, ont toujours ouvert un champ vaste à l'éloquence. Les plus anciens comme les plus nobles de ces débats, dont la tradition soit parvenue jusqu'à nous, sont ceux qui dans l'Egypte, cette terre classique de la sagesse, des sciences et des arts, préparaient les jugements rendus au nom du peuple pour ou contre la mémoire des rois après leur mort. Le peuple d'Athènes, au contraire, demandait tous les jours, à ceux qui plaidaient devant lui, des émotions et des flatteries nouvelles, tandis que l'arène judiciaire devait, à Rome, les premiers miracles du talent et de l'art.

C'est en France, après une éclipse de plusieurs siècles, que l'on vit renaître l'éloquence de la chaire avec l'aurore des lettres ; et l'éloquence politique avec la Révolution. Pour retrouver la liberté des débats populaires, il faut franchir dix-sept fois cent années, attendre sur les bords de la Tamise que se relève la tribune aux harangues, jusqu'à l'ouverture des États Généraux en France, où l'éloquence française monte à la Tribune politique.

Une vaste et magnifique tâche s'offre alors à l'acteur populaire.

Mirabeau l'entreprit.

Il y avait chez lui deux natures dont la réunion ne pouvait manquer d'en faire un grand orateur. Il y avait en lui l'homme politique et le tribun, le penseur éclairé par les méditations de la philosophie, par l'expérience profonde des affaires, par l'étude pratique des gouvernements existants, et l'homme aux passions ardentes, à l'imagination mobile et irritable, aux transports impétueux et menaçants. Il était également fait pour mener une assemblée par des voies détournées au but qu'il avait marqué, et pour enlever tout à coup les âmes par la contagion de son enthousiasme ou de sa colère ;

pour insinuer ce qu'il ne pouvait on ne voulait pas dire tout haut, et pour triompher à force d'audace, des situations les plus difficiles et des questions les plus dangereuses ; pour éclairer les esprits par un savant enchaînement de preuves convaincantes et d'idées positives, et pour les décider en un instant par un mouvement passionné, par une phrase entraînante, par un mot vainqueur. Partout dans les discours de Mirabeau, se retrouvent, à un égal degré, ces deux facultés puissantes qui font le véritable orateur : la force du raisonnement et la chaleur des passions. Chez lui, ces deux facultés se prêtant un mutuel appui et s'excitant l'une par l'autre, produisent des beautés oratoires d'un effet irrésistible. Aussi souvent la colère active et précipite la marche de son argumentation : mais la logique n'y perd rien, parce qu'il a le secret de renfermer en quelques mots toute une preuve, et de resserrer en une phrase longue une déduction. La logique n'en devient que plus pénétrante et plus acérée. En même temps, par une réaction de l'une des deux forces sur l'autre, chaque nouvelle preuve rapidement exprimée est un nouveau coup de fouet donné, pour ainsi dire, à la passion. Ainsi l'orateur dont l'esprit s'éclaire, dont la véhémence s'accroît à mesure qu'il avance, devient le maître tout-puissant des âmes, auxquelles se communiquent toutes les lumières, et dans lesquelles il fait passer tous les mouvements. Ce fut le cas de grands orateurs de 1789.

Le peuple né, il fit les semailles. La moisson fut superbe, lé grain était jeune, vigoureux. La terre avait ses sillons,creux, frais,engraissés par des éternités de larmes. Le vent dispersa des hommes de parole, des héros d'action, des poëtes, des philosophes, des historiens. S'ils n'eurent pas toujours le temps de se recueillir pour rappeler le passé, ou prédire les temps futurs, ils chantèrent les temps présents. Et ce fut un chœur universel, solennel et touchant dont le sujet était la Patrie, et le refrain, la Patrie encore. Il y avait à démolir, mais il y avait aussi à construire, et pour une édification nouvelle, tout le monde est bon.

C'est pour cela que tous ceux dont nous nous occuperons, même avec leurs erreurs ont mérité l'amour de leurs concitoyens.

Le talent de Mirabeau, se ressent, dans sa première manière, des aspirations du moment; on pressent dans la période, qu'il a souffert, qu'il a été repoussé, humilié, méprisé, condamné, à l'instar du peuple dont il est le plus complet symbole. La paternité avait été dure pour lui comme la royauté pour le peuple.«Il était orateur,a dit M. Victor Hugo, dans une admirable étude qu'il a faite sur lui, parce que, grâce aux larges issues ouvertes par les ébranlements de 1789, il avait enfin pu exhausser dans la société tous les bouillonnements intérieurs si longtemps comprimés dans la famille : parce que, brusque, inégal, violent, vicieux, cynique, sublime, diffus, incohérent, plus rempli d'instincts encore que de pensées, les pieds souillés, la tête repoussante, il était en tout semblable aux années ardentes dans lesquelles il a resplendi et dont chaque jour paraît marqué au front par sa parole. »

Ce double caractère du génie de Mirabeau peut s'observer aisément dans ses célèbres plaidoyers où l'adresse et la vigueur de Démosthènes sont souvent égalées ; dans le discours sur le titre à donner aux députés de l'Assemblée Nationale, dans la lettre au roi sur le renvoi des troupes, dans l'improvisation sur la banqueroute, dans la réponse à Barnave sur le droit de paix et de guerre.

Quelque brillante que fût la réunion des talents dont se composait l'Assemblée Constituante, on n'y trouve cependant personne qui se soit approché de cette grandeur de génie, personne qui ait lutté avec avantage contre ce despotisme d'éloquence. Barnave, lui-même, riche d'imagination, avec son abondance brillante, sa logique exercée, n'est qu'un adversaire et non un rival de Mirabeau.

Il fut à proprement parler, le seul orateur de l'Assemblée. Il fut même le seul de la Révolution.

On a voulu comparer Mirabeau et le Cardinal de Retz. Tous deux ont dû sans doute leur élévation à la faveur publique, mais c'est, jusque-là, tout ce qu'ils ont eu de commun. Il y a autant de différence entre leur génie et leur conduite, qu'entre les siècles où ils vécurent et les circonstances où ils se trouvèrent. Le Cardinal de Retz n'eut à sa disposition que des moyens *fougueux* (le mot est du comte Boissy-d'Anglas) tendant aux succès du moment ; Mirabeau avait en vue les succès de l'avenir. L'un voulait détruire ce qu'il attaquait ; l'autre l'améliorer pour le conserver.

C'est à ce but que nous devons la logique et la modération qui président aux premiers discours. Parcourons-les, nous allons pouvoir en détacher jusqu'à des préceptes. Le temps était aux enseignements :

« Représenter une nation, est le droit le plus auguste. Usurper cette représentation, serait un crime de lèse-nation. »

« Au physique, comme au moral, l'action ne vient qu'après la puissance. Il faut être, avant de savoir ce que l'on est. »

L'ouverture des Etats-Généraux se fait à Versailles. A l'heure indiquée, les députés des communes se rendent à la Salle des Etats. Les députés de la noblesse et du clergé ne viennent pas. Chapelier et Rabaud St Etienne font une motion dans le but de démontrer aux deux ordres l'irrégularité de leur conduite. Mirabeau désire qu'un avis mitoyen tempère leurs opinions. Cependant la noblesse et le clergé continuent à refuser de se rendre dans la Salle des Etats. Cette fois les voies de douceur sont épuisées, toutes les conférences sont finies, il ne reste que les partis décisifs et peut-être extrêmes.

Ce dernier mot effraie Mirabeau.

« Extrêmes ! s'écrie-t-il dans un élan de sagesse, rehaussé par une superbe éloquence, oh ! non, messieurs, la justice et la vérité sont toujours dans un sage milieu : les partis extrêmes ne sont jamais que les dernières ressources du désespoir ; et qui donc pourrait réduire le peuple français dans une telle situation ? »

Depuis le 20, la Salle Nationale est fermée. Réfugiés au jeu de paume, les représentants de la nation avaient juré de ne se séparer que lorsque la France aurait une Constitution. Les portes de la salle furent ouvertes le 23 juin. Le Roi parut accompagné de ses ministres, et prononça un discours qu'il termina en ces termes :

« Je vous ordonne, messieurs, de vous séparer tout de suite, et de vous rendre demain matin, chacun dans les chambres affectées à votre ordre, pour y reprendre vos séances. J'ordonne en conséquence au Grand-Maître des Cérémonies de faire préparer les salles. »

La majorité de la noblesse et quelques membres du clergé obéirent à l'ordre qui leur était donné : les membres de l'Assemblée Nationale restèrent immobiles. M. de Brézé, Grand Maître des Cérémonies, crut alors pouvoir rappeler au Président l'ordre que le roi venait de donner : Mirabeau lui adressa ces paroles :

« Les communes de France ont résolu de délibérer : nous avons entendu les intentions qu'on a suggérées au roi ; et vous, qui ne sauriez être son organe auprès de l'Assemblée Nationale ; vous qui n'avez ici, ni place, ni voix, ni droit de parler, allez dire à votre Maître que nous sommes ici par la puissance du peuple, et qu'on ne nous en arrachera que par la force des baïonnettes. »

A partir de cette époque, la tranquillité publique est troublée. Le peuple est dans une grande agitation, Mirabeau se lève :

« Messieurs, je sais que les événements inopinés d'un jour trop mémorable, ont affligé les cœurs patriotes, mais qu'ils ne les ébranleront pas. A la hauteur où la raison a placé les représentants de la nation, ils jugent sainement les objets, et ne sont point trompés par les apparences, qu'au travers des préjugés et des passions on aperçoit comme autant de fantômes. Si nos rois, instruits que la défiance est la première sagesse de ceux qui portent le sceptre, ont permis à de simples cours de judicature de leur présenter des remontrances, d'en appeler à leur volonté mieux éclairée ; si nos rois, persuadés qu'il n'appartenait qu'à un despote imbécile de se croire infaillible, cédèrent tant de fois aux avis de leurs parlements, comment le prince qui a eu le noble courage de convoquer l'Assemblée Nationale, n'en écouterait-il pas les membres avec autant de faveur que des cours de judicature, qui défendent aussi souvent leurs intérêts personnels que ceux du peuple ? En éclairant la religion du roi, lorsque des conseils violents l'auront poussé, les députés du peuple assureront leur triomphe ; ils invoqueront toujours la bonté du monarque ; et ce ne sera pas en vain dès qu'il aura voulu prendre sur lui-même de ne se fier qu'à la droiture de ses intentions, et de sortir du piége qu'on a su tendre à sa vertu. Ils ont été calmes dans un moment orageux, ils le seront toujours ; et ce calme est le signe non équivoque du courage. »

Puis il passe en revue l'effet que la journée du 23 juin a produit sur le peuple inquiet et malheureux. Où les représentants de la nation n'ont vu qu'une erreur de l'autorité, le peuple a cru voir un dessein formel d'attaquer leurs droits et leurs pouvoirs. Il est temps de prévenir de nouveaux accès de frénésie.

« A qui, dans ce moment, convient-il mieux qu'aux députés de la France, d'éclairer, de calmer, de sauver le peuple des excès que pourrait produire l'ivresse d'un zèle furieux... Les représentants de la nation doivent verser dans les cœurs inquiets le baume adoucissant de l'expérience, et les apaiser avec la puissance de la persuasion et de la raison. »

Était-il possible de mettre plus de force au pouvoir de plus de modération ?

Le 13 juillet, M. Necker a quitté le ministère. L'Assemblée Nationale arrête que ce ministre, ainsi que tous ceux de ses collègues qui ont été éloignés de lui, emportent ses regrets. Le 14, la Bastille est prise. Le 15 une troisième députation de l'Assemblée va partir pour demander encore une fois le renvoi des troupes, qui seul peut rétablir le calme.

Mirabeau, s'adressant à cette députation envoyée au roi :

« Dites-lui que les hordes étrangères dont nous sommes investis ont reçu hier la visite des princes, des princesses, des favoris, des favorites, et leurs caresses, leurs exhortations, et leurs présents ; dites-lui que toute la nuit ces satellites étrangers, gorgés d'or et de vin, ont prédit dans leurs chants impies l'asservissement de la France, et que leurs vœux brutaux invoquaient la destruction de l'Assemblée Nationale ; dites-lui que, dans son palais même, les courtisans ont mêlé leurs danses au son de cette musique barbare et que telle fut l'avant-scène de la Saint-Barthélemy.

« Dites-lui que ce Henry dont l'univers bénit la mémoire, celui de ses aïeux qu'il voulait prendre pour modèle, faisait passer des vivres dans Paris révolté, qu'il assiégeait en personne, et que les conseillers féroces font retourner les farines que le commerce apporte dans Paris fidèle et affamé. »

Nous venons par ces quelques extraits de donner toute la gamme du génie de Mirabeau. A l'ouverture des États-Généraux nous le trouvons digne et modéré. Le 23 Juin on aiguillonne le lion, il secoue sa crinière et comme des plis de la tunique de l'orateur il s'en échappe des torrents d'éloquence altière et mâle. Le 15 juillet, il pressent une traîtrise, il prend ses foudres et charge la députation au roi de lui porter une des réponses les plus sublimes que l'histoire ait eu à enregistrer.

Prenez l'histoire, consultez-la, suivez-la, et vous verrez comme le génie de Mirabeau suit toutes les fluctuations de celui du peuple. Beethowen n'a jamais rendu les bruits de la nature avec une vérité plus grandiose que Mirabeau les grondements populaires. Mendelssoln (Démosthènes a dit que l'éloquence était la musique de l'âme) sur la proue de son navire n'a pas mieux saisi les colères de l'Océan que Mirabeau les tempêtes de la foule. Il a été la manifestation la plus haute et la plus complète de ses dignités, de ses froissements, de ses douleurs et de ses rages.

En avançant dans cette étude nous aurons plus d'une fois l'occasion de signaler ces parallélismes, non-seulement en ce qui concerne Mirabeau, mais encore tous ceux qui comme lui ont été l'expression de cette grande époque, qu'ils l'aient rendue par la parole, qu'ils en aient écrit l'histoire, le roman, la poésie, ou le drame.

Le 10 juin, un homme s'écria, en entrant dans l'Assemblée :

— Coupons le câble, il est temps !

Cet homme était Sieyès.

« Depuis ce jour, dit Michelet, le vaisseau de la Révolution, malgré les tempêtes et malgré les calmes, retardé, jamais arrêté, cingle vers l'avenir. »

Le mot porta.

Mirabeau considéra quelques instants l'interrupteur. Il venait de deviner un homme d'État, un grand théoricien.

Sieyès avait alors quarante et un ans.

C'est à lui qu'on devait nos plus belles institutions sociales. Elles étaient les résultats ou les développements de ses principes. Les définitions, les dénominations de « l'ecclésiastique-administrateur » (de peur qu'on le confondît avec les ecclésiastiques-prêtres) avaient été presque toutes consacrées par l'assentiment national et la révolution française était ce qu'il avait écrit qu'elle serait : « l'effet naturel prévu, et bien gouverné, d'une vue simple et juste, d'un concours heureux, favorisé par les circonstances, et promu avec franchise par toutes les classes intéressées. » Il avait appris à aimer la vérité en lisant Locke, Condillac, Charles Bonnet, et venait de l'affirmer dans sa brochure : *Qu'est-ce que le Tiers-État?* répondant à Louis XVI qui invitait les écrivains de la France à faire connaître leurs vues sur les États-Généraux, qu'une constitution à donner à vingt-cinq millions d'individus ne pouvait être que l'ouvrage des représentants de vingt-cinq millions d'entre eux et que par conséquent seul le *Tiers* pouvait rendre la liberté à la nation.

Qu'est-ce que le Tiers-État? avait fait grand bruit. Tout le monde en parlait, les gens de cour et les hommes de ville.

Chose bizarre, le titre en revenait à Chamfort ! à l'irascible Chamfort, et c'est là un point littéraire trop curieux pour ne s'y point arrêter.

Chamfort à qui le monde était nécessaire et insupportable à la fois, était bien aise de voir comment ses idées pourraient se conformer aux événements probables. Dans ses hésitations, il avait recours à Lauraguais, l'auteur anonyme des *Lettres* à la duchesse d'Urssel, lequel de son côté était charmé d'essayer sur lui l'effet que les événements pourraient avoir sur l'esprit public.

De ces épreuves mutuelles naissaient des conversations.

En voici une, à l'appui de ce que nous venons de dire.

Chamfort. Vous avez reçu un petit mot que je laissai hier à votre porte? je vous priais de m'attendre ce matin, car j'ai bien des choses à vous dire.

Lauraguais. Tant mieux: que vous est-il donc arrivé?

— Bah! arrivé; qu'est-ce qu'il arrive à nous autres? qu'est-ce qui vient au-devant de nous? C'est bien assez de ne pas faire enfuir ce que nous cherchons.

— Eh bien! qu'avez-vous fait?

— Ah! c'est autre chose, je viens vous en parler; j'ai fait un ouvrage.

— Comment! un livre?

— Non pas un livre, je ne suis pas si bête; mais

peut-être le meilleur ouvrage qu'on puisse faire dans ce temps, qui fait parler chacun, et ne laisse à personne celui de méditer.

— Il doit être curieux ?

— Il doit être utile ; car il mettra dans les mains de tout le monde ce qui est dans la bouche de beaucoup de gens, et peut former aussi l'opinion générale.

— Voyons le titre de cet ouvrage ?

— Vous verrez que ce titre est l'ouvrage lui-même ; car il contient tout son esprit, aussi en ai-je fait déjà présent à mon puritain Sieyès ; car il le commente impudemment, il le commentera impunément ; il aura beau dire, on ne se ressouviendra que du titre de l'ouvrage. Le voici : *Qu'est-ce que le Tiers-État ? tout. Qu'a-t-il ? rien.* Trouvez-vous là des longueurs ? qu'en pensez-vous ?

— Qu'en effet, il n'est pas possible, en moins de paroles, d'annoncer ou de promettre plus de sottises.

— Parbleu, s'il en était ainsi, j'aurais fait un beau présent à mon ami Sieyès !

— Et que diriez-vous, s'il faisait sa fortune ?

— Peste ! vous me mettez martel en tête. Ne disiez-vous pas que ce titre qui m'a paru piquant n'annonçait rien de vrai ? prouvez-le moi vite.

— Je vous disais que tous les faits sont contraires à ce qu'il annonce.

— C'est ce que je n'ai point vu, ou ce que j'ai

mal vu : parce que, dans le tourbillon du monde, chacun, quoi qu'on en dise, est physicien, et ne regarde qu'au travers le prisme du monde, ou de sa lanterne magique. Montrez-moi donc les choses telles qu'elles étaient, et surtout telles qu'elles sont encore.

— Eh bien ! au lieu de soutenir que le tiers est tout, quoiqu'il n'ait rien, je pense que vous conviendrez qu'il est tout, parce qu'il a tout. La magistrature lui appartient absolument, depuis l'avocat jusqu'au chancelier, et cette longue chaîne embrasse même les ministres, secrétaires d'état ; car, pour avoir des places, il faut être reçu avocat. Le ministère et les conseils d'administration, depuis le subdélégué jusqu'à l'intendant, et les maîtres des requêtes jusqu'aux ministres, sont dévolus aux gens de robe, tellement du Tiers-État, que malgré leurs efforts pour en sortir et former un quatrième ordre, Louis XIV les laissa dans le troisième. Le Tiers-État avait aussi tout le commerce et toute la finance. Enfin, les dignités de l'Église et les couronnes de la littérature ; il pouvait les obtenir, il les obtenait souvent. La seule chose que l'ancienne barbarie de la noblesse parût avoir réservée à sa postérité, était le service militaire ; et beaucoup d'exemples prouvent que, si cette carrière était la seule où la noblesse entrât, elle n'était fermée à personne.

— De sorte que le pauvre tiers joignait seulement

la puissance de l'autorité et celle des richesses à l'empire des lumières. Parbleu! j'aurai donné une belle besogne à faire à l'abbé Sieyès, j'espère qu'on se moquera bien de lui.

— Cela n'est pas sûr; car ce Tiers-État, si distingué à tant d'égards, du peuple, se confond maintenant avec lui, jusqu'à ce qu'il s'en sépare encore. Le temps des rieurs est passé; celui des furieux arrive; il y a longtemps que l'anarchie est préparée. Nous remarquions comment l'énorme distance entre la cour et la ville s'est remplie.

— Oui, les États ont éprouvé des changements comme leurs capitales. Paris n'était qu'une petite cité entourée de remparts enfermés par des tours, des forts. C'était ici le Fort-l'Évêque, parce que c'était réellement le fort de l'évêché; là, le Châtelet, qui était un vrai château fort. Sans Sainte-Foix, nous n'en saurions plus un mot. Tout cela est changé. Paris est devenu une ville immense, dans laquelle à la vérité les fiacres s'égarent moins que les philosophes; mais enfin, chacun va comme il peut, et retrouve son gîte, à moins d'être invité à prendre gîte à la Bastille. Nous n'avons plus qu'elle de barbare; nous verrons si Sieyès vient à bout de la démolir.

— Et que diriez-vous s'il parvenait même à nous en jeter les pierres à la tête?

— Pauvres diables que nous sommes! serait-ce

donc vrai que nous ne pourrions éviter le danger d'y être enfermés, sans courir le risque d'en être écrasés !

— Cela n'est sûrement pas nécessaire; mais ne m'avez-vous pas répété cent fois qu'il n'y a que le nécessaire qui n'arrive jamais?

— C'est vrai, il faut renoncer à l'honneur de nous croire gouvernés par la fatalité, et convenir que nous sommes abandonnés aux caprices du hasard.

— Et que diriez-vous, si la Révolution future, avec d'autres effets précédents, avait la même cause?

— Impossible! la fin du XVIIe siècle ne saurait ressembler au commencement du XVe ni même du XVIe.

— Sans doute, pour les académies, mais pas pour les Révolutions; aussi la philosophie dont on parlera beaucoup n'y sera pour rien, et l'amour-propre, dont on ne dira mot, sera tout. Depuis François Ier, le monde a voulu entrer à la cour ; ensuite la ville a voulu entrer dans le monde : eh bien ! à présent le public veut entrer partout.

— A merveille ; et pour entrer dans des édifices trop peu vastes pour le contenir, il brisera les portes, les fenêtres, les murailles ; mais il aura beau faire ! le lieu dont il se sera emparé ne sera plus la même place : et l'on pourra écrire sous les pieds des Troyens et sur la terre natale qu'ils fouleront : *Hic campos, tunc Troja fuit !* Que de sottises l'abbé Sieyès va écrire avec sa plume de fer et mal taillée !

— Consolez-vous, vous aurez peut-être fait sa fortune.

— Comment !

— J'ignore ce qui arrivera : mais vous lui avez donné le peuple à rendre au Tiers-État.

— Je m'en pendrai !

Chamfort ne s'en pendit point; mais le chagrin du succès de l'abbé Sieyès et la crainte de la mort lui inspirèrent l'idée d'en choisir une et de se la donner.

Les mémoires du temps cherchent à insinuer que Mirabeau fut jaloux de Sieyès ; c'est une erreur. La seule chose à regretter, c'est qu'ils n'aient pas collaboré. Sieyès aurait fait les paroles et Mirabeau la musique. L'un aurait écrit les projets que l'autre aurait développés dans son admirable langue. Mirabeau eût été à Sieyès ce que Beethoven fut à Landsyn, et comme Beethoven a regretté que Landsyn ne composât plus ses admirables thèmes sur son violoncelle, Mirabeau a publiquement manifesté le regret de voir le silence dans lequel s'enfermait Sieyès.

En mai 1790, on discutait le droit de paix et de guerre, Mirabeau s'écria à la fin de son premier discours : « Je ne cacherai pas mon profond regret que l'homme qui a posé les bases de la Constitution et qui a le plus contribué à notre grand ouvrage, que l'homme qui a révélé au monde les véritables principes du gouvernement représentatif, se condamnant lui-même à un silence que je déplore, que je trouve coupable, à quelque point que ses immenses services aient été méconnus, que l'abbé Sieyès... je lui demande pardon, je le nomme... ne vienne pas poser lui-même, dans sa constitution, un des plus grands ressorts de l'ordre social. J'en ai d'autant plus de douleur, que je n'avais pas porté mon esprit sur cette question, accoutumé que j'étais de me reposer sur ce grand penseur de l'achèvement de son ouvrage. Je l'ai pressé, conjuré, supplié au nom de l'amitié dont il m'honore, au nom de la patrie... de nous doter de ses idées, de ne pas laisser cette lacune dans la constitution ; il m'a refusé, je vous le dénonce. Je vous prie à mon tour d'obtenir son avis, qui ne doit pas être un secret, d'arracher enfin au découragement un homme dont je regarde le silence et l'inaction comme une calamité publique. »

Malgré ces glorieuses provocations, Sieyès demeura inflexible et à partir de ce moment, sauf à quelques rares intervalles, il s'enveloppa dans le silence. Il semblait deviner que son argumentation serrée, précise, ne prévaudrait plus à l'époque des tempêtes. Il avait jeté les bases de l'édifice, les avait faites assez solides pour résister aux flots, et laissait à ses contemporains le soin d'en couronner le faîte.

Le capitaine Cazalès fut un de ceux qui y travaillèrent le plus activement. Né avec une imagination vive, avec un génie ardent et créateur, il était à même de paraître avec avantage parmi les régénérateurs de l'ordre social. Il préféra le danger produit par la résistance à sa tranquillité personnelle, les murmures du peuple à ses applaudissements et refusa de se réunir au Tiers-État.

J'ai toujours soupçonné Cazalès de coquetterie, il y a de cela dans sa conduite. Entendons-nous : il avait la coquetterie du danger, combattant le peuple en 89 il le prône quelques mois après, et avec assez de rigueur pour que Mirabeau se porte caution de sa loyauté. Aussi bien, et c'est le côté intéressant de son génie oratoire qui s'en ressentit toujours, il était aimable, généreux, chevaleresque. Tout ce qui était grand l'enflammait. A l'urbanité la plus prévenante, à la réputation d'homme aimable, il alliait un courage, une fermeté invincibles. Il eut ce beau caractère qu'il a donné à la langue française de peindre d'un seul mot : il eut le cœur français. Il ne lui manqua pour devenir grand orateur, que de professer les maximes sans lesquelles il n'est point de véritable éloquence.

C'était, du moins, l'avis de Mounier qui les professa, après les avoir exprimées dans ses *Nouvelles observations sur les Etats-Généraux*, ouvrage fort remarquable où se trouvent condensées toutes les théories des imitateurs du gouvernement anglais. Mounier n'atteint pas la hauteur de Mirabeau, mais se rallie à la rhétorique de Sieyès et à la *chevalerie* de Cazalès.

« On croit assez généralement, écrit M. Léonce de Lavergne, que la Révolution française s'est montrée dès le début incompatible avec tout essai de rénovation modérée, et qu'elle n'a produit les idées de monarchie constitutionnelle qu'après avoir épuisé sa fougue dans des entreprises plus radicales. C'est une erreur de fait. Il y a eu dès 1789 un grand parti monarchique et constitutionnel dont le succès a été quelque temps possible et même probable. Parmi les partis qui ont tour à tour occupé la grande scène de la Révolution, celui-là est le premier, le plus ancien, et les hommes qui le formèrent ont droit de compter parmi les plus nobles citoyens que la France a produits. »

Malheureusement ils sont venus trop tôt, et ils ont trop peu réussi pour laisser un souvenir bien retentissant. Aucune passion ne s'est attachée à leurs noms pour les rendre célèbres, ni l'emportement qui a bouleversé de fond en comble l'ancienne société, ni l'obstination aveugle qui voulait tout conserver d'un passé plein d'abus. Ils n'ont pas eu, comme Lafayette, l'illustration qui s'attache toujours à un grand commandement militaire ; ils n'ont pas eu, comme Mirabeau, la grandeur de l'éloquence et de la popularité; ils n'ont pas eu, comme les Girondins, le bonheur d'une mort touchante, ou comme les Montagnards, le prestige sauvage de la terreur. Rien de tragique et de poétique dans leur mémoire, rien qui puisse frapper l'imagination ou le cœur, ni la consécration du succès, ni l'intérêt d'une belle chute ; ils ont combattu et succombé obscurément, car ils n'avaient pour eux que ce qui émeut le moins les hommes, la vérité, le justice et la raison.

Mounier et Malouet étaient de ceux-là.

Le premier ne fera que passer dans cette étude. Le 6 octobre il fut obligé de s'enfuir pour échapper à ses assassins. Mais sa conduite courageuse, son caractère, ses ouvrages, le désignaient déjà à la postérité comme un des hommes les plus distingués de l'époque. Son crime fut d'avoir cru que l'autorité royale, sagement réglée, était le plus ferme appui de la liberté et que le Corps Législatif devait être divisé en deux Chambres.

C'était alors un délit sans pardon. Il avait pour excuses d'avoir animé de son esprit l'Assemblée, d'avoir fait adopter les trois premiers principes de notre rénovation politique, l'égalité du nombre entre les députés du Tiers et ceux des deux autres Ordres, la délibération des trois Ordres en commun, le vote par tête ; on ne lui en tint pas compte. Il pouvait rappeler que ce fut lui qui proposa au Jeu de Paume le fameux serment de ne se séparer que lorsque la constitution serait fixée ; il ne le voulut pas. Son talent raisonnable et pratique recula devant les moyens exigés par les défenses personnelles et c'est à Genève qu'il continua de l'exercer.

Malouet qui avait plus de tempérament dans le caractère et dans la discussion, lutta jusqu'au 10 août. Il fut moins actif mais plus persévérant, peut-être parce qu'il se sentait plus vigoureux. Il sut avec Clermont-Tonnerre dominer l'orage des débats, opposant aux tempêtes du parlement l'art de s'imposer par la vertu, la modération et la sagesse.

Mais la modération et la sagesse sont de frêles brisants contre les colères de la foule et ne sauraient résister surtout aux ambitieuses menées des gens de parti. Les voici qui s'agitent et conspirent, *faisant* leur éloquence sur les murs de la rue du Chaume, comme des lionceaux aiguisent dans l'ombre leurs jeunes griffes. Un club vient de s'ouvrir, celui du conseiller Duport. Il y réunit les parlementaires les plus avancés, des avocats, des députés. Nous allons y voir naître une éloquence qui bientôt fera école. Aujourd'hui encore elle est pratiquée par des artistes ou des rêveurs, mais demain elle ira donner aveuglément de l'aile, dans les bas fonds des sociétés populaires. Aujourd'hui elle va se mettre à la disposition d'esprits subtils, de facultés parfois imposantes, de sentiments souvent généreux, mais où allons-nous la retrouver !

N'anticipons pas.

Donc le conseiller Duport ouvre un club. Voyons de quels éléments il se compose ; les *genres* de chacun de ses membres. Suivons ainsi la marche ascendante d'un art nouveau, dont nous aurons bientôt l'occasion d'étudier l'épanouissement, alors que cessera, un langage de contagion, dont la rhétorique n'aura plus le secret.

L'anecdote suivante, rapportée plus tard par un

ancien magistrat du parlement, va de suite nous faire connaître Duport.

Ceux qui ont suivi les événements dans ces temps orageux n'ont pas oublié le lit de justice tenu le 8 mai 1788, dans lequel le roi enjoignit au parlement de transcrire sur ses registres les édits bursaux qui faisaient pousser des clameurs si hautes à la suprême magistrature. « Voici dit M. Ferrand, en parlant de ces lois, une anecdote qui peut paraître intéressante, parce qu'elle appartient à l'un des plus violents moteurs de la Révolution. Adrien Duport, qui, certes, pendant l'Assemblée Constituante a travaillé avec le plus de suite à détruire pièce à pièce tout ce qui constituait la monarchie, se trouva à côté de moi, en sortant du lit de justice du 8 mai : *Eh bien!* lui dis-je, *voilà donc ce grand secret!* Sur quoi il reprit tout à coup : *Ils viennent d'ouvrir une mine bien riche ; ils s'y ruineront, mais nous y trouverons de l'or.* La Révolution, qui avait toujours été dans son cœur, était déjà dans sa tête. »

Il la traduisit ou plutôt la commenta, puis la fit traduire. Il la commenta avec méthode, sagesse, sagacité. On devinait l'homme habitué à traiter des sujets de simple législation, et nous pourrions citer comme exemple le beau discours qu'il prononça lors de la discussion de l'établissement de la procédure par jurés. D'autrefois, s'il s'agissait de dénonciations violentes, de mouvements populaires, il s'abandonnait à une verve communicative qui plus d'une fois entraîna lui et ses disciples au delà des bornes du bon goût.

Il la fit traduire par Barnave et Lameth, qui formaient le *Triumgueusat.* Sieyès était plus sévère encore : « C'est une politique de caverne, disait-il ; ils prennent des attentats pour des expédients. » Il les désigne ailleurs plus durement encore : « On peut se les représenter comme une troupe de polissons méchants, toujours en action, criant, intriguant, s'agitant au hasard et sans mesure ; puis, riant du mal qu'ils ont fait... On peut leur attribuer la meilleure part dans l'égarement de la Révolution. Heureuse encore la France, si les agents subalternes de ces premiers perturbateurs, devenus chefs à leur tour, par un genre d'hérédité ordinaire dans les longues révolutions, avaient renoncé à l'esprit dont ils furent agités si longtemps ! »

Tandis que Barnave en poète, et Lameth en froid raisonneur, travaillaient sans art pour le compte de Duport, Danton utilisait à son profit deux puissances douées d'aptitudes opposées, cherchant ainsi à conquérir les suffrages par des moyens différents.

Danton était à Mirabeau ce que le dogue est au lion. Tandis que l'un grognait ses discours, l'autre rugissait ses dithyrambes. Il y a une belle étude à faire sur l'éloquence comparée de ces deux hommes. Il fallait à Mirabeau une Assemblée, il faut à Danton une populace. L'un est le Jupiter de la tribune, l'autre le Tyrtée de la borne. L'éloquence de Mirabeau procède par périodes étudiées, celle de Danton par images grossières mises à la portée de toutes les intelligences et de toutes les aspirations. M. P. L. Roederer a tracé de lui un curieux portrait. Il avait une figure de chien, une tête sanguine, emportée, mais corrompue, capable d'une atrocité et point atroce, accessible aux bons sentiments et aux mauvais. L'esprit de ses discours laisse deviner qu'ils ont été préparés par un avocat sans principes, paresseux, dissipé, aimant le plaisir propre à une conspiration plus qu'à une faction, d'abord sans autre but que de se faire acheter par la cour et ensuite de gouverner la République. Il aimait la popularité sans en être soigneux, sans instruction, sans principes politiques ni moraux. Relisez ce qu'il a fait ou plutôt ce qu'il a dit, vous y verrez quelle absence de logique, de dialectique, sans en exclure cependant une sorte d'éloquence qui lui était personnelle. On devine l'horreur, la crainte de la discussion, l'absence du raisonnement.

Tout ce qui peut s'enlever par un mouvement, en revanche, il l'enlève. Il n'a ni persuasion ni autorité, mais une impétuosité qui fait tout céder.

Danton sentait qu'il lui manquait deux choses : la logique qui vient à bout de tous, et l'esprit auquel le Français résiste difficilement.

Et il s'attacha Target et Camille Desmoulins.

Target, froid, modéré, compassé, traduisait ses côtés faibles, sans grand bénéfice de succès d'amour-propre, mais avec une chance certaine d'être écouté sinon applaudi.

Camille Desmoulins auquel suffisaient les bravos de la foule, de cette foule parisienne, spirituelle, composée de philosophes et de chicards, mit à son service un verbiage insolent, procédant à la fois de la sottise et de l'*engueulade*.

Nous avons de lui un beau portrait qu'il ne reste plus qu'à faire parler.

Il est signé : Lamartine.

« Camille Desmoulins, dit-il dans les *Constituants*, fils du lieutenant-général de Guise, né d'une honnête famille de la bourgeoisie, richement doué par la nature, remarqué avant l'âge par les triomphes remportés sur ses condisciples dans ses études, passionné pour les lettres, adorateur un peu superstitieux de la vertu antique, altéré de gloire, fanatique de liberté, ne voyant dans l'histoire que le vertige des grands mouvements populaires à imprimer par imitation à son siècle et les statues des hommes de mémoire à rivaliser, était doué surtout de cette impressionnabilité nerveuse et féminine qui reçoit et qui communique, avant de les réfléchir, tous les spasmes de la passion publique. Une vanité maladive, qui lui donnait le besoin de prendre un rôle dans toute série, une légèreté puérile, qui faisait tourbillonner son âme à tous les vents, une jeunesse oisive et licencieuse, consumée dans les lieux publics, un cœur instinctivement humain, mais non sans courage, et qu'aucune conscience rigide ne pouvait empêcher d'aller chercher au besoin la popularité dans le crime, ou le salut dans la lâcheté, s'associaient dans Camille Desmoulins à ce caractère. Son visage le révélait au premier coup d'œil. Tout y était évaporé comme son âme. L'irréflexion était écrite sur son front : c'était la légèreté, l'émotion, le rire, les larmes, l'impression fugitive et contradictoire de la foule ; quelque chose de trivial, de railleur et de cynique jusqu'à la cruauté, achevait la ressemblance. »

Laissons maintenant la parole à l'homme.

Il la prend dans son premier discours aux Parisiens intitulé : *La Lanterne aux Parisiens :*

Ecoutez-le :

« Braves Parisiens.

« Quels remerciements ne vous dois-je pas ? Vous m'avez rendue à jamais célèbre et bénie entre toutes les lanternes. Qu'est-ce que la lanterne de Sosie ou la lanterne de Diogène, en comparaison de moi ? Il cherchait un homme, et moi j'en ai trouvé 200 mille. Dans une grande dispute avec Louis XIII mon voisin, je l'ai obligé de convenir que je méritais mieux que lui le surnom de juste. Chaque jour je jouis de l'extase de quelques voyageurs Anglais, Hollandais ou des Pays-Bas, qui me contemplent avec admiration ; je vois qu'ils ne peuvent revenir de leur surprise, qu'une lanterne ait fait plus en deux jours que tous leurs héros en cent ans. »

La gouaillerie n'est point son unique procédé.

Il sait qu'il s'adresse aux masses. Il faut fixer leurs esprits par des métaphores, par des tableaux. Camille Desmoulins se fait peintre et peintre coloriste.

Je me suis amusé à relever dans ce premier discours des passages qui sont de véritables croquis, de véritables aquarelles, car les couleurs y sont.

Voulez-vous des petits maîtres ?

Ainsi donc, ces petits maîtres, si délicats, si parfumés,

qui ne se montraient que dans leurs loges, ou dans d'élégants phaëtons, qui chiffonnaient dans les passe-temps de Messaline et de Sapho, l'ouvrage galant de la demoiselle Bertin, à leurs soupers délicieux, en buvant des vins de Hongrie, trinquaient dans la coupe de la volupté à la destruction de Paris et à la ruine de la nation française.

N'est-cc pas qu'ils sont campés, étoffés et vivants ?

Maintenant vite de l'esprit :

Nous aurons des magistrats moins aristocrates, moins chers ; mais nous ne manquerons point de jurisconsultes qui ne céderont en rien à ceux de l'université de Louvain, d'Oxford, et de Salamanque. Certainement tant qu'il y aura des hommes il y aura des plaideurs. Ne dirait-on pas qu'on ne plaide que dans les monarchies ? On plaidait à Athènes, à Rome, et on voit même, par leurs sacs, que les Romains étaient bien plus grand chicaneurs que nous. Il est vrai qu'il n'y aura plus vingt professeurs de droit intéressés à peupler le barreau d'ignorants, parce que leurs revenus croissent en proportion de l'ignorance et de la paresse, mais les écoles de droit subsisteront cependant, avec cette différence qu'il y aura une véritable chaire, au lieu d'un comptoir. Il est vrai que Calchas n'aura plus 100,000 liv. de rentes ; mais il ne faut à Thermosgris qu'une flûte et un livre d'hymnes, tandis qu'il faut à Mathau des thiares et des trésors. Il est vrai que le sieur Léonard ne fera plus crever six chevaux pour aller mettre des papillottes à Versailles, qu'il ne perdra plus 50,000 liv. sur la caution de son peigne ; mais les coiffeurs ne seront pas bannis de la République.

L'esclavage des rois est sécoué, mais pour charmer le songe de la vie, on a besoin de l'esclavage des femmes et la galanterie française restera.

S'il y a des avocats dans le public, et évidemment il y en a, les voilà rassurés. Les muscadins du Palais-Royal peuvent également prendre haleine ; on ne touchera pas à leur coiffure.

Revenons à Camille Desmoulins, peintre.

Voici un curieux tableau : *le Palais-Royal en* 1789 :

Je sais que la promenade du Palais-Royal est étrangement mêlée ; que des filous y *usent* fréquemment *de la liberté de la presse*, et que maint zélé patriote a perdu plus d'un mouchoir dans la chaleur des motions. Cela ne m'empêche pas de rendre un témoignage honorable aux promeneurs du lycée et du portique ; le jardin est le foyer du patriotisme, le rendez-vous de l'élite des patriotes qui ont quitté leurs foyers et leurs provinces pour assister au magnifique spectacle de la Révolution de 1789 et n'en être pas spectateurs oisifs. De quel droit priver de suffrages cette foule d'étrangers, de suppléants, de correspondants de leurs provinces ? Ils sont français, ils ont intérêt à la Constitution et droit d'y concourir. Combien de parisiens même ne se soucient pas d'aller dans leurs districts ? Il est plus court d'aller au Palais-Royal. On n'a pas besoin d'y demander la parole à un président, d'attendre son tour pendant deux heures. On propose sa motion. Si elle trouve des partisans, on fait monter l'orateur sur une chaise. S'il est applaudi, il la rédige ; s'il est sifflé, il s'en va. Ainsi faisaient les Romains, dont le Forum ne ressemblait pas mal à notre Palais-Royal.

Nous étudierons l'influence des temps sur le génie de Camille Desmoulins. Empiétons sur l'avenir pour le parachever comme coloriste.

Il est chez le vieux Sillery. Nous allons vivre quelques instants dans un intérieur en 1793. C'est un morceau à « suspendre à un mur. »

Nous étions seuls dans le salon jaune de la rue Neuve des Mathurins. Le vieux Sillery, malgré sa goutte, avait frotté lui-même le parquet avec de la craie, de peur que le pied ne glissât aux charmantes danseuses. Mme Sillery venait de chanter sur la harpe une chanson que je garde précieusement, où elle invitait à l'inconstance, et Mlles Paméla et Sercey dansaient une danse russe, dont je n'ai oublié que le nom, mais si voluptueuse et qui était exécutée de manière que je ne crois pas que la jeune Hérodias en ait dansé devant son oncle une plus propre à lui tourner la tête, quand il fut question d'en obtenir une lettre de cachet contre Jean le baptiseur. Bien sûr de ne pas succomber à la tentation, je ne laissais pas de jouir intérieurement d'être mis à une si rude épreuve, et je goûtais le même plaisir que dût éprouver Saint-Antoine dans sa tentation. Quelle fut ma surprise, au milieu de mon extase et dans un moment ou la gouvernante magicienne opérait sur mon imagination avec le plus de force et où la porte devait être fermée aux profanes de voir entrer, qui? un aide-de-camp de Lafayette.

Est-ce animé? est-ce peint? les personnages vivent-ils? les groupes sont-ils disposés?

Il faut en convenir pourtant, si séduisants que puissent être de pareils procédés ils ne constituent point l'éloquence. Cela est bon pour un pamphlet ou pour une gazette.

On amuse des passants, on embauche des gamins, mais on ne domine ni une assemblée ni même un club.

Camille Desmoulins aura jusqu'à ses moments de trivialité. Alors que la période lui fera défaut, il appellera à son secours l'argot du faubourg et quand ce ne sera pas pour lui un moyen de défense ce sera quelquefois, hélas! une manière de persuasion.

Le dernier orateur qui précéda la date du 6 octobre fut Maximilien Robespierre.

Etienne Dumont a raconté ses débuts aux Etats-Généraux. Le clergé voulant essayer d'obtenir par surprise une réunion des Ordres, députa aux communes l'Archevêque d'Aix, qui fit un discours pathétique sur les malheurs du peuple et la misère des campagnes; il produisit un morceau de pain noir que des animaux auraient pu dédaigner, et auquel les pauvres étaient réduits ; il invita les communes à envoyer quelques députés pour conférer avec ceux du clergé et de la noblesse sur les moyens d'adoucir le sort des indigents. Les communes, qui voulaient garder leur immobilité, sentirent le piège, et n'osèrent pas rejeter ouvertement une proposition dont le refus pouvait les compromettre aux yeux de la multitude. Un député prit la parole et renchérit sur les sentiments du prélat en faveur de la classe indigente, mais de façon à faire adroitement douter des intentions du clergé.

C'était Robespierre.

Allez, dit-il, à l'Archevêque, et dites à vos collègues que s'ils ont tant d'impatience à soulager le peuple, ils viennent se joindre dans cette salle aux amis du peuple : dites-leur de ne plus retarder nos opérations par des délais affectés, dites-leur de ne plus employer de petits moyens pour nous faire abandonner les résolutions que nous avons prises, ou plutôt, ministres de la religion, dignes imitateurs de votre maître, renoncez à ce luxe qui vous entoure, à cet éclat qui blesse l'indigence ; reprenez la modestie de votre origine ; renvoyez ces laquais orgueilleux qui vous excitent ; vendez ces équipages superbes, et convertissez ce vil superflu en aliments pour les pauvres.

C'était un début plein d'énergie et pourtant plein

de modération. Dans les premiers temps de l'Assemblée chaque fois qu'il prit la parole, il s'en servit d'une façon remarquable. Il possédait alors « une éloquence d'événements, » et c'est celle qui dans les temps où nous sommes, avait le plus de poids sur les auditeurs. C'est la révolution qui avait fait Robespierre. Il commença par être un organe révolutionnaire, rien de plus. Nous verrons par la suite les transformations que subit sa manière.

La seconde fois que Robespierre monta à la tribune parlementaire, ce fut le 21 octobre. Un boulanger ayant été mis à mort par le peuple, la commune de Paris, envoya à l'Assemblée Nationale une députation pour lui rendre compte de cet événement et pour demander qu'elle rendît une loi martiale. Barnave fit observer qu'une loi martiale ne serait pas suffisante, et proposa de créer un tribunal *ad hoc* pour juger les crimes de lèse-nation. La motion de Barnave fut appuyée par plusieurs députés. Robespierre prit la parole en ces termes :

Ne serait-il donc question dans cette discussion que d'un fait isolé, que d'une seule loi ?... Si nous n'embrassons pas à la fois toutes les mesures, c'en est fait de la liberté. Les députés de la commune vous ont fait un récit affligeant ; ils ont demandé du pain et des soldats. Ceux qui ont suivi la révolution, ont prévu le péril où vous êtes, ils ont prévu que les subsistances manqueraient, qu'on vous montrerait au peuple comme la seule ressource ; ils ont prévu que des situations terribles engageraient à vous demander des mesures violentes, afin d'immoler à la fois et vous et la liberté. On demande du pain et des soldats : c'est-à-dire : le peuple attroupé veut du pain : donnez-nous des soldats pour immoler le peuple. On vous dit que les soldats refusent de marcher... Eh ! peuvent-ils se jeter sur un peuple malheureux dont ils partagent le malheur ? Ce ne sont donc pas des mesures violentes qu'il faut prendre, mais des décrets sages pour découvrir la source de nos maux, pour déconcerter la conspiration qui peut-être dans le moment où je vous parle ne nous laisse plus d'autres ressources qu'un dévouement illustre. Il faut nommer un tribunal vraiment national.

Nous sommes tombés dans une grande erreur, en croyant que les représentants de la nation peuvent juger les crimes commis envers la nation. Ces crimes au contraire, ne peuvent être jugés que par la nation ou par ses représentants, ou par des membres pris dans votre sein. Qu'on ne parle pas de constitution quand tout se réunit pour l'écraser dans son berceau. Des mandements incendiaires sont publiés, les provinces s'agitent, les gouvernements favorisent l'exportation sur les frontières... Il faut entendre le comité des rapports ; il faut entendre le comité des recherches, découvrir la conspiration, étouffer la conspiration... Alors nous ferons une constitution digne de nous et de la nation qui l'attend.

A la lecture de paroles aussi modérées on a le droit

de se demander si on a affaire ici au futur sectaire. Il y avait chez l'homme un mélange de hardiesse et de timidité qui le rendait naturellement défiant ; aussi bien on le sent à son style. Au lieu de se laisser résolument emporter par ses idées démocratiques et sociales, il suivit l'œuvre des autres, dans l'unique but de l'attaquer aussitôt qu'elle devenait gênante. Et tout en *exprimant* l'idée révolutionnaire, il cesse à chaque instant d'être lui-même.

S'il est vrai que l'on puisse dire de l'éloquence ce que Buffon a dit du style, nous allons retrouver l'orateur dans l'admirable silhouette qu'en a dessinée Charles Nodier.

« La nature n'avait rien fait pour lui qui semblât le prédestiner aux succès de l'orateur. Qu'on s'imagine un homme assez petit, aux formes grêles, à la physionomie effilée, au front comprimé sur les côtés, comme une bête de proie, à la bouche longue, pâle et serrée, à la voix rauque dans le bas, fausse dans les tons élevés, et qui se convertissait dans l'agonie et la colère, en une espèce de glapissement assez semblable à celui des hyènes ; voilà Robespierre. Ajoutez à cela l'attirail d'une coquetterie empesée ; prude et boudeuse, et vous l'aurez presque tout entier. Ce qui caractérise l'âme, le regard, c'est en lui je ne sais quel trait pointu qui jaillit d'une prunelle fauve, entre deux paupières convulsivement rétractiles, et qui vous blesse en vous touchant. Vous devinez tout au plus au frémissement nerveux qui parcourt ses membres palpitants, au tic habituel qui tourmente les muscles de sa face, et qui leur prête spontanément l'expression du rire ou de la douleur, aux tressaillements de ses doigts qui jouent sur la planche de la tribune comme sur les touches d'une épinette, que toute l'âme de cet homme est inhérente dans le sentiment qu'il veut communiquer ; et qu'à force de s'identifier avec la passion qui le domine, il peut devenir de temps en temps, grand et imposant comme elle. »

Nous venons de voir défiler sous nos yeux, les orateurs de la première période révolutionnaire. Quel que fût leur talent, l'histoire nous apprend que c'est au service du bonheur de tous qu'ils le mirent.

Plût à Dieu que les intérêts de parti ne les eussent jamais écartés d'un but aussi sublime !

II

POÉSIE

De tous les genres littéraires, la poésie est sans conteste celui qui se doit modifier le plus aisément au contact des événements.

89 nous a donné une poésie et un poète, une poésie informe la plupart du temps, mais tumultueuse et vivante ; un poète sans délicatesse et sans grâce, mais plein de force et d'inspiration. L'idée n'est point ciselée, fouillée, agrémentée d'ornements, elle est taillée brutalement dans le roc, mais dans un roc qui peut résister aux tempêtes et dont la base est inébranlable.

La Poésie mérite un nom spécial : nous l'appellerons *Poésie Révolutionnaire*.

Elle est à la fois épique, lyrique et didactique ; elle tient du poème et de la fable, de la satire et de la chanson ; elle est bizarre, originale, hétéroclite, hybride, surnaturelle.

Le poète s'appelle : PEUPLE !

Tandis que le monde travaillait à son bonheur, tandis que l'humanité se sentait naître, le poète Peuple rêvait, concevait et de ses mille bras écrivait mille vers. Que lui importait les règles de la prosodie ! les classifications ! les exigences poétiques ! autant de bornes trop étroites pour des sentiments aussi vastes ! et puis le temps ! songez donc avec quelle promptitude se précipitent les événements ! à chaque séance, à chaque émeute, à chaque victoire, à chaque crime, il faut une pièce, ode, fable poème, satire, chanson, qu'importe ! L'actualité est dévorante ! vite une plume, de l'encre et une borne, un coin de table, un tambour, un mur, un billot ! n'ergotons pas, soyons clairs ! et surtout soyons francs !

Le 5 mai avait eu lieu l'ouverture des Etats-Généraux. Le soir à huit heures on vendait un poème intitulé *le Nouveau Messie*, où l'on flagellait sans pitié, Noé, Prestavery, Grégoire, Portalis, Jaubert, Maurel, André, Pelissier, Baux, Durand, Savournin et Perrot. Allez donc « repolir » dans ces conditions-là.

Et cependant il ne se contente pas de reproduire ce qu'il a vu, il symbolise sans perdre pour cela une minute. Il est question d'une fusion temporaire entre les trois ordres, le voilà qui frappe le bronze, entame le cuivre,évoque la fable.Des médailles sont distribuées avec ces mots : *Vive le roi pour le bonheur de son peuple !* Les caricatures courent les rues.L'une d'elles représente un homme de basse extraction portant sur son dos un noble et un prêtre. Au Palais-Royal on s'arrache le morceau qui suit[1] :

LES TROIS FRÈRES

Trois frères habitaient une même maison ;
Leur bien, leur intérêt, *leur père* était le même ;
L'un logeait au premier, l'autre était au second,
Et le *cadet de tous*, occupait le troisième.
L'aîné battait les gens, buvait, chantait, chassait,
Tout le long du jour s'amusait ;
Le second disait ses prières,
Le dernier faisait les affaires
Et payait. Le ménage allait d'après cela
Tant bien que mal. Un jour la maison mal construite

[1] Les morceaux cités sont absolument inédits et proviennent de collections particulières.

Craqua, fléchit et tout de suite
Du comble aux fondements le mal se décela.
Un architecte sage, et qui par ses lumières
Ses talents, ses vertus austères,
Se faisait en tout lieux, admirer et chérir,
Mandé dans la maison avait dit aux trois frères :
« Je puis la réparer, mais il faut nous unir. »
« — Moi, dit l'aîné ; moi voir mon frère !
« Il demeure là-haut, vous vous moquez, je crois,
« Non, vraiment, j'ai l'âme trop fière
« Pour monter dans sa chambre,ou l'attendre chez moi. »
« — Moi, disait le second, je suis chez moi, j'y reste.
« Le dernier doit payer, l'aîné doit ordonner,
« Moi jouir et ne rien donner.
« — Mais, disait le troisième avec un ton modeste,
« Au lieu de nous fâcher, tâchons de raisonner ! »
Vains souhaits, parole inutile !
Tous trois s'injuriaient, sans raison, sans égard
Alors qu'au milieu d'eux parut certain bâtard
De la maison, qui faisait l'homme habile,
Criait toujours, parlementait,
Sans qu'on l'interrogeât, descendait, remontait,
Et ne restait jamais tranquille,
Raisonnait sans principe et parlait sans objet,
Le matin pour l'aîné, le soir pour le cadet.
Au lieu de l'apaiser, il augmentait le trouble.
Mais tandis que l'on crie et que le bruit redouble,
La maison tombe et les écrase tous.

Français, Français, qu'en pensez-vous ?

Le tout pour deux sols !

L'inégalité des conditions y est représentée sous une forme allégorique et ingénieuse, et la fable toute entière semble une prédication des maux futurs, si les deux premier ordres refusaient de s'associer au Tiers-Etat.

La revendication des droits de ce Tiers-Etat est quelquefois exprimée en de beaux vers. Le peuple, sans instruction, a des moments où son génie étouffé, brise ses entraves et libre, donne de l'aile jusqu'aux sublimités. Il y a des Corneilles dans la foule, comme il y a des Turennes et des Bonapartes. L'auteur de *Phèdre* ne s'est jamais élevé plus haut que ceci :

... Quel que soit le berceau d'un empire
La majesté du peuple y fait celle des rois.

On cherche la signature de Victor Hugo, on ne trouve que celle de Gaillard, *boulanger*.

L'ouverture des Etats-Généraux et l'avenir des Tiers-Etats furent les sujets de plus de dix-mille poètes. On voulut célébrer la nouvelle victoire des Tiers sous toutes les formes. Voici la *Muse Patriotique* de Bézassier, chanoine régulier de l'abbaye royale de Saint-Loup, à Troyes, avec cette épigraphe : *vox populi vox Dei*, et qui paraît le même jour que l'*Ode sur les Etats-Généraux* de Guinguené. Voici encore *la Tempête et le Calme*, dédié au Tiers, à Monsieur, aux ducs d'Orléans, d'Harcourt et de Nivernois, par d'Obeltour ; *L'Ouverture des Etats-Généraux* par M. Salmon de Nancy, instituteur royal militaire ; *Ma Motion*, ode aux Etats-Généraux par M. Labrut ; *La Révolution ou les Ordres réunis*, poème suivi d'un plan d'administration économique pour le royaume, par M. de Vixouze, citoyen, membre de plusieurs académies. Nous ne sommes pas au bout, et s'il fallait aller jusqu'à la fin !... C'est le *Cahier d'un Seigneur de Normandie ou Projet de bien public à faire aux Etats-Généraux*.

Tout terrain en commun, pour mieux se cultiver
Doit en commun se vendre, ou doit se partager.

Et plus loin.

La liberté d'écrire enfante le génie.

Le Seigneur de Normandie fait apparemment allusion à l'arrêt du conseil qui le jour même de l'ouverture des Etats-Généraux, condamnait le *Journal des Etats-Généraux* que Mirabeau publiait, en même temps qu'un autre arrêt défendait qu'aucun écrit périodique parût sans permission. L'*Alleluia du Tiers-Etat* eut cent éditions !

Un apôtre du Vatican[1]
Enterra le Tiers tout vivant,
Mais bientôt il ressuscita,
Alleluia !

L'apôtre creusa le tombeau,
Le chancelier y mit son sceau ;
Ce fut en vain qu'il le scella,
Alleluia !

Nous allions oublier les *Observations importantes du Tiers-Etat à l'égard des deux autres ordres*, par M. G***.

Le Tiers-Etat ! ce mot est-il bien à sa place ?
Consultons le bon sens, le Prince-Etat vaut mieux.

Et :

LE CHANSONNIER DU TIERS ! A MONSIEUR TARGET.

Target, par vous je commence,
Vous l'avez bien mérité.
Vous avez de l'éloquence,
Vous aimez la liberté.
L'Assemblée vous admire,
Paris est un peu malin.

[1] Le cardinal de Brienne.

Mais, Target, laissez-le dire,
Allez toujours votre train.

A madame la noblesse
Faites bien mes compliments,
C'est une vieille maîtresse
Qui se plaint de ses amants.
Autrefois, jeune et jolie
Elle méprisait nos soins,
A présent qu'elle est vieillie
On la courtise un peu moins.

L'Alleluia du Tiers-Etat ne fut pas seul à avoir cent éditions. A peine venait-il de paraître que M. de Soyenval, du Tiers-Etat de Bagnolet, qui avait *raté* d'être électeur, du Tiers-Etat, de la Prévôté Vicomté de Paris, *extra-Muros*, publiait sa fameuse *Chanson sur l'Assemblée Nationale*, sur l'air : *Jardinier, ne vois-tu pas* ?

LES TROIS ORDRES.

Gloire et paix aux Trois Etats,
Qui se tâtaient naguères !
Bourgeois, nobles et prélats
Veulent vivre sans débats
En frères,
En frères,
En frères !

L'ORDRE DU CLERGÉ.

Les Evêques de pasteurs
Portant les caractères,
Traitent prêtres, laboureurs,
Négociants, sénateurs,
De frères ! (*ter*)

L'ORDRE DE LA NOBLESSE.

Les nobles abandonnant
Tous droits pécuniaires,
Entendent payer comptant
Comme tous, leur contingent,
En frères ! (*ter*)

L'ORDRE DU TIERS.

Faible et nombreux Tiers-Etat,
Bannis toutes chimères,
Noblesse et l'Episcopat
T'assurent l'aimable état
De frères ! (*ter*)

PROFIL D'UN MONUMENT.

Une telle liaison
Promet des jours prospères
Qu'un singulier médaillon
Constate cette union
De frères ! (*ter*)

DÉVELOPPEMENT DU PROFIL.

Faisons un petit faisceau
De trois grands caractères :
Crosse, épée et puis hoyau
Formez le jeton nouveau [1]
Des frères ! (*ter*)

Les autres couplets sont adressés à « Notre bon roi, l'idole de 25 millions d'hommes ; Au ministre des finances ; Aux 1200 députés. »

L'auteur finit par une « Félicitation à lui-même. »

FÉLICITATION A MOI-MÊME.

Quant à moi, de Joyenval,
Mon sort est tout hilaire,
Au noble, à l'episcopal,
Grâce au ciel, je suis égal
Et frère ! (*ter*)

[1] Le vœu de M. de Joyenval fut exaucé ! on forma des jetons nouveaux. Le 27 juin on fit frapper une médaille : *La re. union. de. trois. ordre. fait. à. Versailles. en.* 1789. La couronne de France est posée sur un autel orné de trois fleurs de lis ; derrière l'autel est un noble avec l'épée au côté ; à gauche, un ecclésiastique avec le manteau et la calotte ; à droite un membre du Tiers-État, en habit bourgeois. Ils avaient tous les trois la main sur la couronne. Sous un fleuron, dans le champ : *Les. Trois. Ordres. réunis nous. fait. espérer. le. boneur. de. la. Franse.* Au-dessous : une crosse, une épée, un hoyau et deux branches d'olivier.

J'ai voulu insister sur la chanson de M. de Joyenval. J'y ai entrevu une rondeur, une confiance, un contentement, qui m'ont semblé peindre admirablement ce bon bourgeois de Paris, frondeur mais naïf, facile à persuader comme à irriter, ne demandant qu'à aimer ceux qui le gouvernent, à condition qu'il lui soit permis de temps à autre de se croire son égal.

Nous retrouverons d'ailleurs dans toutes ces poésies, écloses le matin en plein faubourg et distribuées le soir au coin des rues, tout l'esprit de ce Tiers qui fit la Révolution. Peu d'œuvres ont ainsi reflété l'époque qui les a vues naître et c'est un mérite suffisant pour qu'on leur pardonne certaines négligences de forme.

Les États-Généraux devaient cependant faire des mécontents. Parmi ceux auxquels la Révolution coûtait le plus, se trouvaient les perruquiers, habitués à la fréquentation des grands seigneurs. Heureux privilégiés admis aux mystères de la toilette des dames, ils étaient devenus plus aristocrates que le Roi, et quand le niveau de l'égalité vint à passer sur les têtes, ils craignirent pour celles qu'ils coiffaient et s'en plaignirent amèrement à Mirabeau. Les disciples de Legros, de Dagé, les contemporains de Léonard qui sera plus tard « forcé d'aller exercer sur les têtes moscovites la dextérité de son peigne aristocratique » envoyèrent l'adresse suivante à Mirabeau, « l'homme le mieux frisé de l'Assemblée. »

Que vous feriez belle figure
Pendant cette législature,
Peigné comme un Quintilien!
Non, vrai miracle de frisure,
Non, grand homme, il n'en sera rien!

Ils vont même jusqu'à la menace.

Souvenez-vous que par surprise,
Et sans en être interpellé,
Déjà vous fûtes débouclé!
Gardez-vous qu'on ne vous défrise!
. . . .

Ah! si selon notre espérance,
Par vous, nos droits sont défendus,
Bientôt il sortira d'emblée
De l'auguste et sage Assemblée
Un décret contre les tondus!

Le tour en était spirituel et hardi. Messieurs les perruquiers méritaient de gagner un procès si bien défendu, mais, hélas, ce fut peine perdue. Les perruques disparurent de plus en plus, comme si elles avaient dû gêner le couteau de la guillotine.

La prise de la Bastille donna un nouvel élan à la poésie populaire. La part qu'y prirent les gardes françaises excita au plus haut point l'admiration du peuple.

Le 16 juillet un nommé A. Roux, lançait un petit *Poème sur les Révolutions actuelles de la France, ou Voltaire à la brave compagnie de messieurs les gardes françaises*. Deux jours après paraissait un curieux *Éloge des héros de la France*, en vers,enrichi de notes et qui, d'après la concordance des dates, dut se croiser avec *le Père Éternel Démocrate, ou le Vainqueur de la Bastille en Paradis malgré St Pierre* de Lebrun-Tossa. Les prières qui obtinrent le plus de retentissement sont, sans contredit, celles de M. P. Raboteau, qui fit distribuer la sienne contre la modique somme de « douze sols, » et le *Hiérodrame tiré des livres saints* par M. Desaugiers, sous le titre de : LA PRISE DE LA BASTILLE.

(*L'ouverture*, dit le livret, *exprime la tranquillité publique. Elle est troublée par un citoyen qui vient annoncer au peuple l'exil d'un ministre qui avait sa confiance.*)

Le peuple se désole. Un citoyen prend la parole :

LE CITOYEN

Le Seigneur rejette les Conseils des princes. Courons et détruisons cette odieuse forteresse. Dieu combattra pour nous. Marchons.	Dominus... reprobat concilia principium. (*Ps. 32. 10.*) Curramus et eruamus aciem invisam, Deus pugnabit pro nobis. (*Isaïæ, 51 22*) Vadamus.

(*Marche militaire. Le peuple est arrivé aux pieds de la forteresse. Le canon commence à tirer sur lui. On bat la charge. Les coups de canon redoublent. Pendant le siége le peuple s'écrie :*)

CHOEUR

Qu'il s'écroule l'asile de l'esclavage! Que ces portes soient brisées!	Corruat ædes servitutis. Portæ ejus corruant. (*Jer. 14, 12.*)

(*Une explosion totale de l'orchestre exprime la chute du pont-levis.*) — *Le peuple s'écrie :*

CHOEUR

Victoire! Victoire!	Triumphamus!

(*Une trompette guerrière se fait entendre ainsi que les plaintes des mourants et des blessés.*)

CHOEUR GÉNÉRAL

Vive la loi et la liberté! Vive le roi!	Vivat lex et libertas! Vivat rex!

LE CITOYEN

Nos ennemis sont fugitifs, ils n'ont pu nous résister.	Expulsi sunt inimici. nec potuerunt stare. (*Ps.* 35, 13.)
Ils seront en opprobre parmi les nations.	Et erunt opprobrium in gentibus (4, 10).
Peuples, louez Dieu!	Populi, laudate Deum.

Le hiérodrame de Desaugiers fut exécuté à Notre-Dame et c'est à la réputation que lui valurent la musique et le texte qu'il dut la représentation d'un *Médecin malgré lui*, opéra-comique bizarre dans lequel il avait imaginé d'introduire le *Ça Ira!*

Le 17 juillet, le comte d'Artois, son frère, les Conti, les Polignac, Vaudreuil, Broglie, Lambesc et autres, donnaient le signal de l'émigration. Le peuple les vit partir en souriant et la chanson secoua ses grelots.

Bientôt on n'entendit plus dans les rues que la *Chanson des Émigrants*, sur l'air de : *Ah bravo, bravo!* (Calpigi.)

Je vois quantité de machines
Amusant des mains enfantines,
Et j'entends dire à chaque instant :
Saute, saute, mon émigrant! (*bis*)
Ce jeu n'est point fait sans malice,
Est-ce un délire? est-ce un caprice?

Chacun dit, en s'amusant :
Saute, saute, mon émigrant! (*bis*)

Pour que cette machine tourne
Il ne faut pas qu'elle séjourne,
Mais aussi que le noble errant
Tourne, tourne, mon émigrant! (*bis*)
Tantôt à Turin se retire,
Ensuite on le voit dans l'Empire,
Tantôt il est dans le Brabant ;
Saute, saute, mon émigrant! (*bis*)

Quelque temps après Pitt obtint du parlement un subside de 25 millions de francs, dont il ne devait pas rendre compte. « La politique de l'étran- « ger, écrivit à ce propos M. Valkenaer, dût se « rallier au parti d'Orléans qui, n'offrant aucune « chance de liberté publique, ne compromettant « qu'un changement de dynastie au lieu d'un chan- « gement de gouvernement, laissait debout toutes « les oppositions de l'hérédité reconnue et assurait « ainsi une longue suite de divisions et de discordes « intérieures sans autre but que le choix d'un maî- « tre. »

A ce sujet l'auteur du *Voyage d'Amérique*, L. Gabriel Bourdon, secrétaire interprète aux affaires étrangères, avant la Révolution, publia : *le Patriote ou Préservatif contre l'Anglomanie*, dialogue en vers suivi de quelques notes, sur les brochures concernant les États-Généraux.

Dans le *Voyage d'Amérique*, publié en 1779, sous forme de dialogue en vers croisés, entre l'auteur et l'abbé ***, Bourdon s'était déjà proposé de rectifier les idées communes sur l'Amérique. Dans la brochure du *Patriote*, présentée comme une conversation entre l'auteur et lady Truebriton, il désavoue son *Voyage* et s'écrie : « J'avais dix ans de moins ! »

Les notes qui en font la partie principale, quoique séparées, présentent par leur rapprochement un corps de doctrine, dont l'objet était de guérir tous les maux que nous avait causés le faux système de suivre, à notre manière, les exemples de la grande Bretagne. L'auteur en annonçant avec modestie, qu'il s'est borné à dire ce qu'il ne faut pas faire, n'en donne pas moins, par le procédé même, des avis très-utiles et très-importants. Ils offrent plusieurs grands résultats dont voici les principaux : la nécessité de la paix pour la France ; la possibilité existante de ne point faire la guerre ; l'absurdité des guerres de commerce, notamment pour la nation française et le danger même d'un trop grand commerce extérieur.

Cependant l'embarras de l'Assemblée redoublait toujours. Le paysan, suivant l'épée flamboyante de la justice venait de brûler les chartes féodales. L'église chancelait sur sa base ; la dîme allait être supprimée malgré les efforts du clergé, la liberté religieuse était reconnue.

Le 13 août, on criait à Paris une *Chanson patriotique*, adressée à l'évêque de Blois sur l'air : *Qu'en voulez-vous dire* ? et signée par dérision : *l'abbé Maury*.

Messieurs, je me nomme clergé,
Je suis parent de la noblesse,
Aussi les qualités que j'ai,
Ne peuvent souffrir qui les blesse.
Ouvrir le ciel est un emploi,
Je fais mettre à genoux le roi ;
Mais c'est pour accomplir la loi,
  Qu'en voulez-vous dire ?
  En voulez-vous rire ?
Mais c'est pour accomplir la loi.
En voulez-vous donc rire et de moi ?

. . . .

Les testaments de nos aïeux,
Ah ! le bon temps ! lorsque j'y pense !
A l'instant qu'ils fermaient les yeux
Accumulaient notre pitance.
Ah ! comme ils étaient applaudis !
Et puis de beaux *De Profundis*
Les menaient droit en Paradis.
  Qu'en voulez-vous dire ?
  En voulez-vous rire ?

Les anges étaient ébaubis
Et tous les prêtres criaient : « bis! »

J'en passe et des meilleurs.

La *Chanson patriotique* donna la note. Vint après l'*Éloge du clergé* par Daiteg.

O tous ministres du clergé,
Pleins de la divine science,
Le temps heureux est bien changé,
Vous paraissez tous en démence :
Pauvres esprits, je vous plains bien,
Tous vos efforts ne feront rien.

Ce fut ensuite un déluge de prières anti-cléricales. Le vicomte d'Aubusson, le même qui auparavant avait rédigé une brochure contre les opérations du chancelier Maupeou, fit réimprimer une *Ode au clergé de France*, suivie d'un petit discours, signé : « un auteur qui n'est pas un auteur, comme on le verra du reste. » Nous ne pouvons la citer en entier ici, nous nous contenterons de clore cette trop longue série avec *le Voile levé*. La forme en est primitive, et le tour un peu risqué, mais nous collectionnons, voilà tout.

Sur l'air : *O Filii*.

Défiez-vous d'un calotin
Qui veut vos femmes et votre bien ;
C'est un fourbe, un mauvais chrétien
Et un gredin.

Son but est de vous enchaîner,
Les maris de cocufier,
S'il réussit il s'écriera :
Alleluia!

Dans tous les temps on a trompé
Le peuple et on l'a enchaîné
Au nom d'un Dieu plein de bonté,
C'est la vérité!

. . . .

Aimez Dieu de tout votre cœur.
A lui seul est dû tout l'honneur ;
Mais ayez toujours en horreur
L'abbé trompeur!

Après la lecture des divers extraits que nous venons de donner, on ne contestera pas aux poésies du peuple la qualité d'être au moins primesautières. Ce sont, pour ainsi dire autant d'impromptus, présentés sous des formes multiples.

Tandis que la multitude se ruait sur la rime, quelques poètes consacrés par le talent, se recueillaient et cherchaient dans le silence du cabinet le secret de la littérature nouvelle.

Car c'était bien aux besoins d'une littérature nouvelle qu'il fallait répondre. La tradition des hommes nés pour la grandeur de Louis XIV avait précédé le grand roi dans la tombe. Il ne fallait plus songer à rééditer les couplets de la régence. Voltaire et Rousseau étaient dépassés.

On chercha longtemps. Ils étaient cent, ils étaient mille, à travailler à la solution du problème. C'étaient parmi les poètes, Sedaine, Vigée, (je cite au hasard), Ducis, Favart, le cardinal de Bernis, Blin de Sainmore, le chevalier de Boufflers, de Chamfort, Colin d'Harleville, de Cubières, Delille, Andrieux, la comtesse de Beauharnais, Demoustiers, Flins, Florian, Ximenès, Pons de Verdun, Marmontel, etc. Pas un ne la trouva. Ils continuèrent comme par le passé, sans souci de l'heure présente. En 1789, le Blanc de Guillet traduisit Lucrèce; Adolphe du Fresnoy publia *l'Art de Peindre;* d'Arnaud chanta le duc d'Orléans; de Piis publia un méchant volume sur l'*Harmonie imitative de la langue française;* de Saudray célébra l'immortalité de l'âme; de Fontanes se vit couronner à l'Académie pour son *Poème sur l'Édit en faveur des non-catholiques* qui disputa le prix à l'*Épître d'un vieillard protestant* de l'abbé Noël; de Saint-Ange édita le sixième livre des *Métamorphoses* d'Ovide; Demoustiers la troisième partie des *Lettres à Émilie;* Cazotte écrivit les *Œuvres Badines;* la marquise de la Féraudière sa *Romance de Paul et Virginie;* le marquis de Montausier fit paraître *la Guirlande de Julie;* Grimod de la Reynière présenta ses *Hommages à l'Académie;* et l'on vit se continuer les beaux jours des *Étrennes de Polymnie*, de *l'Almanach des Grâces*, des *Étrennes de Mnémosine* et des *Soupers du Jeudi.*

Les autres firent des tentatives. Parmi ceux-là M. de Vixouze (*La Révolution ou les Ordres réunis*); l'abbé de Cournand (*La Liberté ou la France régénérée*); T. Rousseau (*la Liberté française*); de Cubières (*Voyages à la Bastille*); l'abbé Raynal (*Histoire des États Généraux de l'Église*); la Boëssière (*Couplets pour la S*[t] *Louis*), méritent d'être signalés pour mémoire.

Guinguené fut le premier qui s'efforça d'initier sa muse aux secrets de la Révolution, en essayant d'une *Ode aux États Généraux*. Cela se ressent encore du style ampoulé du milieu du XVIIIe siècle.

Lyre de Pindare et d'Alcée,
Des héros noble volupté,
Tu languis, muette et glacée,
Au fond d'un envieux Léthé!
Seul, dans ses veilles poétiques,
Le Brun, sur les cordes antiques,
Module ses doctes chansons :
Mais, dans nos jours pussillanimes,
Est-il encore des fous sublimes,
Dignes d'applaudir à tes sons?

Lyre, des temps souveraine!
Si tu revivais sous mes doigts,
Jusqu'en sa prison souterraine,
Je ferais entendre ma voix.
Au fond de ma voix menaçante,
Bouillonnerait de lave ardente,
L'Etna par Vulcain dévasté :
Je livrerais à la furie
Tout ennemi de la Patrie,
De la Paix, de l'Egalité.

Des mortels auguste apanage,
Egalité, fille des Dieux!
Le Despotisme et l'esclavage
Te réléguèrent dans les cieux.
Reviens, adorable immortelle;
Un roi bienfaisant te rappelle,
Des lys relève la splendeur!
Dis à l'orgueil, à l'égoïsme,
Qu'un généreux patriotisme
Est la véritable grandeur.

. . . .

Des tyrans, des conseils sinistres
Ont trop enchaîné l'Univers :
Un bon roi, de sages ministres,
O France, vont briser tes fers!
Viens achever ce grand ouvrage;
Et que, défenseur de tes droits,
Après ces tempêtes horribles

Vogue enfin sur des eaux paisibles,
Le Cygne[1] du lac Génevois!

Le Cygne du lac Génevois nous dispense de toute critique.

Citons encore, uniquement pour ne rien omettre, les *Couplets* an marquis de Lafayette, lus le 13 août à la bénédiction des drapeaux du district des Cordeliers par leur auteur, Imbert.

Prête à jouir de sa noble conquête,
La Liberté consacre nos drapeaux ;
Celui-là seul doit présider sa fête,
Qui sut longtemps en être le héros.

Il réunit le zèle et la prudence,
A l'Amérique il a su le prouver :
Ce qu'une fois a conquis sa vaillance,
Par sa sagesse, il sait le conserver.

. . . .

L'aimable objet à qui l'Hymen l'engage,
Daigne à nos vœux accorder un souris ;
Et la beauté, qui sourit au courage,
Après la gloire est son plus digne prix.

Ciel, à *Louis* prête un bras tutélaire :
D'un peuple libre il est le digne appui ;
Roi citoyen, pour nous qu'il vive en père.
Chacun de nous saura mourir pour lui.

[1] Allusion aux armes de Necker qui portaient un cygne.

Joseph de Chénier est, peut-être, le seul qui, au début de la Révolution, en ait compris le sens, au point de vue de la poésie. Il semble naturel qu'il en ait été ainsi. C'était un des disciples les plus zélés de Voltaire, c'est à lui que devait revenir l'honneur de continuer les traditions de son maître. Qu'il compose un poème, ou qu'il écrive une tragédie, il rend les aspirations de son temps. Il en eut d'ailleurs les dévouements, les désespérances et les colères. Il chante l'ère de la liberté en faisant représenter *Charles IX*, et nouveau Tyrtée, conduit le peuple à la Bastille avec son *Chant du départ*. Plus tard il protestera contre l'empire avec *Tibère*. S'il n'a pas été, dans le sens rigoureux du mot, un inventeur, du moins reste-t-il, à l'heure présente, le promoteur de la poétique révolutionnaire.

Son œuvre est trop connue pour que nous nous étendions.

Nous nous contenterons de citer.

Son premier essai fut un *Dithyrambe sur l'Assemblée Nationale:*

Toujours battus des vents, assiégés par l'orage,
Durant la sombre nuit les Français égarés,
Courant de naufrage en naufrage,
Perdaient les droits les plus sacrés.

Par le choc éternel des intérêts contraires,
Des préjugés rivaux et des lois arbitraires,
Le sein de notre Empire est encore agité,
  Mais vainqueur des noires tempêtes,
  Bientôt va briller sur nos têtes
Le jour de la justice et de la Liberté.

. . . .

Tout sera libre un jour : un jour la tyrannie,
Sans appui, sans Etats, de l'Univers bannie,
Ne verra plus le sang cimenter ses autels ;
  Et des vertus même féconde,
  La liberté, reine du monde,
Va, sous d'égales lois, rassembler les mortels.

Où donc est ce pouvoir grossi par tant de crimes ?
Où donc est, diront-ils, ce monstre audacieux ?
  Ses pieds touchaient aux noirs abîmes,
  Son front se perdait dans les cieux.
Il osait commander. Les peuples en silence
De ses décrets impurs adoraient l'insolence ;
Le monde était aux fers : le monde est délivré.
  Et l'auteur de son esclavage,
  Vomi par l'infernal rivage
Dans le fond des enfers est à jamais rentré.

Puis vint l'*Épître au Roi*.

Monarque des Français, chef d'un peuple fidèle,
Qui va des nations devenir le modèle,

Lorsqu'au sein de Paris, séjour de tes aïeux,
Ton favorable aspect vient consoler nos yeux,
Permets qu'une voix libre, à l'équité soumise,
Au nom de tes sujets te parle avec franchise,
Prête à la vérité ton auguste soutien,
Et las des courtisans, écoute un citoyen.

. . . .

Et dans la France entière un peuple fortuné,
Au seul nom de la cour autrefois consterné,
Rallié désormais au nom de la patrie,
Illustre par les mœurs, et grand par l'industrie,
Révérant, chérissant les vertus de son roi,
Libre sous ton empire, est soumis à ta loi.

On ne pouvait formuler en un vers mieux trempé la situation politique, telle que l'avait faite le peuple et telle qu'il la désirait.

En somme, il faut bien en convenir, les modèles que nous venons de donner du nouvel essor de la poésie depuis 1789, n'accusent ni originalité, ni avancement. Mais, qu'on ne l'oublie pas, six mois seulement nous séparent du jour de la naissance de ce peuple dont l'introduction dans le gouvernement devait, selon les règles immuables de l'esthétique littéraire, causer, pendant un temps, la barbarie, pour provoquer, dans la suite, de si grands progrès. C'était l'effet inévitable de l'intervention d'une classe nouvelle,destinée à éclairer dans l'avenir une plus grande masse d'hommes. C'est un phénomène curieux évidemment que celui-là,mais qui se reproduit en chimie comme en littérature. Le diamant commence par être du charbon liquide.La sévérité dans le bon goût, les beautés plus énergiques, les tableaux plus philosophiques, les passions plus fortes et par conséquent l'accroissement de l'art de peindre qui sont les conséquences de l'esprit républicain, auront pour commencement le mauvais goût poussé quelquefois jusqu'à la grossièreté, et toujours l'imperfection de la forme.

C'est ainsi que même une fois arrivé au 9 Thermidor, nous ne signalerons que de rares perfections. Mais si,comme nous nous le promettons, nous poursuivons un jour cette étude jusqu'à des temps meilleurs, nous aurons l'occasion de démontrer quel lumineux apogée a atteint le .génie populaire, dont nous n'entendons ici que les premiers bégayements.

III

THÉATRE

« Les générations qui ont vu s'accomplir les révolutions, ont au moins l'honneur de fournir un aliment à la curieuse postérité. S'il est vrai que l'importance et la rapide succession des événements forment l'intérêt de l'histoire, sans doute aucune époque de l'histoire du théâtre en France ne pourrait en exciter un plus vif que celle dont nous allons mettre le tableau sous les yeux du lecteur. Eh! comment, chez un peuple idolâtre des spectacles, qui, bien mieux encore que le peuple Romain, justifie la devise : *panem et circenses* ; comment chez un tel peuple le théâtre aurait-il pu ne pas se ressentir des secousses qui renversèrent le trône, détruisirent les plus antiques institutions, et changérent en un instant les lois, les opinions, les coutumes et les mœurs d'un grand empire? » (*Histoire du théâtre Français*. Étienne et Martainville.)

Le théâtre a été, en effet, un des moyens les plus puissamment employés par ceux qui voulaient accélérer l'époque de la Révolution. Là les contacts sont plus immédiats que n'importe où, il y a parenté entre le comédien et le spectateur et par conséquent entre l'auteur et le public. L'idée exprimée est forcément comprise, la scène est une tribune, l'artiste un orateur d'autant plus fort que ses arguments ne pouvant être combattus, passent auprès de l'auditeur pour irréfutables. Et puis cet auditeur aime à s'en laisser conter. Il ne va pas là pour discuter, mais pour jouir paresseusement du triomphe facile de la thèse qu'on lui débite. Triomphe qu'il accepte d'autant plus aisément que son amour-propre serait cruellement froissé, s'il lui fallait avouer qu'il a payé pour qu'on le trompât.

Écrire l'histoire du théâtre, c'est tracer l'histoire morale du peuple qui l'a consacré par ses murmures ou ses applaudissements.

Aussi bien, si le théâtre fut un des moyens de manifestation les plus vifs, ce fut encore lui qui prévint le plus victorieusement la Révolution, avec Voltaire, comme avec Beaumarchais. Il marcha de pair avec la philosophie jusqu'au jour où il lui fu permis d'avoir son essence.

M. Saint-Marc Girardin dit qu'il y a dans la littérature dramatique deux sortes de sentiments et que ces deux sentiments répondent à deux phases différentes de l'histoire littéraire des nations : il y a les sentiments que l'homme trouve dans son cœur, et qui sont au fond de toutes les sociétés ; il y a les sentiments que l'homme trouve dans son imagination, et qui ne sont que l'ombre et le reflet altéré des premiers. La littérature commence par les uns et finit par les autres.

Quand la littérature arrive à ces derniers sentiments, quand l'imagination, qui se contentait autrefois de peindre les affections naturelles, essaye de les remplacer par d'autres affections, alors les livres ne représentent plus la société : ils représentent l'état de l'imagination. Or, l'imagination aime et cherche surtout ce qui n'est pas. Quand la guerre civile agite et ensanglante la société, l'imagination fait volontiers des idylles et prêche la paix et la vertu. Quand, au contraire, la société s'apaise et se repose, l'imagination se reprend de goût pour les crimes. Elle est comme le marchand d'Horace : elle vante le repos du rivage quand gronde la tempête ; elle aime les flots et les orages, quand le vaisseau est dans le port.

Le théâtre révolutionnaire a rendu et les sentiments que les hommes trouvaient alors dans leur cœur et ceux qu'ils puisaient dans leur imagination.

Nous nous contenterons de l'étudier sous la première de ces faces.

Les bornes que nous nous sommes assignées dans ce premiér livre et que limite la date du 6 octobre, ne nous permettent pas de nous étendre dans ce chapitre. Une tragédie, une comédie, ne s'improvisent pas comme un discours, un poème ou une brochure. Au moment où nous sommes, J. Chenier songe à écrire *Charles IX;* Chéron esquisse les premières scènes de son *Caton*. Le théâtre de la Révolution n'apparaîtra sérieusement que dans quelques mois, c'est alors seulement que nous aurons le loisir d'en étudier et l'esprit et la marche.

Une fois, au Théâtre-Français, le public impatient va au devant des allusions. Dans sa précipitation il ne craint pas d'en rendre responsable Destouches. Le 30 juillet 1789, ou donnait *l'Ambitieux et l'Indiscrète*, comédie en cinq actes, jouée pour la première fois en 1737.

Cette comédie héroïque offrait le tableau d'un ministre honnête, sacrifiant ses intérêts et sa vanité à son devoir et à son maître. Le peuple enthousiaste alors de M. de Necker que le roi venait de rappeler au ministère, . saisit toutes les applications et trois fois interrompit Molé peur crier « Vive Necker.! »

La politique venait de s'emparer de la scène, il était temps qu'on lui donnât un rôle à jouer.

[illegible]

IV

LA PRESSE

On a fait avant nous l'histoire de la Presse. On sait comment, esclave du trône, elle fut sans exception ou l'organe officiel d'une cour autocrate, ou l'expression d'un parti ayant intérêt à combattre tout ce qui pouvait ébranler la stabilité des abus dont il vivait, parti dont les chefs se personnifient successivement dans la triste individualité de Fréron.

Fréron mort, il sembla que le genre en fut perdu. Erreur ! la presse réactionnaire ne se tint pas pour battue. La même qui avait frondé Montesquieu, insulté à l'Encyclopédie, empoisonné les derniers moments de Fontenelle, continuait d'attaquer Voltaire. Sauf le *Journal des Savants*, chaque feuille cherchait de son côté,en dépit des moyens employés, à maîtriser l'opinion publique. Il fallut la Révolution pour lui donner un libre essor, et lui permettre enfin de devenir l'écho des idées nouvelles.

Malheureusement cet essor fut de courte durée. La République devait bientôt en paralyser l'exercice par la Terreur, comme plus tard le premier empire par la gloire, et nous devions assister au triste spectacle de la licence commençant là où finissait la liberté, sans que personne n'ait su où poser la limite qui les devait séparer.

A la nouvelle de la convocation des États-Généraux, la plupart de ceux qui tenaient une plume sentirent le besoin d'exprimer leur contentement et d'apporter leur pierre à l'immense édifice qui allait s'élever.

Il nous faudrait tout un volume rien que pour dresser une liste complète des journaux qui parurent pendant la Révolution, déduction faite des brochures, pamphlets, etc.

Ce fut un véritable déluge dont Paris se vit inondé.

Citons les principaux avec la date de leur apparition :

1er mai. — *Journal de Paris* (Garat, Condorcet).

2 mai. — *Lettres à ses commettants* (Mirabeau), qui devinrent *le Courrier de Provence.*

6 mai. — *Le Journal des États-Généraux* (Lebodey).

6 mai. — *Bulletin des séances des États-Généraux* (Maret, duc de Bassano).

19 juin. — *Le Point du Jour* (Barère de Vieuzac).

26 juin. — *Les Évangélistes du Jour* (Dulaure).

28 juin. — *Le Patriote Français* (Brissot de Varville).

5 juillet. — *Le Courrier de Versailles* (Gorsas).

12 juillet. — *Les Révolutions de Paris* (Prudhomme, Loustalot-Tournon).

12 juillet. — *Les Annales de la Révolution* (Bayard).

1er août. — *L'observateur.* (Feydel)?

24 août. — *La Chronique de Paris* (Condorcet, Rabaut Saint-Étienne. — Ducos, Noël, etc).

27 août. — *Journal des Débats et Décrets* (Barère-Louvet).

12 septembre. — *Le Publiciste Parisien* (Marat) qui au 5e numéro changea son titre pour celui de l'*Ami du Peuple.*

1er octobre. — *Le Modérateur* (Fontanes).

3 octobre. — *Les Annales patriotiques et littéraires* (Mercier-Carra).

Tels furent jusqu'au 6 octobre, les journaux importants qui marchèrent dans le sens de la Révolution. Nous laissons de côté l'*Assemblée Nationale* de Perlet, *le Courrier National* de Passy, *la Concorde Nationale*, *le Disciple des Apôtres*, *Catherine de Médicis*, *les Lettres sur les débats de l'Assemblée Nationale*, *le Postillon du soir*, *le Postillon de la Liberté*, etc.

« Le caractère général de ce grand mouvement, » dit Michelet, ce qui le rend admirable, c'est que, » malgré les nuances, il y a presque unanimité. Sauf » un seul journal qui tranche, la Presse offre l'image » d'un vaste concile, où chacun parle à son tour, où » tous sont préoccupés du but commun, évitent » toute hostilité. »

La Presse est fédéraliste et royaliste, même la plus avancée. Mirabeau, Camille Desmoulins, Mercier, Carra, Brissot, Condorcet, Barrère, marchent comme un seul homme à l'assaut des principes nouveaux.

Le Journal de Paris, ainsi que le confirme la liste que nous avons précédemment donnée, commença le feu. Elle l'ouvrit, il faut bien le dire, timidement, presque innocemment. Rien ne faisait prévoir qu'il deviendrait trois ans plus tard, un des organes les plus importants de la Révolution. Garat qui, après y avoir publié des articles de philosophie spéculative, y faisait les comptes-rendus des séances de l'Assemblée, s'y distinguait cependant en trouvant le trait sur les hommes et les choses. L'abbé Morellet, dans ses *Mémoires*,prétend que l'on peut rechercher dans le *Journal de Paris*, au moment où Garat cessa d'en être le rédacteur, l'aveu qu'il fait de s'être écarté de la vérité pour l'intérêt du peuple et le succès de la Révolution. Il y a beaucoup d'exagération dans ce reproche, et tout porte à croire que l'abbé Morellet ne laissa pas que d'être influencé par Rivarol qui accusait publiquement Garat de déguiser la vérité dangereuse, d'encenser la force triomphante, d'atténuer les horreurs des catastrophes,et qui voulait qu'on le regardât comme l'optimiste de la Révolution.

Le besoin de jouir de sa liberté et de repos, ne permit pas à Garat de continuer ses comptes-rendus pour la nouvelle Assemblée Législative. Sur la proposition qu'il fit aux « auteurs » du *Journal de Paris*, ils s'adressèrent pour le remplacer à M. Condorcet qui accepta. Un journaliste écrivit « que ce journal avait été tout étonné de se trouver patriote pendant les 15 jours que M. Condorcet y avait travaillé. » Il y avait quelqu'intrépidité à faire un semblable reproche à un journal contre lequel tous les ennemis de la Révolution s'étaient déchaînés avec tant de fureur pendant toute l'Assemblée

Constituante. Garat adressa alors à Condorcet une lettre datée de décembre 1791 qui, écrite deux ans plus tôt, aurait pu être publiée en tête du *Journal de Paris*, comme une profession de foi.

Envoyé par l'élection de la seule partie des Français qui n'ont jamais connu aucune espèce de servitude, à l'Assemblée où devaient s'opérer l'affranchissement et le renouvellement de la France, je ne me jugeais, je l'avoue, au-dessous de cette auguste mission, ni par mon âme, qui n'avait jamais pu se réconcilier avec le mal qui s'exécutait sur la terre, sous des noms et sous des prétextes sacrés ; ni par les vues de mon esprit, toujours occupé en secret et en public des moyens par lesquels l'espèce humaine pourrait être délivrée de ses tyrans, de ses erreurs, de ses fausses passions, de la profonde misère de presque tous, de l'opulence criminelle de quelques-uns; ni par mon courage qui n'avait jamais reculé que devant la seule idée que tant de maux sous lesquels gémissaient les peuples étaient incurables.

A peine introduit dans la salle qui avait été préparée aux représentants du peuple français, je m'aperçus que ma faible voix ne pouvait se faire entendre dans cette vaste enceinte où grondaient tant de tempêtes ; que la simplicité et peut-être aussi la fierté de mon caractère m'écartaient des comités et des travaux que les fondateurs des coalitions puissantes partageaient entre eux et leurs dociles créatures ; qu'enfin accoutumé dans de lentes méditations à rassembler et à ordonner un grand nombre d'objets pour les éclairer et les connaître les uns par les autres, mes vues, si j'en avais, ne pourraient trouver de place dans des délibérations presque toujours imprévues et impétueuses, où l'on discutait une à une et sans aucune succession méthodique, des questions qui ne pouvaient recevoir toute la lumière dont elles avaient besoin que dans le vaste plan d'une constitution tout entière.

. . . .

Vous croirez facilement qu'il ne pouvait pas me suffire d'avoir dans chaque délibération un suffrage pur à donner à la liberté, à la vérité, aux conceptions des Sages pour préparer d'autres destinées aux hommes : c'est alors qu'il me fut proposé d'écrire, dans le *Journal de Paris*, l'article *Assemblée Nationale*.

Je connaissais le dédain qu'affectent pour tout ouvrage de ce genre des hommes incapables d'écrire jamais une bonne page ni dans un Journal, ni ailleurs. Comme si un Journal était bon ou mauvais par lui-même, et n'était pas seulement la place de ce qu'on y peut mettre de mauvais ou de bon ; comme si ce qui aurait du mérite dans les pages d'un Livre cessait d'en avoir dans les feuilles d'un Journal ; comme si la nécessité dangereuse d'écrire avec une extrême rapidité devait faire perdre l'estime qui est due à celui qui ne blesse dans une Feuille ni la logique, ni la langue, ni cette décence et cette convenance de ton plus difficiles dans ceux qui n'ont pas le temps de s'arranger et de se composer ; comme s'il était impossible et sans exemple de dire une sottise ou de faire un raisonnement faux et dangereux à la tribune de la Nation et de l'exposer à la risée dans un Journal ; comme si enfin dans les époques où toutes les idées et toutes les destinées des hommes sont dans un mouvement qui peut prendre chaque jour de nouvelles directions, l'homme de génie même ne pouvait pas s'emparer comme d'un instrument que lui seul peut dignement manier, d'un genre d'ouvrage avec lequel il peut chaque jour attaquer, affaiblir, détruire une erreur, éclaircir, établir, défendre une vérité! Je dédaignai à mon tour, et à plus juste titre, ces opinions vaines ou envieuses, et j'entrai avec joie dans un travail qui me donnait les moyens d'exercer aussi dans la révolution mon influence et de me faire entendre tous les jours de la Nation, tandis que les voix les plus puissantes de la tribune ne se faisaient entendre que de l'Assemblée Nationale.

. . . .

Je m'imposai la loi de chercher avec scrupule la vérité de tous les faits et de tous les événements, et de choisir de préférence, pour les peindre, les aspects et les traits sous lesquels ils devaient être plus propres à reproduire des événements et des faits favorables aux progrès de la liberté.

. . . .

Parmi tant de pénibles incertitudes, deux sentiments ont dû se prononcer constamment et avec quelque force dans les Feuilles que j'écrivais. Le premier, la crainte que le Peuple Français ne déshonorât, en la gagnant, sa cause et celle du genre humain ; le second, la persuasion intime, et dans le doute des faits du moment, établie sur tous les faits de toute l'Histoire, que les tempêtes de la Révolution étaient principalement occasionnées, non par ses amis, mais par ses ennemis, non par ceux qui voulaient qu'elle s'accomplît, mais par ceux qui voulaient l'étouffer ; non enfin par ceux qui avaient intérêt à ce qu'elle fût honorée et bénie dans tous ses progrès, mais par ceux qui voulaient qu'elle parût comme les orages et les incendies, dévorant et frappant de la foudre tout ce qu'elle rencontrait sur son passage. Le sentiment que je n'avais ni la volonté ni le pouvoir de cacher en mon âme, qui en était toute pénétrée, est un de ceux qu'on m'a le moins pardonné.

. . . .

Les séances de l'Assemblée Nationale, d'où tous les mouvements partaient et tous venaient retentir et se répéter, étaient beaucoup moins des délibérations que des actions et des événements. Aujourd'hui il n'y a plus d'inconvénient à le dire ; ces séances si orageuses ont été moins des combats d'opinions que des combats de passions ; on y entendait des cris beaucoup plus que des discours ; elles paraissaient devoir se terminer par des combats plutôt que par des décrets. Vingt fois, en sortant, pour aller les décrire, de ces séances qui se prolongeaient si avant dans la nuit, et perdant dans les ténèbres et dans le silence des rues de Versailles ou de Paris les agitations que j'avais partagées, je me suis avoué que, si quelque chose pouvait arrêter et faire rétrograder la Révolution, c'était un tableau de ces séances retracées sans précautions et sans ménagement par une âme et par une plume connues pour être libres. Ah ! messieurs combien j'étais éloigné de le faire, et combien j'aurais été coupable ! J'étais persuadé que tout était perdu, et notre liberté, et les plus belles espérances du genre humain, si l'Assemblée Nationale cessait un moment d'être, devant la Nation, l'objet le plus digne de son respect, de son amour et de toutes ses attentes. Tous mes soins se portaient donc à présenter la vérité, mais sans la rendre effrayante. De ce qui n'avait été qu'un tumulte, j'en faisais un tableau, je cherchais et je saisissais, dans la confusion de ces bouleversements du sanctuaire des lois, les traits qui avaient un caractère et un intérêt pour l'imagination : je préparais les esprits à assister à une espèce d'action dramatique plutôt qu'à une séance de Législateurs. Je peignais les personnages avant de les mettre aux prises. Je rendais tous leurs sentiments, mais non pas toujours avec les mêmes expressions ; de leurs cris j'en faisais des mots ; de leurs gestes furieux, des attitudes ; et lorsque je ne pouvais inspirer de l'estime, je tâchais de donner des émotions.

Tout était parfaitement vrai dans ce tableau, mais les traits en étaient choisis et ordonnés par les intentions réfléchies de l'Amour de la Patrie et de l'humanité ; et peut-être aussi, comme dans toute espèce de peinture où l'art se fait un peu remarquer, en observant l'imitation, on songeait moins à faire des reproches au modèle.

. . . .

Les doctrines politiques exposées par Garat furent celles que soutint son journal. On pouvait ne pas partager toutes ses opinions, mais certains sentiments honnêtes y étaient trop à découvert pour qu'on pût raisonnablement les méconnaître.

Le lendemain de l'apparition du *Journal de Paris*, on criait dans les rues *les Lettres à mes Commettants*, de Mirabeau. Le premier numéro eut un succès fou. Mirabeau demandait pour la première fois la liberté de la presse.

Etait-ce un principe ? était-cc une revendication ? Mirabeau avait publié *les Etats-Généraux* et sévèrement réprimandé Necker, dans un remarquable article où il avait laissé échapper le mot « Constitution. » Le ministère s'en étant ému avait rendu deux arrêts de conseil,dont l'un supprimait la feuille des *Etats-Généraux*, et l'autre défendait la publication des écrits périodiques.

Mirabeau tourna la difficulté en publiant ses *Lettres*, sans craindre toutefois de donner à entendre à ses lecteurs, qu'elles n'étaient que la continuation des *Etats-Généraux*.

10 Mai 1789.

Nommé votre Représentant aux États Généraux, je vous dois un compte particulier de tout ce qui est relatif aux affaires publiques. Puisqu'il m'est physiquement impossible de remplir ce devoir envers vous, autrement que par la voie de l'impression, souffrez que je publie cette correspondance, et qu'elle devienne commune entre vous et la nation. Car bien que vous ayez des droits plus directs aux instructions que mes lettres pourront renfermer, chaque membre des États-Généraux devant se considérer, non comme le Député d'un Ordre ou d'un District, mais comme le Procureur fondé de la Nation entière, il manquerait au premier de ses engagements, s'il ne l'instruisait de tout ce qui peut l'intéresser ; personne, sans exception, ne pourrait s'y opposer, sans se rendre coupable du crime de lèse-Majesté nationale, puisque même, de particulier à particulier ce serait une injustice des plus atroces.

J'avais cru qu'un journal qu'on a annoncé, dans un prospectus,comme devant être rédigé par quelques membres des États-Généraux, pourrait, jusqu'à un certain point remplir envers la nation ce devoir commun à tous les Députés. Grâce à l'existence de cette feuille, je sentais moins strictement l'obligation d'une correspondance personnelle ; mais le ministère vient de donner le scandale public de deux arrêts du conseil ; dont l'un, au mépris du caractère avoué de ses rédacteurs, supprime la feuille des *États-Généraux*, et dont l'autre défend la publication des écrits périodiques[1].

[1] Nous reproduisons à titre de curiosité : *L'arrêt du conseil d'État au Roi, qui supprime le N° 1er d'une feuille périodique, ayant pour titre :* ÉTATS-GÉNÉRAUX ; *et qui fait défense d'en publier la suite.*

Du 7 mai 1789. *Extrait du conseil d'Etat.* LE ROI, par son arrêt du 6 de ce mois, en ordonnant l'exécution des règlements de la Librairie, a défendu l'impression, publication et distribution de tous Prospectus, Journaux, ou autres Feuilles périodiques qui ne seraient pas revêtus de sa permission expresse ; mais Sa Majesté étant informée qu'on a osé répandre dans le public, en vertu d'une souscription ouverte sans

Il est donc vrai que loin d'affranchir la Nation, on ne cherche qu'à river ses fers ! que c'est en face de la Nation assemblée qu'on ose produire ces décrets auliques, où l'on attente à ses droits les plus sacrés ; et que, joignant l'insulte à la dérision, on a l'incroyable impéritie

aucune autorisation et sous la forme d'un ouvrage périodique, un Imprimé portant N° 1er ayant pour titre : *Etats-Généraux*, et daté de Versailles du 2 mai 1789, commençant par ces mots : *Avant de parler de la cérémonie*, et finissant par ceux-ci : *Le simple récit des faits exige trop de place*, dont la souscription est annoncée chez *Lejay fils*, Libraire à Paris, a cru devoir marquer particulièrement son improbation sur un écrit aussi condamnable au fond, qu'il est répréhensible dans sa forme. A quoi voulant pourvoir : ouï le rapport et tout considéré : LE ROI ÉTANT EN SON CONSEIL, de l'avis de M. le Garde des Sceaux a supprimé et supprime le dit Imprimé comme injurieux, et portant avec lui, sous l'apparence de la liberté, tous les caractères de la licence : défend à tous Imprimeurs, Libraires, Colporteurs et autres de vendre, publier ou distribuer ledit Imprimé, sous peine d'interdiction de leur état ; ordonne Sa Majesté à toutes personnes qui pourraient en avoir des exemplaires, de les porter au Greffe du Conseil pour y être supprimés : Fait sa Majesté très-expresses inhibitions et défenses, sous peine d'interdiction, et même de plus grande peine s'il y échet, au nommé *Lejay fils*, Libraire à Paris, et à tous Imprimeurs, Libraires ou autres, de recevoir aucune souscription pour ladite feuille périodique, comme aussi d'imprimer, publier ou distribuer aucun numéro qui pourrait en être la suite ; enjoint Sa Majesté au sieur Lieutenant-Général de Police à Paris, et aux sieurs Intendants et Commissaires départis dans les provinces, de tenir la main chacun en droit de lui faire envisager cet acte de despotisme et d'iniquité ministériels, comme un provisoire utile à ses intérêts !

Il est heureux, messieurs, qu'on ne puisse imputer au monarque ces proscriptions que les circonstances rendent encore plus criminelles. Personne n'ignore aujourd'hui que les arrêts du Conseil sont des faux éternels, où les ministres se permettent d'apposer le nom du Roi : on ne prend pas même la peine de déguiser cette étrange malversation : tant il est vrai que nous en sommes au point où les formes les plus despotiques marchent aujourd'hui aussi rondement qu'une administration légale !

Vingt-cinq millions de voix réclament la liberté de la Presse : la Nation et le Roi demandent unanimement le concours de toutes les lumières. Eh bien ! c'est alors qu'on nous présente une *acte* ministériel : c'est alors qu'après nous avoir leurrés d'une tolérance illusoire et perfide, un ministère, soi-disant populaire, vient effrontément mettre le scellé sur nos pensées, privilégier le trafic du mensonge, et traiter comme un objet de contrebande, l'indispensable exportation de la vérité !

Mais de quel prétexte a-t-on au moins essayé de colo-

soi à l'exécution du présent arrêt, lequel sera imprimé, publié et affiché partout où besoin sera, et notamment dans les villes de Paris et Versailles, et transcrit sur les registres de toutes les chambres syndicales du Royaume. Fait au Conseil d'État du Roi, Sa Majesté y étant, tenu à Versailles le sept mai mil sept cent quatre vingt-neuf. *Signé* LAURENT DE VILLEDEUIL.

rer l'incroyable publicité de l'arrêt du Conseil du 7 Mai? A-t-on cru de bonne foi que des membres des États Généraux, pour écrire à leurs Commettants, fussent tenus de se soumettre aux règlements inquisitoriaux de la Librairie ? Est-il dans ce moment un seul individu à qui cette ridicule assertion puisse en imposer ? N'est-il pas évident que ces arrêts proscripteurs sont un crime public, dont les coupables auteurs, punissables dans les tribunaux judiciaires, seront bien forcés dans tous les cas, de rendre compte au tribunal de la Nation ? Eh ! la Nation entière n'est-elle pas insultée dans le premier de ces arrêts, où l'on fait dire à Sa Majesté qu'elle attend *les observations* des États-Généraux ; comme si les États-Généraux n'avaient d'autres droits que celui de faire des observations.

Mais quel est le crime de cette feuille qu'on a cru devoir honorer d'une improbation particulière ? Ce n'est pas sans doute d'avoir persiflé le discours d'un Prélat qui, dans la chaire de la vérité, s'est permis de proclamer les principes les plus faux et les plus absurdes : ce n'est pas non plus, quoiqu'on l'ait prétendu, pour avoir parlé de la *tendance de la feuille des bénéfices ?* Est-il personne qui ne sache et qui ne dise que la feuille des bénéfices est un des plus puissants moyens de corruption ? Une vérité si triviale aurait-elle le droit de se faire remarquer ? Non, Messieurs, le crime véritable de cette feuille, celui pour lequel il n'est pas de rémission, c'est d'avoir la liberté, l'impartialité la plus sévère ; c'est surtout de n'avoir pas encensé l'idole du jour, d'avoir cru que la vérité était plus nécessaire aux Nations que la louange, et qu'il importait plus même aux hommes en place, lorsque leur existence tenait à leur bonne conduite, d'être servis que flattés !

D'un autre côté, quels sont les papiers publics qu'on autorise ? tous ceux avec lesquels on se flatte d'égarer l'opinion : coupables lorsqu'ils parlent, plus coupables lorsqu'ils se taisent, on sait que tout en eux est l'effet de la complaisance la plus servile et la plus criminelle : s'il était nécessaire de citer de faits, je ne serais embarrassé que du choix.

Sous le duumvirat Brienne et Lamoignon, n'a-t-on pas vu le *Journal de Paris* annoncer comme certaine l'acceptation de différents Bailliages, dont les refus étaient constatés par les protestations les plus énergiques ? Le *Mercure de France* ne vient-il pas, tout récemment encore, de mentir impudemment aux habitants de la Capitale et des Provinces ? Lisez l'avant-dernier numéro, vous y verrez qu'à Paris, aux assemblées de district, les Présidents nommés par la municipalité, se sont *volontairement* démis de la présidence, et l'ont *presque tous* obtenue du suffrage libre de l'Assemblée ; tandis qu'il est notoire qu'ils ont opposé la résistance la plus tenace et la plus indécente ; et que sur le nombre de soixante, à peine en compte-t-on trois ou quatre à qui les différentes assemblées aient décerné l'honneur qu'on leur accorde si gratuitement dans le *Mercure*.

Vous trouverez encore, dans ce même Journal, de perfides insinuations en faveur de la délibération par ordre. Tels sont cependant les papiers publics auxquels un ministère corrupteur accorde toute sa bienveillance. Ils prennent effrontément le titre de papiers nationaux ; on pousse l'indignité jusqu'à forcer la confiance du public pour ces archives de mensonges ; et ce public, trompé par abonnement, devient lui-même le complice de ceux qui l'égarent.

Je regarde donc, Messieurs, comme le devoir le plus essentiel de l'honorable mission dont vous m'avez chargé, de vous prémunir contre ces coupables manœuvres ; on doit voir que leur règne est fini, qu'il est temps de prendre une autre allure, ou s'il est vrai que l'on n'ait assemblé la Nation que pour consommer avec plus de facilité le crime de sa mort politique et morale, que ce ne soit plus du moins en affectant de vouloir la régénérer. Que la tyrannie se montre avec franchise, et nous verrons alors si nous devons nous raidir, ou nous envelopper la tête.

Je continue le *Journal des États Généraux*, dont les deux premières séances sont fidèlement peintes, quoi qu'avec trop peu de détails, dans les deux numéros qui viennent d'être supprimés et que j'ai l'honneur de vous faire passer.

Le coup était porté. Necker n'osa insister davantage. Après l'indépendance de la parole, celle de la plume. La question de la liberté de la presse fut mise à l'ordre du jour. On battit le Conseil en brèche. On se rallia autour de Mirabeau devenu le chef d'une revendication nouvelle.

C'était, comme il le fit remarquer plus tard, au moment où le roi invitait tous les Français à l'éclairer sur la manière la plus juste et la plus sage de convoquer la Nation ; c'était au moment où il venait d'augmenter son conseil de cent quarante-trois notables appelés de toutes les classes, de toutes les parties du royaume, pour mieux connaître le vœu et l'opinion publics ; au moment où la nécessité des affaires, la méfiance de tous les Corps, de tous les Ordres, de toutes les Provinces, la diversité des principes, des avis, des prétentions, provoquaient impérieusement le concours des lumières et le contrôle universel ; c'était dans ces moments que,par la plus scandaleuse des inconséquences, on poursuivait, au nom du monarque, la liberté de la Presse, plus sévèrement, avec une inquisition plus active, plus cauteleuse, que ne l'avait jamais osé le despotisme ministériel le plus effréné.

Le roi demande des recherches et des éclaircissements sur la constitution des Etats Généraux, et sur le mode de leur convocation, aux Assemblées Provinciales, aux Villes, aux Communautés, aux Corps, aux Savants, aux Gens de Lettres, et ses Ministres arrêtent l'ouvrage d'un des Publicistes les plus réputés de la Nation ! et soudain la police, convaincue de sa propre impuissance pour empêcher la circulation d'un livre, effrayée des réclamations qu'un coup d'autorité si extravagant peut exciter ; la police, qui n'influe jamais que par l'action et la réaction de la corruption, paye les exemplaires saisis, vend le droit de contrefaire, de publier ce qu'elle vient de proscrire, et ne voit dans ce honteux trafic de tyrannie et de tolérance, que le lucre du privilége exclusif d'un jour !

Mirabeau craignant pour le destin de ses *Lettres*, ne se contenta plus de confier l'avenir de sa cause au sort d'une feuille volante et se souvint que Milton avait traité la question. (AREOPAGITICA : *a speech gor the liberty of unlicens'd printing, To the Parliament of England.*) Il écrivit une imitation du livre de Milton qu'il fit d'abord paraître à Londres sous le titre de : *Sur la Liberté de la Presse*,et avec cette épigraphe : *Who kills a man kills a reasonable creature... bru, he who destroys a good book, kills reason it self. Tuer un homme, c'est détruire une créature raisonnable ; mais étouffer un bon livre, c'est tuer la raison elle-même.* Le livre est trop connu pour que nous nous y arrêtions plus longtemps. L'auteur s'y inspira encore du marquis des Casaux, penseur profond, auquel on devait les *Questions à examiner avant l'assemblée des Etats-Généraux*.

L'ouvrage obtint en quelques semaines plusieurs éditions, conséquence fatale d'un despotisme irréflechi.

Le 24 juillet, les obstacles qui avaient étouffé, dès sa naissance, le journal des *Etats Généraux*, n'existant plus, Mirabeau informa ses commettants qu'il venait de prendre des arrangements pour faire paraître, avec la plus grande exactitude, trois fois par semaine, en la place des *Lettres à ses Commettants*, et pour leur servir de suite, un nouveau journal intitulé *Courrier de Provence*.

On ne trouva plus dans le *Courrier de Provence* cette pesante exactitude qui tient compte de tout le matériel d'une séance, et qui en laisse échapper l'esprit, ni ces détails minutieux que la curiosité fait supporter tour à tour, et sur lesquels il est impossible de revenir le lendemain ; mais les matières y furent discutées, et les orateurs caractérisés. Malheureusement Mirabeau ne put lui consacrer longtemps tous ses soins. Au commencement de l'année 1790 on sent qu'il en a confié la rédaction à des mains étrangères qui la garderont jusqu'en 1791, année où le *Courrier de Provence* disparut avec son directeur.

Nous avons dit avec quelle profusion, malgré l'arrêt du conseil, les journaux parurent. Nous passerons rapidement sur le *Journal des Etats-Généraux*, que publia Lehodey de Saultchevreuil, dont Rabaud Saint-Etienne passait pour être le principal rédacteur et auquel l'apparition du *Moniteur* devait porter un coup funeste : nous glisserons également sur le *Bulletin des séances des Etats-Généraux*, de Maret ; le *Point du jour*, malgré la notoriété de Barère, son rédacteur en chef, et de Louvet du Couvray avec lequel il s'associa pour lancer le *Journal des Débats et des Décrets*. Nous aurons l'occasion de revenir plus tard sur le *Patriote Français* de Brissot de Varville, où l'on chercherait en vain dans les premiers numéros la moindre appréciation des circonstances et des événements. Ce n'était point là des gazettes, mais toujours les comptes rendus pour ainsi dire sténographiés des séances de l'Assemblée.

Gorsas commença dans le *Courrier de Versailles* à discuter sinon avec un talent reconnu, du moins avec une bonne volonté dont il faut lui tenir compte, les événements auxquels il assistait. Le premier, peut-être, il fit apercevoir de l'influence que la presse allait avoir sur les lecteurs. C'est lui qui donna le signal de la révolte des 3 et 6 octobre, en rendant compte du fameux repas des gardes du corps, où les militaires, animés par la présence de la reine, prirent la cocarde blanche et se répandirent en imprécations contre les révolutionnaires de l'Assemblée Nationale.

Le morceau est trop curieux pour n'être pas cité.

MM. les Gardes du corps du Roi ont traité avant-hier tous les officiers des corps militaires qui sont à Versailles. Une table de deux cent quarante couverts a été dressée à cet effet dans la grande salle de l'Opéra ; MM. les Gardes du corps étaient au nombre de cent vingt, les officiers du régiment de Flandres, tous les officiers de Dragons, des Gardes-Suisses, des Cent-Suisses, des Gardes de la Prévôté, de la Maréchaussée, tout l'État-Major de la Garde Bourgeoise, M. d'Estaing, à leur tête, deux capitaines, deux lieutenants, deux sous-lieutenant, deux sergents et deux fusiliers ont assisté à ce banquet dont on ne prévoit pas les suites.

La salle était illuminée comme dans les plus superbes fêtes. Les plus jolies femmes de la Cour et de la ville donnaient d'agréables distractions, et formaient le coup d'œil le plus attrayant et le plus enchanteur.

Pendant ce dîner, on a porté plusieurs santés, celles du Roi, de la Reine, de M. le Dauphin, de toute la Famille Royale. (Je ne me rappelle pas cependant qu'on ait porté celle de M. le comte d'Artois, ou peut-être étais-je distrait, je ne m'en suis pas aperçu.) Pendant les santés, la musique du régiment de Flandres a exécuté des morceaux plus intéressants les uns que les autres, et tous analogues aux circonstances.

A la santé du Roi, le salle a retenti de l'air : *O Richard ! O mon Roi !* une allemande nouvelle ou ancienne a été donné pour la santé de la Reine, et au milieu de toutes ces santés se sont présentés dix à douze Grenadiers du régiment de Flandres : il a bien fallu boire de nouveau à la santé du Roi. Cette santé a été portée avec les honneurs de la guerre, le sabre nu d'une main, et le verre de l'autre. — Un instant après arrivent les Dragons : même accueil, même cérémonie. — Un instant après, entrent les Grenadiers Suisses ; même accueil, même cérémonie. — Un instant après suivent les Cent Suisses du Roi : même accueil, même cérémonie. — tout jusqu'alors, est gai, piquant ; mais des scènes autrement intéressantes se préparent.

Le Roi, la Reine, M. le Dauphin, Madame, sont venus pour jouir de ce spectacle : tout à coup la salle a retonti de cris d'allégresse. La Reine, tenant son fils par la main, s'est avancée jusqu'à la balustrade du parquet ; au même moment les Grenadiers Suisses, ceux du régiment de Flandres, les Dragons, sautent dans l'orchestre. Le Roit la Famille, accompagnés par MM. les Gardes du Corps, sont reconduits chez la Reine, en traversant toute la galerie, aux cris répétés de : « vive le Roi ! vive le Roi ! » etc.

Tout paraissait fini : tout à coup comme de concert, la table joyeuse et la musique s'est portée à la cour de marbre et devant le balcon de Sa Majesté : alors on s'est misà chanter, à danser, à crier de nouveau : « Vive le Roi ! » Le balcon s'est ouvert, un garde du Corps, par je ne sais quel moyen, y monte comme à l'assaut ; un dragon, un suisse, un garde bourgeois le suivaient : en un instant le balcon est rempli. Lorsqu'on y pensait le moins, le Roi et la Reine arrivent au milieu de ce groupe ; les cris d'allégresse ont redoublé !

Le Roi retiré, on s'est porté sur la terrasse, où l'on est

resté fort tard à danser, à faire des folies et de la musique. On observera que le Roi arrivait de courir le cerf, et qu'il a paru en habit de chasse.

Un historien fidèle ne doit rien oublier, Quelques officiers, en versant du vin à leurs soldats, leur disaient : « Allons, enfants ! Buvez à la santé du Roi, votre maître, et n'en reconnaissez point d'autre ! » un autre officier a crié fort haut : « A bas les cocardes de couleurs ! *Que chacun prenne la noire, c'est la bonne.* » (Apparemment que cette cocarde noire *doit* avoir quelque vertu, c'est ce que j'ignore.)

P. S. Un dragon grimpant au balcon est tombé. Il s'est cru deshonoré par cette chute, il a voulu se percer de son sabre et ensuite d'un couteau, on lui a arraché l'un et l'autre et on l'a gardé à vue.

Tous ces détails sont parfaitement exacts, tous, jusqu'à celui de la *Cocarde.*

Quelles pages Mirabeau eut écrites sur un tel sujet ! Gorsas se contente de raconter, c'est du bon *reportage*. Mais à cette époque les faits avaient leur éloquence.

L'article a porté. Il ne revendique aucun honneur. Il a vu ce qui se passe et c'est encore dans les événements qu'il cherche des effets.

Il est 7 heures du soir, écrit-il dans *le Courrier* du 6 octobre, les choses les plus étranges se sont passées pendant cette journée désastreuse. Notre Hôtel de ville est pillé ! le désordre ! la confusion ! des femmes armées ! le peuple soulevé contre le peuple ! le tocsin sonnant dans toutes les Paroisses ! la terreur gagnant tous les esprits ! des figures pâles et tremblantes ! un soulèvement universel ! des millions de citoyens armés, incertains, marchant sans avoir prévu qu'ils marcheraient ! L'ange exterminateur plane sur nos têtes : notre Roi peut-être enlevé à ses fidèles sujets ! A l'instant ! ce soir ! cette nuit ! demain ! et la cruelle famine prête à assiéger la première ville du monde !... Telles sont les circonstances dans lesquelles j'écris, et ce tableau n'est point chargé. O mes Concitoyens ! je vous le criais naguère : « Quelle sécurité est la vôtre ! »

Quelques jours après, le roi revenait à Paris, et Gorsas croyait devoir changer le titre de sa feuille qui s'appela *le Courrier de Paris dans les provinces et des Provinces à Paris*.

L'exactitude des faits consignés dans *le Courrier*, et qui en est d'ailleurs presque le seul mérite, fut plus adroitement observée dans *les Révolutions de Paris* imprimées chez Prudhomme, sous la direction de Tournon et de Loustalot.

Les Révolutions paraissaient tous les dimanches et se composaient de cinquante pages. En tête du journal, et c'était une de ses supériorités les plus apparentes, se trouvait un article critique de Loustalot. Critique fine, mordante, spirituellement enlevée, dont les pointes acérées n'épargnèrent ni Mirabeau, ni Barnave, ni Lafayette, ni Lameth, ni le duc d'Orléans. Tournon ayant plaidé avec Prudhomme, Loustalot demeura seul et continua heureusement la tâche qu'ils s'étaient imposées. Démontrer les différences de la France d'aujourd'hui avec celle d'hier, parcourir l'espace franchi en quelques mois, suivre tous les mouvements qui avaient préparé la séance royale, observer les événements, les comparer en préservant son jugement de tout enthousiasme, réunir sans être monotone assez de matériaux pour qu'on puisse écrire avec eux seuls l'histoire complète de la Révolution, n'était point une besogne aisée. Il la mena à mieux encore qu'on aurait pu s'y attendre.

Une telle concurrence ne pouvait permettre un immense succès aux *Annales* de Bayard, non plus qu'à l'*Observateur* de Feydel.

Il n'en fut pas de même pour *la Chronique de Paris*, qui rendait compte de tout ce qui se passait d'intéressant dans la Capitale. On y trouve les nouvelles publiques et particulières, l'analyse de toutes les nouveautés politiques et littéraires, la notice des pièces de théâtre des différents spectacles, les débuts, les anecdotes piquantes, la nécrologie des hommes célèbres, le cours des effets publics, etc.

La *Chronique de Paris* était modelée sur le *Lon-*

don Chronicle. C'était un journal presque exclusivement littéraire rédigé par Condorcet, Rabaut-Saint-Etienne, Ducos et Noël. Tandis que ses confrères luttaient en faveur des immunités politiques, *la Chronique* combattait pour les franchises littéraires, et ce fut à elle que l'on dut, sans nul doute, la représentation de *Charles* IX.

Nous avons dit plus haut qu'un journal se distinguait entre tous, c'est à l'*Ami du Peuple* que nous faisions allusion.

Marat depuis longtemps cherchait à purger sa bile. Turbulant, soupçonneux, sans qualités littéraires,il inaugura le genre excentrique et dangereux. Le 1er numéro du *Publiciste Parisien*, où l'*Ami du Peuple*, parut le 12 septembre, précédé d'un prospectus dans lequel il ne craignait pas d'avertir ses lecteurs de la stupéfaction où ils allaient être de la hardiesse de ses idées. Il voulait dire du mauvais goût de ses licences et de ses écarts. Chaque article était une sorte de profession de foi. Le 13 septembre il écrit :

La vérité et la justice sont mes seules divinités sur la terre. Je ne distingue les hommes que par leurs qualités personnelles ; j'admire les talents, je respecte la sagesse, j'adore les vertus ; je ne vois dans les grandeurs humaines que le fruit de crimes ou les jeux de la fortune : toujours je mépriserai les idoles de la faveur et je n'encenserai jamais les idoles de la puissance. De quelque titre qu'un potentat soit décoré tant qu'il est sans mérite, il est peu de chose à nos yeux : et tant qu'il est sans vertu, ce n est à mes yeux qu'un objet de dédain.

Les bons Patriotes craignent que cette Feuille ne soit supprimée. Ce serait donc par les suppôts du despotisme. Or je les défie d'oser y toucher: ils savent combien peu je les crains : et je ne les crois pas aussi imbéciles pour se déclarer de la sorte ennemis du bien public et traîtres à la patrie [1]. Dans un combat de discussions épineuses, ce

[1] Les suppôts du despotisme lui donnèrent maints démentis. Les presses de Marat furent saisies à plusieurs reprises et il ne dut même une fois son salut qu'à la fuite. En 1790, *l'Ami du peuple* offre plusieurs lacunes : on le voit tantôt sortir des presses de la veuve Mérissant; tantôt de celles de *l'imprimerie de Marat;* puis de *l'imprimerie patriotique*, et ensuite de celle de Lebrun, etc., etc ; se vendant aujourd'hui chez Dufour, rue des Cordeliers; quelque temps après chez madame Meunier, rue de l'Ancienne Comédie ; puis en cachette; puis successivement chez Chevalier, rue Percée : chez Grand, rue du Foin ; chez Rochette, rue Saint-Jean de Beauvais, etc. Ne pouvant atteindre la personne de Marat, le Châtelet s'avisa de sommer l'imprimeur de *l'Ami du Peuple* d'avoir à faire connaître le domicile de l'auteur, sous peine de 100 livres d'amende : l'imprimeur s'y refusa.

Quoique le journal de Marat ait toujours conservé son format in-8°, on reconnaît, en le parcourant, les nombreuses vicissitudes qui l'ont frappé. Ainsi on le voit alternativement peuple a tout à craindre des artifices de ses ennemis ; il n'a rien à espérer de ses forces, de son courage, de son audace ; il sera pris au piége, s'il ne l'aperçoit : il lui faut donc des hommes versés dans la politique qui veillent jour et nuit à ses intérêts, à la défense de ses droits, au soin de son salut : je lui consacrerai tous mes instants.

En combattant contre les ennemis de l'État, j'attaquerai sans ménagements les fripons, je démasquerai les hypocrites, je dénoncerai les traîtres, j'écarterai des affaires publiques les hommes avides qui spéculent sur leur faux zèle ; les lâches et les ineptes, incapables de servir la patrie, les hommes suspects, en qui on ne peut prendre aucune confiance. Quelque sévère que soit ma plume, elle ne sera redoutable qu'aux vices et à l'égard même des scélérats, elle respectera la vérité: si elle s'en écarte un instant pour blesser l'innocence, qu'on punisse le téméraire, il est sous la main de la Loi.

On sait s'il dépassa le but qu'il se proposait d'atteindre.

Fontanes fut un de ceux qui craignirent le pre-

imprimé avec des caractères de différents types ; plusieurs numéros ont même paru en placards, c'est-à-dire imprimés sur un seul côté de la feuille et laissant le reste en blanc. (Note de Léonard Gallois — *Histoire des journaux et des journalistes de la Révolution française.)*

mier l'influence de l'*Ami du Peuple* auquel il tâcha d'opposer *le Modérateur*, avec Suard. L'essai ne fut pas heureux. Il dut bientôt céder la place aux *Annales Patriotiques et Littéraires* de Mercier qui s'associa plus tard avec Carra. Les *Annales* publièrent à la fin de l'année 1789 un long article, dans la reproduction duquel le lecteur verra quelles étaient les opinions de ses rédacteurs, et quelle place les *Annales* devaient occuper dans l'opinion publique lors de leur apparition [1].

Adieu, mémorable année, et la plus illustre de ce siècle ! année unique où les augustes Français ramenèrent dans les Gaules, l'égalité, la justice, la liberté, que le despotisme aristocratique tenait captives ! Adieu, année immortelle, qui avez fixé un terme à l'avilissement du peuple : qui l'avez ennobli en lui révélant des titres dont l'original s'était égaré ! Adieu, très-glorieuse année par le courage et l'activité des Parisiens, par la mort de haut, puissant et magnanime Clergé, et par le décès de dame puissante et hautaine Noblesse, morte en conversion.

Merveilleuse année ! le Patriotisme est sorti tout armé de vos flancs généreux, et c'est lui qui a mis tout à coup à leur place une foule de citoyens éclairés, qui a fait éclore des talents inconnus, et qui a donné enfin à l'Europe attentive et étonnée de grandes leçons, dont elle profitera sans doute.

[1] M. Léonard Gallois attribue cet article à Mercier.

Année incomparable ! vous avez vu finir le gouvernement d'épouvantable mémoire qui avait une si étroite accointance avec la Bastille, sa première favorite, et la femelle la plus grave et la plus monstrueuse qu'on ait jamais vue, morte d'une attaque subite et violente ; et c'est par là qu'on vit le même jour nos braves et heureux compatriotes sauver l'Assemblée Nationale (qu'on allait couper à boulets rouges,) briser les chaines de l'esclavage, et épouvanter le glaive du despotisme, que le Prince de Lambesc avait déjà fait étinceler, ce glaive perfide placé dans la main des troupes étrangères, et qui quoi qu'on en dise voulait, nous immoler pour s'épargner le soin de nous payer.

Que d'événements inattendus renferme cette année ! dans l'espace de quelques mois. on a réparé les malheurs et les fautes de plusieurs siècles : l'homme a recouvré sa dignité première, et ce système de féodalité, d'oppression, qui outrageait l'humanité et la raison, est anéanti.

Nous venons de passer en revue, trop succinctement, peut-être, les principaux journaux qui jusqu'aux journées d'octobre, jusqu'au jour ou l'Assemblée Nationale vint se fixer à Paris, tinrent le public en haleine et répondirent à l'opinion du moment. Nous ne nous sommes arrêtés qu'aux principaux, laissant de côté l'*Assemblée Nationale* de Perlet, *le Disciple des Apôtres*, le *Courrier National* de Passy, *la Cocarde Nationale*, le *Postillon de l'Assemblée Nationale*, etc. etc.

Tandis que chacun d'eux fournissait carrière, la Cour, émue à la vue d'une armée de publicistes aussi formidable, résolut à son tour de se créer des organes qui pussent combattre l'influence de ses détracteurs. Le principal, qui parut le 15 septembre, fut le *Journal de la Cour et de la Ville*. La royauté avait mis cinq mois à répondre. Les autres, sans grande importance, s'appelèrent le *Postillon de Henri* IV, la *Gazette* de *Paris*, la *Chronique scandaleuse, le Capitaine Tempête*, etc., etc.

Le *Journal de la Cour* était rédigé par Brune et Gautier. A des comptes rendus très-peu détaillés de l'Assemblée Générale, étaient joints, sous la rubrique *Anecdotes*, une série de mauvaises histoires, sans sel, dont ils se servaient comme de leurs meilleures armes.

On en trouve dans le goût de celle-ci :

Le lendemain de la prise de la Bastille, je vis une femme occupée à démolir, avec ses enfants, une petite loge placée sur un pont de bois, derrière le jardin de l'Arsenal. Je lui en demandai la raison, et voici ce qu'elle me répondit : « Est-ce que vous n'avez jamais « payé votre liard sur ce pont de deux sols ? j'abattons « les abus, et j'allons faire bouillir le pot, avec ce bois « du *Despotique*. »

Il faut avouer au moins que la presse révolutionnaire commença par le prendre de plus haut.

Citons encore :

Les villageois des environs de la Capitale, qui depuis tant de siècles n'avaient pu tuer une pièce de gibier, sans encourir les punitions cruelles imposées par les lois injustes de la Féodalité, courent maintenant la plaine jour et nuit pour tuer *Lièvres*, *Perdreaux*, *Lapins*, *Faisans* et *Biches*. Lorsqu'on leur demande la cause de leur acharnement à chasser, ils répondent que les malheureux *animaux* qu'ils poursuivent sans relâche sont des aristocrates, et qu'on ne peut mettre trop d'activité à se défaire de ces bêtes dangereuses.

Il est temps que les Rivarol viennent en aide à ces piteux défenseurs du trône. Nous aurons l'occasion de voir dans quelle mesure ils surent, eux aussi, mettre à profit leur talent.

V

LES ROMANS

Nous disions, à propos de la littérature dramatique, que l'imagination aimait et cherchait surtout ce qui n'était pas. Il faudrait s'attendre alors, à de nombreuses publications de romans, sous la révolution. L'esprit humain peut avoir ses règles, mais il a aussi ses exceptions. De 1789 à l'époque du Directoire le roman fut peu cultivé, et chose remarquable, aucun de ceux qui parurent ne se ressentirent directement de l'influence des temps où ils furent conçus.

Un fait assez bizarre, c'est qu'à la fin du dix-huitième siècle, comme au commencement du dix-neuvième, ce sont les femmes qui figurent avec le plus de distinction parmi les romanciers. Ce phénomène ne se produit point seulement en France, mais dans tous les pays où les lettres sont cultivées. En Angleterre, c'est miss Darney, madame Roche, miss Porter, Anne Radcliffe qui tiennent le sceptre. C'est madame de Montolieu qui nous initie aux mystères de la littérature allemande. Aussi bien, à tout considérer, a-t-on vraiment lieu de s'étonner de voir la femme régner en souveraine dans le domaine de l'imagination ? surtout à une époque où elles venaient de créer des intérêts dans la vie privée et où les aventures particulières devaient peu captiver la curiosité des hommes, absorbés par les occupations politiques.

Non-seulement il est naturel que la femme ait produit les meilleurs romans, mais c'est encore à elle que l'on doit les transformations qu'eut à subir le genre. Aux conceptions satiriques et érotiques de la fin du dix-huitième siècle, succéda dès l'année 1790 la sensibilité rêveuse et profonde qui caractérisait alors les grandes dames et, comme le fait remarquer madame de Staël[1], ce sont les femmes qui, ne connaissant de la vie que la faculté d'aimer, devaient faire passer la douceur de leurs impressions dans le style de quelques écrivains. Les vertus civiques n'ont rien à voir avec le roman, tandis que les

[1] *Esprit général de la littérature chez les modernes.*

femmes exercent leurs qualités d'une manière indépendante. La pitié pour la faiblesse, la sympathie pour le malheur, une élévation d'âme, sans autre but que la jouissance même de cette élévation, sont beaucoup plus dans leur nature que les vertus politiques. Les romanciers de la fin du dix-huitième siècle, influencés par les femmes, ont ainsi facilement cédé aux liens de la philanthropie, et l'esprit est devenu plus philosophiquement libre, en se livrant moins à l'empire des associations exclusives.

Notre tâche sera courte, sinon facile. Durant la révolution, les esprits entraînés vers d'autres préoccupations, furent peu disposés à la confection des romans. Les romanciers s'arrêtèrent en 1789 pour ne reprendre la plume que sous le Directoire. Les productions publiées dans l'intervalle se ressentent de la fin du dix-huitième siècle, sauf la réserve que nous avons faite plus haut, et vont même jusqu'à faire prévoir ce que seront celles de 1800.

S'il était un genre destiné à ne point faire école, c'est évidemment celui qui caractérise la *Zilia* de madame la comtesse d'Hautpoul. Nous voici en plein poème pastoral, en prose et en cinq chants, mêlé de vers. D'ailleurs madame d'Hautpoul ne nous prend point en traîtresse :

O vous, dit-elle en commençant, qui aimez les chansons naïves, les récits d'amour, les peintures des champs, venez m'écouter, âmes sensibles : venez sous ces tilleuls, jeunes bergères ; et vous bergers fidèles, entourez-moi. Ma muse ne célèbre ni les rois, ni la magnificence, ni les combats; le laurier n'orne point sa tête : elle ne s'accompagne point d'une lyre harmonieuse: mais elle chante d'une voix douce l'amour, l'innocence et les prairies émaillées ; elle se pare de fleurs et se couronne de feuillages.

Il y a cependant dans *Zilia* des beautés gracieuses. C'est en somme, une jolie tapisserie brodée par une main adroite. On y suit parfois avec plaisir les tendres sujets qu'y dessine l'aiguille enfilée de laine aux tons passés. Madame d'Hautpoul est encore un peintre d'éventail, dont les pinceaux reproduisent à volonté, des bergers habillés de satin bleu, des bergères en robes courtes laissant voir des bas à coins brodés, des vieillards blancs et roses, le tout se détachant sur des campagnes fertiles, des allées ombreuses, des troncs d'arbres formant des colonnes champêtres, des autels de gazon ou des îles verdoyantes.

Thésandre cède aux instances de Philètas, son père, et se rend dans l'île habitée par un saint ermite, où à chaque retour du printemps, les bergers de tous les hameaux, se réunissent pour y célébrer la belle saison. La bergère reconnue pour être la plus sage, y reçoit pour époux le berger le plus vertueux. Des joutes sur les flots, des danses terminent ce beau jour.

Les joutes commencèrent, et l'on voyait chaque bergère attentive, rougir au succès de celui qui l'intéresse, ou pâlir quand il est précipité ; on aurait pu, sur leur front candide, deviner le secret de chacune d'elles, une émotion vraie ne peut se cacher ; mais toutes les bergères s'occupaient de ce qu'elles aimaient, et le sentiment n'observe pas.

La lune éclairait déjà la campagne, et ses rayons argentés perçaient à travers le feuillage ; le fifre plus gai qu'harmonieux appelait les bergères à la danse ; le tambourin les y excitait. Dans nos villes, où rien ne conserve la simplicité de la nature, la danse est une étude, un talent ; au village on saute, on rit, une joie naïve remplace la coquetterie et les grâces, et l'on reconnaît le plaisir.

Tout finit : tel fut le sort de cette journée. Que le bonheur est fugitif! Que serait-ce sans le souvenir qui le renouvelle ? Les barques reçurent de nouveau les bergers et les bergères : chacun soupira en quittant la rive ; et la gaieté sembla être restée sur ses bords. Le silence dura pendant le retour ; mais les heureux amants que réunissait le même batelet, ne parlaient pas, se cherchaient du regard quand la lune venait à s'éclaircir ; disparaissait-elle sous un léger nuage, ils tâchaient de rencontrer une main chérie, offraient ou échangeaient une fleur, et profitaient tour à tour des ténèbres et de la clarté. Pour ceux qui étaient séparés, ils rêvaient. On arrive, on se quitte à regret, et chacun emporte dans son cœur, des souvenirs, le projet de se chercher, et l'espérance de se revoir.

C'est évidemment là un joli tableau, esquissé avec un art charmant.

On y sent toute la légèreté d'une main de femme unie à cette sûreté de principes littéraires qui se reflétèrent jusqu'à la fin dans ses écrits, sa conversation et ses manières.

Citons encore la première entrevue de Thésandre et de Zilia.

Thésandre après s'être fait indiquer la route qu'il doit prendre, se reposa quelques heures en attendant le jour. Dès l'aurore il quitte la cabane, et marche à grands pas vers le village où demeure Hélène. Il aperçoit bientôt la cîme des deux ormeaux, découvre les brebis et le chien fidèle ; il est tout près de la fontaine. Là il s'arrête ; son cœur palpite si fort ! Ses craintes sont si vives ! Comment approcher ? Que va-t-il dire ? Mais deux jeunes voix se font entendre ; elles se succèdent et se confondent : il croit les reconnaître, s'avance en tremblant ; il distingue ces paroles :

« Non, non, je ne veux jamais connaître l'amour, puis- » qu'il fait mourir les bergères. Depuis la fête, tes belles » couleurs s'effacent, tu négliges tes fleurs, ta brebis ché- » rie et tous nos amusements ; ta mère s'inquiète, tes

» compagnes s'attristent, et les bergers commencent à
« sourire malicieusement lorsqu'ils te regardent. Oh!
» non, je ne veux jamais aimer, surtout un étranger qui
» peut ne jamais revenir. C'est pour un étranger pour-
» tant que tu dédaignes le beau Ménalque, qui t'aime,
» possède de nombreux troupeaux, et compose de jo-
» lies chansons et dont les cheveux bruns et bouclés
» plaisent tant aux bergères. » « O mon amie! répond
» doucement une autre voix, laisse-moi ma tristesse, je
» la préfère à ta gaieté ; n'est-ce donc rien que d'aimer?
» Et comment veux-tu que je l'oublie, quand il a exposé
» ses jours pour sauver ceux de l'amant de Phæbé? Tu
» sais tous les dangers qu'il a couru! tu sais... » « Oui,
» oui, répond en riant l'autre bergère, tu pris soin de
» faire raconter cet événement à tous ceux qui arrivaient
» de la fête, et tu feignais de l'ignorer pour qu'on le re-
» dît encore. » « Ah! méchante, reprit Zilia en embras-
» sant son amie, tu mérites que l'Amour me venge. »

Thésandre est trop agité pour contenir les mouvements de son cœur ; sans pitié pour les rameaux qu'il sépare, il s'élance à travers le feuillage, et tombe aux genoux de Zilia. Quel moment! Zilia aurait voulu fuir ; le peut-elle? Elle aurait voulu peut-être dissimuler son amour ; mais Thésandre a tout entendu : que faire? Un aveu coûte à la pudeur, un refus coûte à la sensibilité. Zilia rougit, et Zilia cache dans le sein de son amie un bonheur si embarrassant, mais si doux. On convint de se retrouver le lendemain à cette même fontaine ; un ruisseau s'en échappait, et quelques frênes l'ombrageaient à demi, en se courbant comme pour se joindre.

Thésandre, avant de quitter Zilia, reçut un ruban, offrit quelques fleurs, il n'aurait osé demander un baiser Zilia n'eut osé l'accorder : chacun en donna mille à l'insensible trésor. Prestiges délicieux de l'Amour ! c'est vous qui donnez du prix à la plus légère faveur, et répandez sur tous les objets un doux enchantement.

Nous citerions volontiers d'autres passages. Que nous voilà bien loin des tourmentes révolutionnaires! quel calme auprès de cette petite fontaine, tandis que l'on se rue sur la Bastille! Nous nous contenterons pour rassurer les âmes tendres, de leur dire que la fidélité de Thésandre est couronnée de succès, et que la timide Zilia finira par partager sa couche.

Les Vœux d'un Solitaire, de Bernardin de St-Pierre, parurent en même temps que *Zilia*. Nous passons rapidement sur cette œuvre de l'auteur de *Paul et Virginie*. St-Pierre, pour nous servir de l'expression de Joubert dans une conversation avec Chénedollé, n'a qu'une ligne de beauté qui tourne, revient indéfiniment sur elle-même, et se perd dans les plus gracieux contours. Son moindre mérite n'aura pas été d'avoir servi plus tard de modèle à Chateaubriand; avec cette différence que St-Pierre écrivait au clair de lune, tandis qu'il fallait au chantre d'Atala tous les éblouissements du grand soleil.

Comme Mme d'Hautpoul enrubannait ses bergers et ses bergères, M. Renaud de la Grelaye, auquel on devait déjà les *Tableaux de la nature* et l'*Ami des mœurs*, publiait *les Soupers du Vaucluse*, sous le pseudonyme de M. R. D. L.

Les Soupers du Vaucluse sont, dans l'esprit de l'auteur, la continuation des *Tableaux de la nature*. Son objet, dit-il, a été de donner le goût de la science aux adolescents, « et surtout à ce sexe aimable et fragile que l'éducation moderne s'obstine à vouer à la frivolité. »

Voilà qui promet dès le début. Malheureusement M. Renaud de la Grelaye avoue de suite qu'il s'est attaché à parler aux sens, « parce que c'est par eux seuls que, dans l'âge tendre, la raison peut parvenir au jugement. »

Aussi bien ferons-nous mieux de citer un extrait de la préface. Nous saurons à quel point notre homme est talon rouge, et comme il pirouette devant ses lecteurs.

Je dois prévenir que, sans avoir nulle part, dans cet ouvrage, blessé les lois sacrées de la décence, j'ai cependant laissé échapper quelquefois de ces gaîtés que la bonne compagnie se permet, surtout dans la familiarité de la table ; mais ces petites débauches ne sont pas fréquentes, et ne peuvent effaroucher la partie de la société que j'ai pour objet.

On trouvera aussi quelquefois, dans ces soupers, des vers médiocres. En hasardant ces fruits de ma première muse, j'ai fait le sacrifice volontaire de mon amour-propre pour mettre en exemple l'enfance et les progrès de l'art, et avoir l'occasion de citer les endroits faibles, de redresser le sens louche, de critiquer les tirades à pré tention, les faux brillants, et, par la synthèse, de ramener aux principes purs du goût, sans lequel il n'existe rien de bon.

L'aveu est peut-être naïf, mais il n'est rien encore auprès de celui-ci :

Quand je n'ai rien eu à présenter de moi, dans ce genre, je n'ai pas dédaigné d'emprunter, mais avec la précaution de marquer les morceaux d'un astérique, sauf, peut-être, dans les chansons, quelques refrains que j'ai cru pouvoir m'approprier sans conséquence.

C'est *le Chevalier* qui nous rendra compte des soupers qu'il a faits au château d'Ombrie. Il y avait là, son hôtesse, *la marquise d'Arville*, *Mme de Chanceaux,* sa cousine; *la baronne d'Angis*, une femme « pétrie de grâces; » *Mme de Lintz, Mme d'Erby*, une jeune veuve qui « s'effarouche aisément, mais qu'un rien ramène; » *le Commandeur de Grian,* qui chante avec décence, « bien que son esprit soit tourné au genre éroti-bachique; » *le comte de Saint-Pol*, *Saintré*, *Dorival*, un poète, et *l'Abbé de Mérin-*

ville. Tout y est de bon ton et de belle humeur. On passe la vie le plus agréablement du monde. C'est ainsi que, dès le début, quand le marquis d'Arville, le châtelain, arrive, il trouve sa femme sur une estrade, abritée sous un dais, Mme de Chanceaux au clavecin et l'auteur tressant des couronnes de fleurs. Et c'est alors une explosion d'impromptus, de chansons! Tout le monde s'en mêle. Jusqu'à l'enfant d'une amie de la marquise, qui quitte sa bonne pour venir chanter à la société sur l'air de : *On ne peut aimer qu'une fois :*

Marie, il n'est rien de si pur
Que l'encens de l'enfance.
Un jour rien ne sera si sûr
Que ma reconnaissance.

On voit Marie, en ma faveur
Imiter la nature ;
Elle sourit même à la fleur
Qui manque de culture.

Et tout le monde de fondre en larmes !

Quand nos sensibles convives ne pleurent pas, ils causent. En tout cas, ils chantent toujours.

Ouvrons tout doucement la porte du salon de Mme la marquise d'Arville et voyons ce qui s'y dit :

MADAME DE CHANCEAUX

Ici, vous êtes de pair, mesdames, vous avez tous de la voix, et il n'y a personne, sauf l'abbé, qui ne puisse riposter au moins d'un Pont-Neuf ; mais il prendra sa revanche les dimanches et fêtes au lutrin.

L'ABBÉ

Je ne chante ni à table, ni au lutrin, mais je n'aime pas moins la musique, et si madame de Chanceaux veut juger du plaisir que me fait une jolie voix je lui promets la plus grande attention.

MADAME DE CHANCEAUX

Je n'ai garde de me faire prier ; mais je vous préviens que je me réserve toutes les chansons morales, cela convient à mon âge, et il y a toujours quelque chose à en tirer. Mon teinturier est un philosophe, vous allez voir.

AIR. N° 3

L'haleine du plaisir
Est le poison des roses :
Hélas à peine écloses
On voit fuir le désir.

Dès qu'au sein de la fleur
S'est plongé le volage,
Elle reçoit l'hommage
Du zéphir séducteur.

Survient le Papillon,
La Rose en vain soupire ;
Il la fane, elle expire.
Fleurs, restez en bouton.

De ce bouton charmant,
Votre cœur est l'image ;
Le fermer est plus sage,
L'ouvrir plus amusant.

Vous avez le destin
Des filles de l'aurore ;
En vous hâtant d'éclore,
Vous brillez un matin.

Belle, pour des plaisirs
De si courte durée,
D'une triste soirée
Comptez tous les soupirs.

LE CHEVALIER

Une méthode, un goût infini.

MADAME D'ERBY

Mais, quelque courts qu'ils soient, ces plaisirs, ne vaut-il pas mieux les goûter que de s'en priver tout à fait?

DORIVAL

La remarque est puisée dans la nature et digne d'Anacréon ou de Sapho.

MADAME D'ERBY

Oh! je ne parle pas du plaisir de l'amour, je crois qu'on ne saurait trop le redouter et le fuir.

DORVAL

Tout de bon...

AIR. HÉ! DANS UN CAMP.

Tu crains l'amour sans le connaître,
Tu fuis ce Dieu sans le haïr,
Et ton cœur, qui vole à son maître,
Est peut-être au moment, Eglé! de te trahir.
Ne vois-je pas déjà la flamme?
Malgré ton art, elle brille en tes yeux.
Il n'est pas loin des yeux à l'âme.
Le doux retour qu'Amour réclame,
Je le peins mal, je le sens mieux.

MADAME DE LINTZ

Comme les vérités embellissent!

MADAME D'ERBY

Pour ça, ma tante, on a bien raison de dire qu'on n'a pis que les vieux.

MADAME DE LINTZ

Eh bien, ma chère nièce, prenez votre revanche, ripostez. Avec votre prévention contre l'Amour, vous ne manquez pas de chansons qui lui déclarent la guerre.

MADAME D'ERBY

Oh! qui est-ce qui n'en fait pas? Mais ce n'est pas mon tour, et ces dames nous en diront de plus agréables.

LA MARQUISE

Ma chère d'Erby, supposons-nous en loge de Francs-Maçons; l'égalité en est la première loi, et il ne faut pas que ce soit la prétention qui décide, mais l'à-propos. La balle vous vient, renvoyez-la.

MADAME D'ERBY

Si on me l'adresse souvent, je serai fort embarrassée, mon répertoire n'est pas considérable.

Air. Il est si sot, si sot, si sot.

Tout amant comme l'abeille,
Veut la rose du plaisir.
La rose accorde au désir
Son étamine vermeille;
Mais elle lui refuse son sein
Au Papillon libertin.
L'ouvre-t-elle ? il la flétrit soudain.

Je suis la fille de Flore,
Le Papillon en est l'amant.
S'il est sémillant, charmant,
Il est plus volage encore ;
Et l'étincelle du sentiment,
Qui sut embraser nos cœurs,
S'éteint toujours au sein des faveurs.

Tous les convives ensemble, excepté Saintré : Charmante, bonne folie ! excellente, et chantée comme un ange !

Avouez que voilà une unanimité touchante. Mais, allez-vous me dire, est-ce ainsi que l'auteur se propose d'éduquer ce sexe aimable et fragile que l'éducation moderne s'obstine à vouer à la frivolité? Mon Dieu oui, et durant mille pages. Mais alors si Mme de Chanceaux pousse aussi loin la plaisanterie, quelles seront donc celles du commandeur?

Le voici qui chante.

LE COMMANDEUR

Eh oui, j'aime à boire, moi,
Lorsque ma ménagère
D'un vin frais, de bon aloi ;
Gaîment rempli mon verre.

Jusque-là rien d'extraordinaire et notre commandeur est calme, c'est à la fin qu'il faut l'entendre.

Quand j'aurai fait mes adieux
A la machine ronde,
Je veux au banquet des dieux
Que l'on chante à la ronde
Eh oui, etc.

Le vin ressemble au plaisir,
Un peu réjouit l'âme ;
Trop contenter le désir,
Eteint bientôt sa flamme.
Eh, oui, etc.

Mais toujours boire est malsain,
Un baiser est plus tendre ;
Belle, donnez-le au voisin,
Ou laissez-le lui prendre...

Et alors le commandeur embrasse Mme d'Erby !

Les trois volumes dont se composent *les Soupers du Vaucluse* sont dans ce goût. Durant dix-huit soirées ce n'est que chants et ris. Enfin l'hiver approche, il faut rentrer à la ville. La marquise fait promettre à ses invités qu'on se rassemblera à Paris pour « donner suite à leurs charmantes orgies. » Un dernier duo est chanté par Saintré et Mme d'Erby qui a consenti à lui donner sa main. Le duo est cent fois interrompu par le commandeur, décidément insupportable, qui ne cesse d'entonner :

Non, non, je ne veux aimer
Que le jus de la treille;
Je ne veux plus m'enflammer,
Que pour toi, ma bouteille!

tandis que personne ne lui dispute cet amour malheureux. Puis l'assemblée terminée, on entend les fouets des postillons impatients.

— L'amante de Titon, dit la marquise en embrassant encore une fois le commandeur, fait pâlir nos bougies; profitons de la fraîcheur matinale, on y est plus sensible dans ces climats-ci; et l'odorat jouit si délicieusement qu'on ne regrette jamais la petite corvée de s'être levé matin.

Et se tournant vers ses invités :

— Allons, s'écrie-t-elle, bergers avec bergères, et l'abbé au milieu de ma grande voiture, pour la décence.

La seule production qui, sous forme de roman, se ressente de l'avènement révolutionnaire est un fort ennuyeux ouvrage en deux volumes, de Lavallée, intitulé : *Le nègre comme il y a peu de blancs.*

A l'époque où parut ce livre, une des causes les plus intéressantes que l'on pût plaider au tribunal de l'humanité, était sans nul doute celle des nègres.

Lavallée se fit leur avocat. Le mot humanité étant dans toutes les bouches, il souhaita qu'il fût de même dans tous les cœurs. Convaincu que ce n'était que par la peinture souvent répétée des misères humaines que l'on parviendrait par degré à développer ses forces, il traça de nombreux tableaux. « Les sociétés philanthropiques, dit-il, dans sa préface, les Académies de bienfaisance, les couronnes consacrées aux généreux dévouements, voilà les occupations de ses premières années ; préparons-lui d'avance des ouvrages plus nobles, et plus dignes de sa maturité ; et tandis que ses mains débiles encore s'essayent sur des individus isolés, apprenons-lui qu'un jour des efforts plus sublimes l'attendent, et qu'après s'être exercé sous le toit solitaire du pauvre, il sera de sa grandeur de sécher les larmes des nations à la face de l'Univers.

« Assurément un roman n'est pas fait pour opérer une aussi grande révolution ; mais un roman est lu de tout le monde, et peut-être est-il de la bonne politique de faire aimer d'abord ceux que l'on veut servir ensuite. C'est à la puissance de la discussion à consommer ce grand œuvre, s'il est vrai, toutefois, que le mal en soit venu jusqu'à ce point que l'on soit obligé de discuter si ce ne serait pas un bien de briser les fers de l'innocence? Génies du premier ordre! cet honneur vous regarde! la modestie est le premier devoir de l'homme de lettres ;

il doit la consulter, surtout quand il s'agit d'un aussi grand intérêt. En pareil cas, il n'est pas permis d'essayer ses talents, il faut être sûr de ses forces. Mon cœur m'enseigne bien ce que l'humanité doit faire, l'éloquence me manquerait, sans doute, pour l'enseigner aux autres. »

Quels ont été les moyens employés par l'auteur pour faire aimer les noirs? la sensibilité et l'amour du bien. Ce sont les uniques dons de la nature dont il s'enorgueillisse. Si on lui reproche de n'avoir écrit qu'un roman, il répond que les actions de son héros sont les traits détachés de la vie de différents nègres, qu'il a recueillis, rassemblés, liés ensemble, et dont il n'a fait qu'un tout. Ce n'est donc pas précisément un roman; c'est l'histoire d'un caractère national, offert dans le caractère d'un seul homme. Cet homme a des vertus et il est aimable. Si ces vertus ne sont autres que celles de sa nation, on doit les respecter.

Voilà le plan et le but de l'ouvrage. Reste la forme.

Notre *oncle Tom* s'appelle Stanoko :

Stanoko fut le nom que je reçus en naissant, l'amour veillait pour ainsi dire à côté de mon berceau, et les premiers regards que j'ouvris à la lumière rencontrèrent les charmes d'Amélie.

Amélie est une Africaine, mais son père est de Nantes. M. Benoît et sa fille ont fait naufrage à l'embouchure du Sénégal, ce qui explique la rencontre des charmes d'Amélie. Pris d'amitié pour Stanoko, M. Benoît l'initie aux secrets de la civilisation, lui apprend à prier Dieu, à cultiver la terre, à bâtir des maisons. Stanoko paie son bienfaiteur en se mettant à la poursuite d'Amélie, enlevée par des guerriers noirs. Il parcourt l'Amérique, arrive en Europe, retrouve sa bien-aimée qu'il épouse, après s'être créé une importante situation à Nantes.

Le récit est vif et correct. Mais le style d'une simplicité bénigne devait être peu propre à convaincre. *Le Nègre* n'obtint d'ailleurs qu'un médiocre succès et, à parler franc, nous serions le dernier à nous en étonner.

LIVRE II

L'APOGÉE

6 *Octobre* 1789 — 14 *Juillet* 1790)

VI

L'ÉLOQUENCE

A partir du 6 octobre 1789, nous traversons la Révolution pour arriver à la date de son apogée : le 14 juillet 1790. C'est le beau moment, celui où la France crut voir le ciel ouvert. Notre histoire continue sa route, les ailes déployées, se hâtant de toucher aux sublimités, pour se reposer ensuite sur les autels élevés à la patrie.

Le premier qui prit la parole dans ce concert universel, fut Rabaut Saint-Etienne, pour prêcher l'égalité et la justice. Paul Rabaut, son père, homme d'une condition obscure, mais dévoré de zèle pour le protestantisme, cherchait partout à lui faire des prosélytes et à fortifier ses frères dans la foi. Son éloquence inculte et sauvage avait influé profondément sur le génie de son fils. Après avoir obtenu en 1788, de Louis XVI, l'exercice des droits civils pour les sujets protestants à l'égal des catholiques, Rabaut Saint-Etienne avait acquis une grande importance à force d'imprimer à ses productions comme à ses discours le cachet de la philosophie moderne. Après avoir défendu, en 1789, le système d'après lequel les pouvoirs des trois ordres ne devaient être vérifiés qu'en commun, fait supprimer la plupart des priviléges résultant de la féodalité, plaidé avec une grande éloquence l'égalité des cultes religieux comme la suite nécessaire de tous les autres droits, orienté les droits et la durée des nouvelles législatures, il voulut parfaire sa mission et se venger du clergé en lui votant des subsides. Ce noble mouvement lui valut la présidence de l'Assemblée, et le fit survivre aux années suivantes durant lesquelles il ne paraît plus qu'une fois, pour livrer sa tête à Fouquier-Tinville.

Dans ce grand combat en faveur de l'égalité Rabaut eut pour auxiliaires les plus dévoués, Duport et Robespierre. Duport se fit persuasif et Robespierre parfois éloquent. La cause de l'égalité entendue, celle de la liberté fut remise à la question. Mirabeau qui l'avait si admirablement soutenue aux

Etats-Généraux devait la défendre encore à l'Assemblée Nationale. Méprisant les séductions de M. de Lamark, et les propositions de la cour, cet homme, la révolution incarnée, emprunta de nouvelles foudres. L'apogée de la Révolution est également celui de Mirabeau. Il en suit pas à pas les progrès. Il s'arrête avec elle, repart avec elle, pour elle il combat toujours. En 1790 il sait être le grand justicier de l'autel, qui commence à conspirer. Quand la France prononce ce mot « Amérique », il salue en elle le plus grand de ses citoyens. Lorsque enfin les partis trop avancés cherchent à compromettre la cause de la liberté ou essayent de l'attaquer, il les accable en feignant de ne les point craindre.

Tout le monde a sur les lèvres la fameuse apostrophe sur Charles IX et la Saint-Barthélemy : « Je vois d'ici la fenêtre, etc. »

Écoutez-le rendre hommage à Franklin. C'est une improvisation :

Messieurs, Franklin est mort... Il est retourné au sein de la Divinité, le génie qui affranchit l'Amérique et versa sur l'Europe des torrents de lumière.

Le sage que les deux mondes réclament, l'homme que se disputent l'histoire des sciences et l'histoire des empires, tenait sans doute un rang élevé dans l'espèce humaine.

Assez longtemps les cabinets politiques ont notifié la mort de ceux qui ne furent grands que dans leur éloge funèbre. Assez longtemps l'étiquette des cours a proclamé des deuils hypocrites. Les nations ne doivent porter que le deuil de leurs bienfaiteurs. Les représentants des nations ne doivent recommander à leur hommage que les héros de l'humanité.

Le congrès a ordonné dans les quatorze états de la confédération un deuil de deux mois pour la mort de Franklin, et l'Amérique acquitte en ce moment ce tribut de vénération pour l'un des pères de sa constitution. Ne serait-il pas digne de nous, messieurs, de nous unir à cet acte religieux, de participer à cet hommage rendu à la face de l'univers et aux droits de l'homme, étant le philosophe qui a le plus contribué à en propager la conquête sur toute la terre? L'antiquité eût élevé des autels à ce vaste et puissant génie qui, au profit des mortels, embrassant dans sa pensée le ciel et la terre, sut dompter la foudre et les tyrans. La France, éclairée et libre, doit du moins un témoignage de souvenir et de regret à l'un des plus grands des hommes qui aient jamais servi la philosophie et la liberté.

Je propose qu'il soit décrété que l'Assemblée Nationale portera pendant trois jours le deuil de Benjamin Franklin.

La proposition fut décrétée par acclamation.

Et maintenant avec quel superbe orgueil il repousse les calomnies de Marat.

On attendait des comités de législation et de constitution, un projet de loi sur les délits de la Presse.

Malouet profita de l'occasion pour dénoncer un libelle signé Marat, dans lequel après avoir rendu compte de la motion du licenciement des troupes faite par Mirabeau, le libelliste s'exprimait ainsi : « Si les noirs et les ministres gangrenés et archi-gangrenés sont assez hardis pour la faire passer, citoyens, élevez huit cents potences, pendez-y tous ces traîtres, et à leur tête l'infâme Riquetti l'aîné... »

Malouet voulait que Marat fût livré aux tribunaux.

Je demande, dit Mirabeau, si ce n'est pas une dérision tout à fait indigne de l'Assemblée que de lui dénoncer de pareilles démences ; sans doute, il est bon de faire des lois sur les délits qui se commettent par la voie de la presse comme sur tous les autres délits ; il est vrai que ceux-ci méritent, peut-être, une plus grande considération parce que leur propagation est plus rapide, mais ce qui est mauvais c'est de se hâter, sur une semblable matière, c'est de se hâter, parce qu'on publie des extravagances.

Je vous prie de remarquer que dans ce paragraphe d'un homme ivre, qui vient d'être lu, je suis seul nommé. On parle des *noirs* dans ce libelle : Eh bien, c'est au Châtelet du Sénégal qu'il faut dénoncer ce libelle. Eh ! que signifie, en effet, cette expression, *les noirs?* Messieurs... parmi les libelles infâmes, il en est un, le *libellus famosus* ; et celui-là est de l'homme à qui l'on veut renvoyer l'extravagance qu'on vous dénonce, cet homme est M. le procureur du roi du Châtelet à Paris. Passons à l'ordre du jour.

Vers la fin de 1789 la politique prend une tournure nouvelle. Deux forces sont là qui se présentent, qu'on discute : le Clergé et l'Armée. L'une résiste parce qu'elle a tout à perdre si elle cède d'un pouce, l'autre subit l'influence désastreuse de Bouillé. Tandis que Mirabeau lutte contre la première, Dubois de Crancé plaide la réorganisation de la seconde, en dépit des Labourdonnaie, Noailles, Castries et Cazalès. De ces batailles parlementaires commencent à naître les contre-révolutions, et par suite l'éloquence contre-révolutionnaire.

Celui qui se distingua le plus particulièrement dans ce dernier genre fut Froment.

« Froment, dit Michelet, était plus qu'un homme, c'était une légion ; il armait en même temps par une multitude de bras, par son frère *Froment-Tapage*, par ses parents, par ses amis, etc. Il avait son bureau, sa caisse, sa librairie de pamphlets, son antre aux élections, tout contre l'église des Dominicains, et sa maison communiquait avec une tour, qui dominait les remparts. »

Nous aurons dans le cours de cet ouvrage à constater quels furent les tristes commencements de l'éloquence terroriste. Ceux de l'éloquence contre-révolutionnaire ne furent pas moins épouvantables. La parole se traîne dans la boue et dans le sang. C'est au milieu des massacres que vient l'inspiration et il ne faut rien moins que la vue des blessés ou des morts, pour la soutenir.

C'est à la réaction de 1790 que nous aurons dû ce triste exemple de la parole au service des grandes utopies et des grands crimes.

Tout d'abord ces nouveaux moyens de persuasion en imposèrent. L'éloquence de la tribune demeura muette devant les hurlements des carrefours. Puis, après s'être recueillie elle tenta de composer, ayant pour interprètes Camus, Lanjuinais et l'abbé Grégoire, dont l'intrépidité était connue. J'ai dit qu'elle composa, ce fut une faute. Ce qu'elle gagna en considération elle le perdit en efficacité et en grandeur. La Tribune avait ses foudres, elle n'eut plus que ses arguments : au lieu d'être fondatrice, elle fut modificatrice, réformatrice.

Camus avait une connaissance du droit canonique, ce qui lui avait valu la place d'avocat du clergé de France. Il avait joué un rôle important à la journée du Jeu de Paume.

Ce fut lui qui alla chercher les papiers de l'Assemblée dans la salle, fermée pour les préparatifs de la séance royale. On pouvait s'attendre à une fermeté sans égale [1]. Au lieu de mettre en action celle que la nature lui avait départie, il voulut compter à la fois avec la philosophie et les opinions religieuses, les préjugés et le raisonnement, la raison et l'esprit de parti, les devoirs civils et l'esprit de corps, cherchant imprudemment à concilier les contraires, et à mettre sa conscience en repos dans le conflit de tous ces devoirs bien souvent opposés.

Il semble qu'on retrouve dans son talent d'orateur et les erreurs de son parrain le cardinal de Rohan, et les principes de ses professeurs de l'Université. Quelques années auparavant il avait combattu Maupéou, le chancelier, puis après avoir écrit contre lui, s'était retiré dans son cabinet d'Auteuil. Il s'y retira trop souvent, comme si le moindre effort l'avait essoufflé. Au reste, à force de se ranger du côté de sa conscience, à force de croire à la religion à laquelle Newton croyait aussi et qu'avait défendue Pascal, il avait acquis une sorte d'éloquence déiste, religieuse par principes sinon par pratiques habituelles, bien qu'il pût passer à certains yeux pour Janséniste.

Ce fut dans ces dispositions que Camus arriva à l'Assemblée. Quand il s'agit du séquestre des biens du clergé, il n'y vit qu'une réforme salutaire qui

[1] Toulongeon.

ramenait les choses temporelles à l'état de la primitive Eglise, ainsi que l'avait toujours désiré, professé, prêché les Jansénistes du bon temps. Cette doctrine explique comment il se fit que Camus, ne repoussant aucune des réformes proposées, tout en votant formellement, dans l'appel qui forma le décret du 2 Novembre, en faveur du clergé, y créa ce que nous ne craindrons pas d'appeler l'éloquence de l'hésitation, éloquence véhémente et pressée au style raisonné à froid, calculé par motifs et par syllogismes.

Lanjuinais fut de la même école et pour les mêmes motifs. Ardemment attaché, dès son enfance, aux croyances chrétiennes, c'est moins dans la philosophie contemporaine que dans l'Evangile, qu'il avait puisé le principe de l'égalité entre les hommes. En 1770, il avait fait paraître deux brochures. Dans l'une il disait : « Nous rejetons avec une égale horreur la démocratie, l'aristocratie et le despotisme ; mais nous chérissons cette forme mixte tant désirée des anciens politiques, tant applaudie par les modernes, où du concours du roi, des grands et du peuple agissant par ses représentants, sortiront des résultats d'une volonté générale et constante qui feront régner uniquement la loi, sur toutes les têtes de l'empire. » On sait où mènent les formes mixtes, dans les temps de revendication.

C'est au moment où Froment incendiait Nîmes que Lanjuinais songeait « à raviver la foi par le retour à la discipline trop oubliée des derniers siècles » et qu'il écartait minutieusement tout ce qui, d'après les canons, ne pouvait être réglé par l'autorité temporelle.

Aussi bien, il suffirait de relire son *Histoire abrégée du Droit constitutionnel français*, pour se faire une idée exacte de la part qu'il dût prendre à l'opposition qui venait de se manifester contre le clergé.

Il y parle des gouvernements et des constitutions en général. Il se demande ce qu'on doit entendre par gouvernement légitime et pense, avec Bossuet,que ce gouvernement légitime est opposé, de sa nature, au gouvernement arbitraire, qui est barbare et odieux. Il ajoute que le gouvernement qui fut le mieux qualifié en droit gouvernement légitime, lorsqu'il a cessé de fait et qu'il n'existe plus visiblement dans le territoire de l'Etat, n'est qu'une prétention, soit légitime, soit illégitime, à laquelle chacun des citoyens peut ou doit être plus ou moins affectionné ; mais que personne ne peut être puni précisément pour avoir servi ou obéi sous un gouvernement de fait. Il termine en disant que la raison naturelle et la religion chrétienne, la prudence et l'humanité sont unanimes sur ce point et que les Anglais ont très-sagement prescrit l'obéissance au gouvernement de fait, par une loi positive et formelle. Enfin, après avoir parcouru les diverses espèces de gouvernement, il n'hésite pas à donner la préférence au gouvernement représentatif et constitutionnel.

A l'encontre de Camus, chez Lanjuinais, la parole est brève. Il ne faisait pas de longs discours. C'était par des phrases vives, par des expressions toujours incisives et souvent véhementes qu'il portait ses coups. Tant il est vrai, comme dit Cicéron, que l'éloquence a la faculté de tendre au même but par des moyens multiples.

Terminons notre étude sur cette « trinité d'hésitants, » pour nous servir de l'expression de Mirabeau, en démontrant la parenté qui relie l'abbé Grégoire à Lanjuinais et à Camus. Le premier il s'était déclaré pour la réunion de son ordre à celui du Tiers-Etat, réunion qu'il accéléra même, par sa *Nouvelle lettre aux Curés*, où il déclame avec violence contre les intrigues du haut clergé et de la noblesse. On le porte en triomphe et l'on compte sur lui pour militer contre les conspirations cléricales. L'abbé Jallet va même jusqu'à lui prêter l'esprit de l'auteur du *Dictionnaire Philosophique*, quand il apprend que Palissot présentant à l'Assemblée l'hommage de son édition de Voltaire, s'est vu interpellé par Grégoire qui lui demande si elle a été purgée des impiétés qui déparaient les ouvrages du philosophe. Quelque mois plus tard lorsque la constitution civile du clergé est décrétée, il publie un écrit intitulé *de la Légitimité du Serment*, où se trouve ce remarquable aveu : « Dans la constitution, j'en conviens, on n'a pas assez prononcé l'autorité du pape. »

Et cependant comme Lanjuinais, comme Camus, l'abbé Grégoire ne croyait pas au christianisme. Ce qui ne l'empêcha d'organiser de concert avec eux « une charte de délivrance pour l'Eglise et le clergé. »

A partir de ce moment on cesse de parler à la tribune. Les orateurs se taisent pour écouter le plus grand d'entre eux qui s'appelle : Peuple. La France de 89 avait senti la Liberté, celle de 90 devine la Patrie. Les fédérations imposent silence. Homme et patrie, voilà la dualité. Le 14 juillet voilà la rédemption... l'apogée ! Cette fois la tribune, non, l'autel a été construit par la commune de Paris, l'Assemblée nationale, toute la population. Il tient à la France par la base, ses lumières brûlent dans les nues. Cinq cent mille auditeurs seront là pour applaudir. Il y aura des compagnies de cavalerie précédées de leurs étendards, des compagnies de grenadiers, de volontaires, de chasseurs, d'élèves militaires, de vétérans, de troupes de ligne. On y verra les électeurs de la ville de Paris, l'Assemblée des représentants de la commune, les présidents des districts, les députés de la commune pour le pacte fédératif, les soixante administrateurs de la municipalité, les députés des gardes nationales des quarante-deux premiers départements, les députés de la marine. Ce n'est pas tout. Voici des officiers généraux, l'état-major de l'armée, et les maréchaux au-dessus desquels flotte majestueusement le drapeau de la liberté qui porte la cornette blanche de France. Voici enfin Louis XVI et Marie-Antoinette. La royauté s'est dérangée !

On a élevé des arcs de triomphe, tressé des couronnes. Au loin les tonnerres de l'artillerie préparent aux foudres de la tribune. Le soleil n'a jamais été si beau. Le ciel a magniquement illuminé.

Remontons aux temps fabuleux, aux époques où Moïse conduisait un peuple, où Salomon faisait bâtir un temple par les ouvriers du monde ; prenez César, Charlemagne, Louis XIV, et dites-moi si jamais Rois, Empereurs, Prophètes ont jamais eu pareil auditoire.

Jamais, n'est-ce pas ?

Qui donc va parler ? qui va descendre du ciel embrasé ? quel messie ? quel Dieu ?

La Fayette monte à l'autel, et là au nom de toutes les gardes nationales de France, il prononce le serment suivant :

« Je jure d'être à jamais fidèle à la nation, à là loi
» et au roi, de maintenir la constitution décrétée
» par l'Assemblée Nationale, et acceptée par le Roi,
» de protéger conformément aux lois, la sûreté des
» personnes et des propriétés, la libre circulation
» des grains et subsistances dans l'intérieur du
» royaume et la perception des contributions publi-
» ques, sous quelques formes qu'elles existent, de
» demeurer uni à tous les Français par les liens
» indissolubles de la fraternté. »

Le Président de l'Assemblée Nationale s'avance :

« Je jure d'être fidèle à la nation, à la loi, au roi,
» et de maintenir de tout mon pouvoir la constitu-
» tion décrétée par l'Assemblée Nationale et acceptée
» par le roi. »

Le roi étend les bras vers l'autel :

« Moi, roi des Français, je jure à la nation d'em-
» ployer tout le pouvoir qui m'est délégué par la

» loi constitutionnelle de l'Etat, à maintenir la cons-
» titution et à faire exécuter les lois. »

Un menuisier, citoyen obscur, prend la main de son fils au berceau, et la lui fait lever, afin qu'il participe au serment du patriotisme.

VII

POÉSIE

Quel a été le sort de la poésie à la fin de l'année 1789 et au commencement de 1790?

C'est Collin d'Harleville qui nous l'apprend.

Je suis heureux d'avoir l'occasion d'invoquer ici le jugement d'un homme sympathique entre tous. C'était à lui, qui avait sacrifié famille et repos, à cette poésie qui lui fut si chère, de nous initier à ses destinées. J'y trouve le prétexte de rendre hommage à ce spirituel écrivain, qui tient une place importante dans l'histoire de la littérature. Je salue sa franche gaîté qui était celle d'un sage indulgent qui, en observant les hommes, prend moins de l'humeur de les voir méchants, que du chagrin de ne pas les voir heureux.

Voici les vers qu'il écrivait en tête de *l'Almanach des Modes* de 1790.

LES MUSES DÉLAISSÉES

Fidèles à remplir leur vœu,
Les neuf sœurs, hélas! sont confuses
D'avoir à vous offrir si peu ;
Mais, quoi! lecteurs, les pauvres muses,
Et vous-même en ferez l'aveu,
N'ont que de trop bonnes excuses.

Uranie au front radieux,
En vain du séjour du tonnerre,
Appelle un regard curieux,
Ah! d'un soin plus impérieux
Elle ne saurait nous distraire :
Bien plus que la marche des cieux
Ce qui se passe sur la terre
A le droit de fixer nos yeux.

Calliope, toujours muette,
Attend un Voltaire nouveau
Digne d'emboucher sa trompette.
Un sujet s'offre et grand et beau ;

Mais il faut trouver le poète,
Qui doit enfanter le projet
De faire oublier Xanthe et Tibre,
Et d'un ton égal au sujet,
Dise : Je chante un peuple libre.

Au milieu d'un tas de journaux,
Clio, dans son laboratoire,
Recueille ses matériaux,
Mais de faits, encor trop nouveaux,
Prudemment retarde l'histoire.

Reprends tes esprits abattus,
Melpomène! une autre carrière
Féconde en sublimes vertus,
S'ouvre... Et déjà ta voix plus fière,
A ressuscité l'ombre altière,
Et de Caton et de Brutus.

Tu rêves, et n'oses rien dire,
Aimable Thalie, en effet,
Tout ce qu'on dit, tout ce qu'on fait,
Ne t'offre pas le mot pour rire.
« Ah! pour Thalie enfin, dit-on,
» Quelle vaste et riche matière!
» Il faudra rehausser d'un ton
» Sa voix un peu trop familière. »
Je ne sais, mais ce ton nouveau,
Jamais aux amateurs du beau
Fera-t-il oublier Molière?

Cette Muse, qui nous charmait,
Erato même est négligée.
« Non, disait la belle affligée,
» On n'aime plus comme on aimait.
» Au lieu de maint billet, doux, tendre,
» Qu'allait plus d'un discret pasteur,
» Chaque matin, donner et prendre,
» Je vois Chloé, Bélise, attendre
» La Chronique ou le Monitèur. »

Jadis par des accents de flamme,
Au sein d'un palais enchanté,
Polymnie amolissait l'âme,
Et soupirait la volupté.
Maintenant, guerrière, terrible,
Au risque de nous rendre sourds,
Avec ses fifres, ses tambours,
Elle fait un vacarme horrible.

Euterpe la muse des champs,
Ne se montrait que dans la ville :
Un jour, le hameau, plus tranquille,
Résonne de ses doux chants.
Echo, dans un champêtre asile,
Redira les accords touchants
Des pasteurs heureux de Virgile.

Au moins, sans regrets, sans souci,
Il semblerait que Therpsycore
Ne dût rien perdre en tout ceci,
Que partout on dansât encore :

Hé! bien, elle se plaint aussi.
« Non, dit-elle, ingrats que vous êtes!
» Non, jamais on ne me croira,
» Plus de rondes, au son de musettes,
» Pas un seul bal à l'opéra,
» Et moins de danses aux guinguettes! »

Que je vous plains, ô doctes sœurs!...
Ah! c'est nous qui sommes à plaindre;
Si l'on renonce à vos douceurs,
Bientôt j'ai trop sujet de craindre...

Du Pinde indiscrets nourrisons,
Cessons une plainte futile :
Aveugles! quoi, nous gémissons
De voir l'art que nous chérissons,
Paraître un moment inutile.
Si quatre-vingt-neuf fut stérile
En bagatelles, en chansons,
Contemplez tant d'autres moissons :
Fut-il année aussi fertile?

Collin d'Harleville nous raconte que c'est au poste de Saint-Germain-l'Auxerrois qu'il composa ces vers.

Il était alors garde national, et il se complaît à nous en faire part, avec cette pointe d'ironie qui le caractérisait.

Que vois-je, cher Auguste, et quel contraste énorme?
Toi qui prêchais la paix, tu portes l'uniforme!
Ce n'est point un contraste, ami : plus que jamais,
Je déteste la guerre et j'adore la paix ;
C'est pour la maintenir que je suis sous les armes.
Oui, c'est pour dissiper, pour calmer les alarmes,
Pour conserver vos jours, pour défendre vos biens,
Pour imposer surtout aux mauvais citoyens,
Qui nourrissaient encor la cruelle espérance
De voir l'affreuse guerre ensanglanter laFrance.
Voilà, mon bon ami, pourquoi je suis soldat.

. . . .

J'ai fait un tel serment, je suis homme d'honneur,
Une main sur mon sabre et l'autre sur mon cœur.

Collin d'Harleville avec une main sur son sabre !

Si quelqu'un peut justifier la disette poétique dont parle Collin d'Harleville, c'est apparemment le poète Antoine Leriegs, le professeur du Prytanée Français.

Leriegs fut ce qu'on appelle « un fécond écrivain. »

A la fin de l'année 1789 il donnait la mesure de son talent, dans un poème en VIII chants, intitulé *L'Amour et Psyché*, qu'on fit pourtant rééditer en 1804, et précéder d'une préface au consul Lebrun.

La fin de l'Enéide n'avait pas satisfait Leriegs. Il

ne pouvait voir de sang-froid un prince fugitif, étranger, aborder en Italie dans le dessein de s'en emparer; y profiter de la division des peuples, de la révolte des sujets contre leurs souverains, y troubler les amours d'un roi paisible, devenir son rival, lui faire la guerre, le tuer, épouser son amante; rien ne l'intéressait, c'est lui qui le confesse, en faveur du héros troyen. Junon lui avait toujours paru soutenir le parti de la justice et de la raison, soit en se déclarant pour les Grecs contre les Troyens, soit en combattant ces derniers en faveur des Rutules.

Il conçut le désir de venger la reine des immortels. Mais sur quel plan tracer cette vengeance ? Il n'était point aisé de l'emporter sur Vénus ? Mars aurait pris la défense de sa favorite, et tous les dieux auraient apaisé sa querelle. Un enfant aveugle, étourdi, efféminé, l'Amour lui sembla devoir exciter davantage le ressentiment de Junon, mais il fallait, pour calmer le courroux de la déesse, que son ennemi bût, jusqu'à la lie, à la coupe de la douleur. Pour y parvenir, elle s'attache à le poursuivre dans le plus tendre objet de ses délices, à l'en priver, à jouir de son désespoir et de ses vaines recherches, jusqu'à ce qu'enfin attaquée elle-même par son rival, en la personne d'Ixion, elle soit vaincue à son tour et rende à l'Amour son amante.

En lisant le titre de l'ouvrage, on s'attend d'abord au récit des amours de Cupidon et de Psyché :

on croit déjà voir cette malheureuse princesse en butte à la colère de Vénus, aux peines qui lui seront imposées par sa rivale. Erreur ; l'auteur ne voulait point suivre le plan de La Fontaine que son inclination, ainsi qu'il le dit lui-même, portait à la plaisanterie. Il s'est entièrement confié à son imagination qui l'a guidé à travers tous les méandres de la mythologie.

On trouve dans l'*Amour et Psyché* quelques fictions ingénieuses, parfois de jolis détails, mais toujours de fâcheuses négligences.

L'auteur était, du reste, coutumier du fait et il a dû payer sa fécondité du mot de Garat : « Leriegs écrit encore moins bien qu'il ne parle. »

Nous donnions tout à l'heure une pièce où Collin d'Harleville constate l'abandon dans lequel sont les muses, c'est Leriegs qui maintenant va nous en donner les raisons.

D'où vient, dit-il, dans son *Discours* qui sert de préface au poème des *Révolutions de France*, parmi nous, ce discrédit actuel, ce dégoût pour la poésie ? De plusieurs raisons : la première, j'ose le dire, est la manière neuve, frivole, philosophique et contournée, dont la plupart de nos auteurs, tant bons que mauvais, ont fait des vers, indépendamment des sujets ingrats qu'ils ont choisis. Le goût de la Philosophie s'étant généralement répandu parmi nos gens de lettres, ils ont voulu identifier, en quelque sorte, la Poésie avec la Morale. Dès lors plus de fictions, plus d'images, plus de grâces ; des sentences, de grands mots; des raisonnements froids, mal sentis, plus mal exprimés ; point d'action, point d'énergie, point d'âme, point d'attraits. Le cœur est le siége des passions ; les passions sont le charme de la poésie. Que deviendra-t-elle, si, loin du cœur, on la promène en des lieux arides, où rien ne peut la dédommager de l'ennui qu'elle ressent et qu'elle inspire ?

Nous sommes de l'avis de Leriegs, évidemment les poèmes de la révolution doivent en partie leur médiocrité, au sacrifice des passions à la philosophie. Mais était-ce une raison pour tenter d'écrire en vers une histoire chronologique de la révolution, et de joindre à des détails purement locaux, des fictions malheureuses et le plus souvent ridicules ? L'auteur appelle cela « dédommager l'imagination des entraves de l'histoire. » Ici, c'est une maîtresse qui pleure son amant mort à la Bastille, victime du *perfide* gouverneur, et qui expire de regrets. Là, c'est Geneviève qui lasse de processions et d'offrandes, du fond de son sarcophage prononce un terrible oracle qui ne tarde point à s'accomplir. Plus loin, la jeune Hortense est sur le point de prendre le voile, mais elle ne peut prononcer le vœu funeste ; elle aime et, peut-être, est-elle mère. Depuis l'instant qu'elle a vu Bazor, elle n'aspire qu'à la liberté. Vainement elle témoigne ses vœux à son père. Elle s'adresse à la Diète, qui souscrit à ses désirs, décrète l'émission des vœux monastiques, et bientôt la destruction des cloîtres !

Il nous suffira d'ouvrir le volume au hasard et de citer les premiers vers qui nous tomberont sous les yeux, pour donner une idée exacte de la valeur littéraire du poème de Leriegs : *La Révolution de France ou la Liberté*, dédié à M. Bailly, maire de Paris.

Il s'agit de la prise de la Bastille.

Ce n'est de toutes parts, que feu, que sang, qu'horreur ;
Sur le bronze fumant tonne l'airain vengeur ;
On eût dit que l'Etna, du haut de ses murailles,
Sur l'Etna vomissait le feu de ses entrailles ;
Mais la mort que lançaient les Monstres furieux,
Nous épargne en sa chute et *rejaillit* sur eux.
Le jour a disparu : *la Bastille* enflammée,
Nage et perd sa clarté dans des flots de fumée.

Tels étaient les « dédommagements » de l'auteur.

Nous ne nous arrêterons qu'un instant sur *Le Mal*, poème philosophique en quatre chants de M. Sachli. Sachli était professeur de littérature grecque et romaine et de statistique à l'Institut politique de Berne, à l'époque où il eut l'étrange idée de changer son titre de bon professeur contre celui de mauvais poète. Son poème débute ainsi :

J'offre aux esprits pensants des vérités frappantes :
Contemplant la douleur dans ses fins consolantes,
Du crime et des remords *contemplant* les effets,
J'entreprends de chanter LE MAL et ses bienfaits.

Et il continue de même.

Nous passerons également sur *La Prise de la Bastille ou le Despotisme vaincu*, poème ou trois chants, dédié à M. de La Fayette, par l'auteur M. Volland, où à côté de quelques morceaux qui annoncent du talent se rencontrent d'énormes fautes de prosodie.

Les Genres poétiques, poème de Barron, l'aîné, ne méritent pas davantage un long examen, non plus que *le Siége de Cythère* de Cailleau, bien qu'on y reconnaisse cependant de temps à autre la touche d'un écrivain.

Ajoutons à cette liste une traduction en vers des odes d'Horace par Théophile Barrois; un choix de contes en vers : *Le Poète en goguette* de Bossange; *Le Patriote ou préservatif contre l'Anglomanie*, dialogue en vers, suivi de notes par Froullé et les *Matinées d'été*, opuscule en vers et en prose de Couret de Villeneuve.

La quatrième partie des *Lettres à Emilie sur la Mythologie* venait de paraître, et l'on s'en arrachait les éditions, quand un journal annonça la prochaine publication d'un poème de Demoustiers : *la Liberté du cloître*. On se demanda par quel miracle, ce bel esprit, cet amoureux du faux brillant, sacrifiait aux idées révolutionnaires. Il n'y sacrifia que dans ses moyens, et ne vit dans la liberté qui venait d'être rendue aux femmes et aux religieuses, qu'une nouvelle occasion de se montrer souvent badin, mais toujours affecté et plein de prétentions. Le poème est en trois chants. L'action en est à peu près nulle.

Nous lui préférons de beaucoup les *Poésies diverses* de Gugétand du Mont-Jura. Ce Gugétand dont le seul tort fut de demeurer inconnu, est une de ces bonnes figures qui appellent immédiatement une sympathie franche et durable. Aussi bien le caractère de l'homme répond à son portrait. Son père l'enferme à Besançon chez des ecclésiastiques, il saute par la fenêtre. A Sarci, on l'adresse à l'abbé Sabatier, l'auteur des *Trois siècles de la littérature française*, lequel lui commande une satire contre Voltaire. Gugétand en profite pour composer en quelques jours le *Génie vengé*, morceau plein de verve, dans lequel il prend la défense de Voltaire contre ses ennemis. Cette pièce le met en rapport avec quelques littérateurs et lui vaut même la bienveillance de La Harpe. On le place aux côtés du marquis de la Villette en qualité de secrétaire. Il se brouille avec lui, un jour où ce dernier lui parle de le faire héritier d'une somme assez ronde pour lui assurer l'indépendance. Il faut M. de Talleyrand, pour le forcer à ne pas mourir de faim.

Tel était l'homme. Nous trouvons dans son recueil, outre *Le Génie vengé* qui date de 1780 et *Le Doute*, un remarquable morceau adressé à un compatriote, M. Janvier, où l'on devine un style simple et nerveux, d'une originalité indiscutable.

Gugétand eut pour ami intime, J.J. Leroux, un autre type qui pourrait compter dans la galerie des originaux de la fin du XVIIIe siècle.

J.J. Leroux jouait un rôle assez remarquable et assez dangereux au commencement de la Révolution. Il proclamait les lois et, porteur d'un petit drapeau rouge, avait pour mission de dissiper les attroupements.

De plus Leroux était garde-nationale comme Collin d'Harleville, et comme ce dernier il courut plus d'une fois le risque d'oublier le mot d'ordre dans la chaleur de la composition. C'est en faisant la faction au district des Capucins de la Chaussée d'Antin qu'il composa un amusant poème, *en quatre gardes*, intitulé *Le Factionnaire* et signé : J.. J.. L.. R.. D.. T..

Nos citoyens pour un nouveau service
Sont pleins de zèle ; ils ne rêvent plus rien

Que bataillon, compagnie, exercice :
C'est leur bonheur, et c'est aussi le mien.
Hier matin je sortais d'un collége
En longue robe[1], au nombre des suppôts
Qui du Recteur composaient le cortége ;
Et maintenant, l'habit bleu sur le dos,
Sabre au côté, lourd fusil que j'embrasse,
Guêtre à la jambe et cocarde au chapeau,
Sur trente pieds, je passe, je repasse...
Allons toujours, on verra si c'est beau.
Plus je me hâte et plus je me regarde,
Moins je conçois ce costume nouveau.
Qui, moi soldat! moi dans un corps de garde!
Que voilà bien Panurge et son bateau,
Et ses moutons l'un après l'autre à l'eau!

Que faire alors quand on est sentinelle,
Et que l'on sent trotter dans sa cervelle
Quelques vapeurs qui semblent de l'esprit ?
Ce que je fais : en cachette on écrit,
Et d'un pas leste on marche de plus belle.
Réfléchissant sur ces nombreux excès
Dont nous avons vu la France troublée,
Je me console en songeant aux décrets,
Sages travaux de la docte Assemblée ;
Et j'en prédis le plus ample succès.

Et le voilà qui disserte le plus agréablement du monde sur les abus qui existaient en France avant

[1] Il était médecin.

la convocation des États Généraux, n'interrompant son récit que pour entrer dans les plus menus détails d'un petit songe allégorique qu'il a eu, probablement en montant sa garde.

Nous ferions peut-être un grand honneur à J. J. Leroux en insistant sur son talent de poète, mais nous devons, sans nul doute, un souvenir à l'homme d'esprit.

Tandis que les uns attendaient un événement pour réveiller leurs muses et que les autres cherchaient à oublier les temps présents en ressuscitant le passé, le peuple chantait toujours, ne laissant jamais perdre l'occasion de renouveler ses refrains et de rajeunir ses chansons.

Il est curieux de voir l'improvisation populaire survivre à toutes les inquiétudes comme à toutes les défaites. Cela tient à ce que la foule est essentiellement primesautière. Au 6 octobre, elle sait déjà les menées de l'Autriche et les intrigues de l'église. L'un essaie de gagner Mirabeau, l'autre cherche à faire du roi, un martyr, espérant ainsi lui faire accepter plus tard, les émeutes de Nîmes, les barricades de Toulouse, et les massacres de Montauban. Le peuple ne voit qu'une chose, le retour de son roi à Paris. Et le voilà qui chante, sur tous les tons, les vertus de Louis XVI.

La première pièce est intitulée : *Le Voyage du Roi de Versailles à Paris, où il fait sa résidence*, sur l'air de : *vive Henri IV!* L'auteur garde l'anonyme. Il signe : Un compagnon de voyage soldat de la garde nationale parisienne.

Jour mémorable
Ou le peuple François
Ferme, immuable,
Pour assurer ses droits,
Vole, infatiguable
Au séjour de nos rois.

De ce voyage
Rien n'arrête l'instant ;
Le vent, l'orage
S'animent vainement.
Contre le courage
Que peut le firmament?

La chanson a treize couplets. L'auteur s'émeut du nombre fatidique, mais il s'en console vu le but qu'il s'est proposé.

Du nombre *treize*
Parfois on est chagrin,
Mais qu'on est aise
Quand il mène au refrain :
Vive Louis seize,
La Reine et le Dauphin!

Naïveté d'un peuple enfant !

Un d'entre eux eut cependant le courage de les avertir, au milieu de leur joie, de l'exagération de leur reconnaissance. C'est plus qu'un appel à la modération, c'est presque une prédiction. L'idée est exprimée, cette fois, avec plus de laisser-aller que jamais. L'auteur ne connaissait point le beau langage, il y gagnera peut-être en franchise. N'oubliez pas qu'il rimait en face des baïonnettes étrangères et qu'il avait déjà du sang aux pieds.

Ces « vive le roi! » m'impatientent;
Que les députés me tourmentent!
Je voudrais qu'ils fussent pendus,
M'en eût-il coûté cent écus!
Cependant je ne suis pas traître,
Quand je me mets à la fenêtre,
Voyez ce gros lourdeau, dit-on,
Il est plus bête qu'un cochon.

Avouez que peu de poètes ont eu moins de prétention.

Allez, tout aussi bien qu'un autre
Ici, je fais le bon apôtre,
Un beau matin je partirai.
Ah! mon Dieu comme j'en rirai!
Vous resterez bouche béante,
Moi j'aurai trompé votre attente,

Vous direz en vos comités :
Comment le roi nous a quittés ?

Un monarque est toujours un maître ;
Ne pensez pas le méconnaître ;
Sans lui l'on ne fait point de loi ;
Ne méprisez pas votre roi.
Si je suis trompé, je l'accuse,
Mais je connais toute la ruse
Que l'on pratique à mon insu :
Je sais bien que je suis cocu!

Une bouteille est ma maîtresse,
A tous moments je la caresse,
Me fait-elle infidélité
Vite, je la mets de côté!
En vrai glouton, je mange à table.
Souhaitant les femmes au diable,
Je ne veux que de bon morceaux ;
J'aime la chair et non les os.

La pièce est signée :

A.	C.	D.	E.	G.	I.	J.	L.	N.	O.	R.	S.	U.	}	4
5.	1.	3.	3.	1.	2.	1.	4.	2.	1.	1.	3.	2.	}	17

A.	E.	L.	R.	T.	U.	}	7
1.	1.	1.	1.	1.	2.	}	

Signature cabalistique. Décidément l'auteur tenait du sorcier et un peu de l'ivrogne.

Je doute que les remontrances de notre poète aient produit leur effet. Nous constatons cependant une diminution dans le nombre des productions apologiques.

Il ne fallut rien moins que la proposition du docteur Guillotin à l'Assemblée pour réveiller la fibre poétique. Il courut aussitôt une curieuse pièce dont nous n'avons pu nous procurer que des fragments... sans suite. C'est un pamphlet en vers de deux pieds dans lequel est racontée la fameuse séance. On y rit de la « niaiserie » d'une phrase qui, paraît-il fit « sourire » l'Assemblée qui passa à l'ordre du jour. M. Guillotin disait : « Avec ma machine, je vous fais sauter la tête d'un clin d'œil, et vous ne souffrez point. » Ce ne fut qu'après une longue correspondance entre M. Guillotin, M. Rœderer procureur général de la Commune et le ministre des finances Clavière, que la machine fut adoptée. L'exécuteur Samson, raconte le pamphlétaire, prit part à cette correspondance. Il y eut un marché passé avec un entrepreneur pour la fourniture de toutes les guillotines de France, a cinq cents livres la pièce. On y joignait une inscription de M. Rœderer, *sur la manière de s'en servir.*

On ne vendit plus au Palais-Royal, que *la Guillotine*, chanson nouvelle.

Air : DU MENUET D'EXAUDET

Guillotin,
Médecin,
Politique,
Imagine, un beau matin,
Que pendre est inhumain,
Et peu patriotique.
Aussitôt
Il lui faut
Un supplice
Qui, sans corde ni poteau,
Supprime du bourreau
L'office.
C'est en vain que l'on publie
Que c'est pure jalousie
D'un suppôt
D'un fripôt
D'Hyppocrate
Qui éclate,
Et de tuer impunément,
Même exclusivement,
Se flatte.
Le Romain
Guillotin
Que rien n'arrête,
Consulte gens de métier,
Barnave, Chapelier,
Avec le coup de tête,

Et sa main
Fait soudain
Une machine
Humainement qui tuera,
Et qu'on appellera
Guillotine.

La chanson n'eût pas de succès.

Nous voici arrivé au 14 Juillet. Ce fut alors une pluie de productions nouvelles. On nè distribua plus aux quatre coins de Paris que des odes, des épîtres en vers, des chansons, d'où s'exhalaient le plus sincère patriotisme et la foi la plus grande.

La première qui parut est d'une femme.

Allons, Français, aux Champs-de-Mars ;
Pour la fête fédérative,
Bravons les travaux, les hasards :
Voilà que ce grand jour arrive.
Bons citoyens, accourez tous :
Il faut creuser, il faut abattre ;
Autour de ce champ formez-nous
Un magnifique amphithéâtre,
Et de tous états, de tous rangs,
Pour remplacer le mercenaire,
Je vois trois cent mille habitants :
La réussite est leur salaire.

Le duc, avec le porte-faix,
La charbonnière et la marquise,
Concourent ensemble au succès
De cette superbe entreprise.
Nos petits maîtres élégants,
Et vous aussi, femmes charmantes,
Aux petits pierrots galants,
Vos chapeaux, vos plumes flottantes,
On vous voit bêcher, piocher,
Traîner camions et brouettes ;
Le travail peut vous attacher
Au point d'oublier vos toilettes.

Les abbés auprès des soldats,
Et les moines avec les filles,
En se tenant tous par le bras,
Semblent faire mêmes familles.
Quittons pour l'instant le fusil !
Voyez l'enfance et la vieillesse,
S'efforçant de prendre un outil,
Travailler malgré sa faiblesse.

Le dévouement que déployèrent les femmes pour mener à bien la fête de la fédération est d'ailleurs constaté d'une façon unanime. Voici à se sujet une autre pièce, sans signature.

Du plus brûlant patriotisme
Venez admirer les effets !
Le vaste champ de l'héroïsme
A vos yeux offre mille attraits.

Voyez-vous la beauté touchante,
De Phœbus affronter l'ardeur,
Pour presser l'aurore éclatante
Qui doit combler notre bonheur.

Tandis que sa main délicate
Se livre aux plus rudes travaux,
Avec quel zèle elle se hâte
Sans se donner aucun repos.
Au sourire de la Patrie
Une Française ouvre son cœur ;
A lui sacrifier sa vie
Toujours elle mit son bonheur.

Le dernier couplet est tout à fait gaulois.

Pour mériter de la Patrie
Ne bornez pas là vos travaux,
Votre tâche n'est pas remplie,
Donnez-nous de petits héros.
Dignes émules de leurs pères,
Qu'ils héritent de leur valeur,
De la France, comme leurs mères,
Qu'ils soient la gloire et le bonheur !

Il nous faudrait l'espace d'un long catalogue pour reproduire ici seulement les titres des pièces qui furent composées pour la circonstance. Nous n'en avons pas compté moins de quatre mille deux-cents. Chaque corporation eut la sienne, qu'elle chanta en se rendant au Champ-de-Mars. Un témoin oculaire a vu deux mille forts de la Halle entonner sur l'air des *Bateliers de la Grenouillère:*

Quel jour heureux pour nous s'prépare!
Que Paris aujourd'hui s'ra beau!
Pour voir ce spectacle nouveau
Un nouveau feu, d'chacun s'empare.
C'est que pour l. fêt' d'la liberté
On est d'tout cœur, en vérité.

Ne laissons passer l'*Epidémie Française* sans en dire un mot. C'est une *satire aristocrate.* Il y avait au moins de la bravoure à la débiter un jour pareil. L'auteur fait précéder la pièce d'une sorte de prologue que nous reproduisons:

Le jour de la fédération, un soldat vétéran, député de la garnison de Metz, disait à un ci-devant garde-française: « Mais je n'entends dans la bouche d'un million de personnes, et nommément dans celle de vos camarades, que cette plate chanson des balles avec ce refrain équivoque: Ça ira... Ça ira... Sera-ce bien ou mal, camarade? Pourquoi ne pas s'expliquer? Est-ce comme ça, *sacré nom d'un Dieu*, qu'on célèbre les augustes représentants de la nation? » Le soldat national ne sut que répondre et fut au contraire fort étonné d'entendre le brave et respectable vétéran chanter en impromptu sur un air nouveau:

Dans l'heureux temps où nous sommes
Pour célébrer les grands hommes
Il suffit de les nommer.

Telle a été l'intention de l'auteur.

Et il commence sur l'air de *Honni soit qui mal y pense*, une chanson exclusivement composée de noms propres, noms de députés, de prêtres, de curés, d'avocats, de nobles, etc.

Le premier couplet donne une idée suffisante de la pièce entière qui est fort longue :

Couppé, Menu, Menou, Tonnerre,
Boucher, Barnave, Robespierre,
Rewbée, Dupart, Curt, Delacourt,
Lejeans, Pouvre, de Liancourt (bis),
Raby, Rabaud, Foi, la Fayette,
Mulier, d'Aiguillon, Labeste,
Dupont, Failly, Plas, Dinocheau,
D'Orléans, Bandi, Mirabeau.

La fédération fut chantée à Londres par Russel, en Italie par Magri, en Espagne par Ulrès, à Hambourg par Klopstock.

Nous devons la communication du manuscrit de l'immortel auteur de *la Messiade* à M. le comte de Fusier, un de nos collectionneurs les plus érudits.

C'est dans une lettre adressée à un ami, que

Klopstock a improvisé le chant qui suit, lequel n'a jamais été ni traduit ni imprimé.

« Germains libres, chantons l'heure fortunée où nos pères en France, brisèrent les fers de l'esclavage ; unissons nos vœux aux leurs ; que nos cœurs soient des autels, en l'honneur de la liberté.

« Chantons les superbes exploits de la liberté reconquise : célébrons-la avec des cœurs purs et dignes d'elle.

« Vingt millions d'hommes célèbrent aujourd'hui la fête de la liberté. Tremblez, tyrans! frémissez, despotes de la terre ! Les bons citoyens sont seuls dignes d'atteindre aux plus hautes vertus.

« Chantons, etc.

« Sans doute le sang et quelques larmes coulèrent dans les luttes pour la liberté ; mais ce sang et ces larmes versés pour elle sont des couronnes pour l'immortalité, et les sources du bonheur comme de l'éternelle reconnaissance de nos arrière neveux.

Chantons, etc.

« Elevez vos regards : contemplez la terre attentive à vos succès : la rendre heureuse, libre et meilleure était le but de vos nobles travaux ; la divinité même daigne sourire à ces valereux desseins, que nos cantiques célèbrent sa bonté !

« Chantons, etc.

« Portons-lui l'hommage de notre reconnaissance dans l'exercice de nos devoirs : la vertu élevée, la liberté ; la liberté donne la force à la vertu, non la naissance, mais la seule vertu honorera désormais les mortels. Sans la dignité de l'âme nous porterions toujours les fers de l'esclavage.

« Chantons, etc. »

Quelle part prirent à ce concert universel les véritables poètes que nous avions alors ? Piis fait un couplet ; Ximenès un quatrain ; Joseph Chénier un hymne ; M. de Fontanes, un poëme. C'est tout. Chénier est tout entier au théâtre ; de Fontanes consacre ses loisirs à la rédaction du *Modérateur* avec Suard. Le 14 Juillet méritait un Homère, il l'attend encore.

VIII

THÉATRE

A l'époque où nous arrivons, la muse dramatique a eu le temps de se recueillir. Jusqu'à ce jour les productions de Dezedede, (*Auguste et Théodore*) ; de Collin d'Harleville, (*les Châteaux en Espagne*) ; de Vigée, (*l'Entrevue*) de Fontanelle (*Eriné*) ; d'Imbert (*Marie de Brabant*) ; de Piis (*Les Savoyards*) ; de Fabre d'Eglantine (*L'amour et l'Intérêt*) ; voir même *Le Souper de Henri IV* de Bouthellier et Dupré de Valmont, ne se ressentent en rien des temps où elles ont été conçues.

Le theâtre révolutionnaire est né le jour de la première représentation de *Charles IX*.

Joseph de Chénier voulait prendre sa revanche des sifflets d'*Edgard*, des murmures d'*Azémire*. Il la prit éclatante, assurant à tout jamais sa réputation en même temps que celle de Talma, triomphant de l'audace qu'il y avait à mettre la Saint-Barthélemy sur la scène et à y faire paraître un cardinal bénissant les poignards pour un vaste assassinat. Chénier avait invoqué le souvenir de Voltaire. Il comprit que le moment était bien choisi de ressusciter la tirade philosophique, de mettre le fanatisme en action et les maximes de la liberté en scènes dialoguées. A défaut du drame on applaudirait la révolution.

Jamais œuvre dramatique ne donna autant de prises à la critique. Chénier devait compter avec ses admirateurs comme avec ses rivaux, avec ses partisans comme avec ses ennemis politiques. Parmi ces derniers Arnault se montra impitoyable. Le mot de Danton, le jour de la première : « Si *Figaro* a tué la noblesse, *Charles IX* tuera la royauté », et celui de Camille Desmoulins : « Cette pièce avance plus nos affaires que les journées d'octobre, » lui avaient été au cœur. Il se mit à la tête des royalistes, alarmés de l'audace du jeune poète. On raconte même, à ce propos, une anecdote assez piquante.

Monsieur habitait le Luxembourg, où Arnault l'avait suivi. Depuis un an qu'il était au service de ce prince, ce fier patron ne lui avait pas adressé un seul mot. Il rompit enfin le silence quelques jours après la représentation de *Charles IX*. Un jour qu'Arnault était présent au lever du prince, Rulhières y vint. Monsieur dit beaucoup de mal de cette tragédie dont la Cour était révoltée, puis termina sa diatribe par ces mots : — Je n'ai encore rencontré personne qui ait vu cette pièce deux fois. — Je ne l'ai vue qu'une, dit complaisamment Rulhières. — Et moi, je l'ai vue deux, réplique étourdiment Arnault.— Je vous en fais mon compliment, reprend le prince d'un ton qui ne permettait pas la réplique. Déconcerté de cette répartie, Arnault craint que Monsieur, ne pense qu'il l'ait voulu braver, et s'empresse de rimer une critique malhonnête et basse, contre *Charles IX*. Le lendemain au lever il remettait ses vers à Monsieur, qui ne manqua pas de l'en-féliciter.

Ajoutons pour la morale de cette histoire que la flatterie lui valut l'amitié de Frochot et de l'abbé Maury.

Tel fut le premier détracteur de *Charles IX* dont Scribe,dans un moment de belle humeur,ne craignit pas de vanter en pleine Académie, l'énergique franchise.

Chénier avait cherché, un an auparavant, à préparer le public à l'audition de son œuvre, par la publication d'un discours sur la liberté du théâtre. Il y développait ce thème que ceux qui pensent et qui laissent penser sont les plus redoutables ennemis de la tyrannie et du fanatisme.

«Sous la régence d'Anne d'Autriche, dit-il, et dans la jeunesse de Louis XIV, la nation française commençait à s'instruire en écoutant à son théâtre les scènes admirables de P. Corneille, et les excellentes comédies de Molière. Les deux poètes lui apprenaient à penser, tandis que les plus éloquents prosateurs bornaient encore tout leur génie à défendre Jansénius, où à flatter en chaire les princes morts et les princes vivants ; mais, quand on s'aperçut de cette route nouvelle que la raison se frayait en France, on résolut de la lui fermer. Plus nos poètes dramatiques avaient illustré la nation chez l'étranger, plus on sut les voiler ; et plus leur art parut propre à former des hommes libres, plus on crut devoir rendre esclaves tous ceux qui le cultivaient. »

A l'époque où parut *Charles IX* ce n'était point assez d'avoir composé en France une pièce de théâtre ; ce n'était point assez d'avoir à essuyer les intrigues, les cabales, les dégoûts sans nombre, inséparables de la carrière dramatique ; ce n'était point assez d'avoir à supporter les tracasseries les plus étranges, les rivalités les plus humiliantes ; pour faire représenter une pièce, il fallait monter d'échelon en échelon : de M. le Censeur royal à

M. le Lieutenant général de police ; quelquefois à M. le Ministre de Paris ; quelquefois à M. le Magistrat de la Librairie ; quelquefois à M. le Garde des Sceaux. Voilà pour la ville. Voulait-on faire représenter la pièce à la Cour, c'était une autre échelle à monter. Il fallait s'adresser à M. l'Intendant des plaisirs dits *menus*, et de M. l'Intendant des plaisirs dits *menus* à M. le premier gentilhomme de la chambre en exercice. Tous ces messieurs avaient leur coin de magistrature, leur droit d'inspection sur les pièces de théâtre, leur privilége.

«On a établi, continue Chénier, des censeurs, agents subalternes du gouvernement, qui recherchent avec un soin scrupuleux dans les pièces de théâtre, ce qui pourrait choquer la tyrannie et combattre les préjugés qu'il lui convient d'entretenir. Tout ce qui est dépourvu de sens est approuvé par ces messieurs : les adulations basses et rampantes sont protégées ; les farces même les plus indécentes sont représentées sans obstacles ; les vérités fortes et hardies sont impitoyablement proscrites. La mission des censeurs est de faire la guerre à la raison, à la liberté ! Sans talent et sans génie, leur devoir est d'énerver le génie et les talents. Ce sont des eunuques qui n'ont plus qu'un seul plaisir ; celui de faire des eunuques.

. . . .

. . . .

« Vous tous, Législateurs élus par le Souverain, citoyens de toutes les professions ; vous tous que nous avons chargés de rendre à la France les droits qu'on avait usurpés sur elle, ces droits qui sont à tous les hommes et qui ne sauraient dépendre ni des climats, ni des époques ; parcourez un moment cet écrit. Vous suppléerez par vos lumières au peu d'étendue des miennes ; vous penserez ce que je n'ai peut-être pas osé dire ; vous sentirez combien la liberté du théâtre est à désirer pour l'utilité publique. Cette raison devrait seule déterminer des citoyens ; mais cette raison, déjà si forte, n'est ici que secondaire, puisqu'il est question d'une chose rigoureusement juste. Il faut poser des lois écrites, des lois coercitives, des lois consenties par ceux qui représentent la nation ; il faut que ces lois prononcent sur tous les cas. Dans un pays libre, tout ce qui n'est pas expressément défendu par les lois est permis de droit. »

Nous avons tenu à reproduire en partie l'éloquent plaidoyer de Chénier en faveur de la liberté du théâtre. Il parut presque en même temps que celui de Mirabeau pour la liberté de la presse. Leurs discours consacrent deux dates importantes dans l'histoire des révolutions littéraires. Le peuple a des armes ; la pensée a des ailes.

En 1790, les représentations de *Charles IX* furent suspendues par le conseil de l'Hôtel de Ville. Il fallut l'insistance des comédiens français qui présentèrent le 27 septembre une requête « tendant à obtenir l'ordre ou la permission, par écrit, de donner *Charles IX*, » pour qu'elles fussent reprises, par ordre de Bailly, maire de Paris.

On reprocha à Chénier d'avoir représenté sur le théâtre un roi de France tout à la fois homicide et parjure, un roi de France qui verse le sang de ses sujets, comme s'il appartenait aux sujets de Louis XVI, de défendre la cause des courtisans de Charles IX. On trouva indécent qu'il eût mis des prêtres chrétiens sur le théâtre. C'est l'objection que les dévôts firent autrefois contre la comédie de *Tartuffe*, confondant à plaisir la cause des hommes avec celle de Dieu. On amassa enfin prétextes sur prétextes pour obscurcir la gloire dont il venait de jouir.

Chénier n'avait eu qu'un but : introduire sur la scène française les époques célèbres de l'histoire moderne, et particulièrement de l'histoire nationale ; attacher à des passions, à des événements tragiques, un grand intérêt politique, un grand but moral. La tragédie est plus philosophique et plus instructive que l'histoire, écrivait Aristote. Il voulait rendre notre théâtre plus sévère encore que celui d'Athènes, en chassant de la tragédie ce fatras d'idées mythologiques et de fables monstrueuses toujours répétées dans les anciens poètes, en joignant à la profondeur des mœurs de Tacite, l'éloquence harmonieuse de Sophocle.

Chénier a-t-il atteint ce but?

En ne touchant qu'à la question littéraire on peut reprocher à Chénier des tableaux trop sombres, et cela aux dépens de l'histoire, ainsi qu'une emphase qui va quelquefois jusqu'à devenir fatigante. Mais il n'en demeure pas moins vrai, que c'est à lui que revient la gloire d'avoir composé le premier une tragédie vraiment nationale et d'avoir ouvert la route à tous ceux qui depuis s'y sont illustrés.

Le 7 décembre 1789, Collot d'Herbois fait représenter au Théâtre Français *le Paysan Magistrat*, comédie en cinq actes et en prose, imitée de l'espagnol, de Caldéron, d'après la traduction de Linguet. La pièce eut un mince succès. Collot d'Herbois ne devait pas avoir comme auteur de plus brillantes destinées que celles qui l'avaient attendu en qualité de comédien. La pièce avait été écrite à Genève, alors qu'il était directeur de troupe, et que pour se venger des sifflets qui l'avaient accueilli à Lyon, il se promettait d'être un jour un homme de parti. On l'a accusé d'avoir poursuivi plus tard Olympe de Gouges, uniquement parce qu'elle l'avait remplacé quelques jours après sur l'affiche, avec *l'Esclavage des Nègres*, une ennuyeuse comédie en trois actes et en prose. Collot d'Herbois est de ceux que l'histoire aime à entourer de légendes, comme les peintres gothiques faisaient pour les monstres qu'ils voulaient peindre.

L'année 1790 s'ouvrit avec une petite comédie-revue de Flins des Oliviers, *le Réveil d'Epiménide ou les Etrennes de la Liberté.*

Flins des Oliviers est une aimable originalité, bien que Chateaubriand ait fait de lui un portrait peu flatteur.

« Je vis chez Delisle de Sales, Carbon Flins des Oliviers, qui tomba amoureux de madame de Farcy. Elle s'en moquait ; il prenait bien la chose, car il se piquait d'être de bonne compagnie. Flins me fit connaître Fontanes, son ami, qui est devenu le mien.

» Fils d'un maître des eaux et forêts de Reims, Flins avait reçu une éducation négligée ; au demeurant, homme d'esprit et parfois de talent. On ne pouvait voir quelque chose de plus laid : court et bouffi, de gros yeux saillants, des cheveux hérissés, des dents sales, et malgré cela l'air pas trop ignoble. Son genre de vie, qui était celui de presque tous les gens de lettres de Paris, à cette époque, mérite d'être raconté.

» Flins occupait un appartement rue Mazarine, assez près de La Harpe, qui demeurait rue Guénégaud. Deux savoyards, travestis en laquais par la vertu d'une casaque de livrée, le servaient ; le soir ils le suivaient, et introduisaient les visites chez lui le matin. Flins allait régulièrement au Théâtre-Français, alors placé à l'Odéon, et excellent surtout dans la comédie. Brizard venait à peine de finir ; Talma commençait ; Larive, Fleury, Molé, Dazincourt, Dugazon, Grandmesnil ; mesdames Contat, Saint-Val, Desgarcins, Olivier, étaient dans toute la force du talent, en attendant mademoiselle Mars, fille de Monvel, prête à débuter au théâtre Montansier. Les actrices protégeaient les auteurs et devenaient quelquefois l'occasion de leur fortune.

» Flins n'avait qu'une petite pension de sa famille et vivait à crédit. Vers les vacances du Parlement, il mettait en gage les livrées de ses savoyards, ses deux montres, ses bagues et son linge, payait avec le prêt ce qu'il devait, partait pour Reims, y passait trois mois, revenait à Paris, retirait, au moyen de l'argent que lui donnait son père, ce qu'il avait déposé au mont de piété, et recommençait le cercle de cette vie, toujours gai et bien reçu. »

La scène du *Réveil d'Epiménide* se passe aux Tuileries. Epiménide va se réveiller, ainsi qu'il lui arrive tous les siècles, et étudier en gai philosophe les changements du monde. Il commence par applaudir au retour de Louis XVI qui, n'imitant pas Louis XIV, dédaigne une cour fastueuse et s'appuie sur le peuple. Les courtisans sont remplacés par des citoyens, le Parlement par l'Assemblée à la grande stupéfaction de tous! Puis le voilà qui se croise avec Gorgi.

GORGI (*à part*)

Achevons maintenant la feuille de Bruxelles.
Combien nous faudra-t-il tuer d'impériaux?
Deux ou trois mille? bagatelles!
Il me faut surpasser tous les autres journaux
Par de plus sanglantes nouvelles...

(*Écrivant*)

« Vingt mille hommes tués dans le dernier combat. »

(*Il heurte Epiménide*)

Je ne vous voyais point; pardon, je me retire.

EPIMÉNIDE

Pourquoi vous déranger? continuez d'écrire.

GORGI

Il le faut bien, c'est mon état...,
Si ces messieurs voulaient souscrire?

EPIMÉNIDE

Volontiers, mais auparavant,
Monsieur, pour quel ouvrage? Il faut nous en instruire.

GORGI

C'est pour un journal excellent
Qui le matin, dès qu'on s'éveille,
Apprend dans tout Paris, ce qui dans le Brabant
S'est à coup sûr, passé la veille.

D'HARCOURT

Moi je ne puis concevoir,
Comment de Gand ou de Bruxelles,
Vous pouvez le matin nous donner des nouvelles,
Tandis que le courrier n'arrive que le soir.

GORGI

Je n'attends pas les faits, monsieur, je les devine.
Les courriers sont d'une lenteur!
Et ce qu'on apprend d'eux après tant de longueur,
Ne vaut pas ce qu'on imagine.

EPIMÉNIDE

Mais tromper le public...

GORGI

Le public est si bon!
Il ne veut qu'être ému, c'est à quoi je m'applique.
Je ne vois que complots et conjuration ;
Je mets partout du fer, des mines, du canon ;
Ah ! messieurs ; sans l'invention
Que deviendrait la politique!

Je ne m'aviserai point d'affirmer que la scène aurait aujourd'hui le même succès, en supposant qu'elle n'ait rien perdu de son actualité.

Mais voici monsieur Rature, censeur, qui vient conter ses peines. On lui a ôté son empire ! que va-t-il faire ?

RATURE

Si, du moins, dans cette occasion,
On nous avait laissé la moindre pension,
J'aurais pu, je le sens, garder moins de rancune,
Mais las! nous renvoyer sans pension aucune !

D'HARCOURT

Ah! voilà le grand tort ; mais quoi! vous pourriez bien
Composer au moins quelque ouvrage ?

RATURE

Je raturais avec courage ;
Mais, moi, je m'imagine rien.

D'HARCOURT

Cependant les censeurs ont compté sur leur liste,
Le sage Dalembert, l'auteur de Rhadamiste,
Même il en est encor que l'on pourrait citer.

RATURE

Ce Dalembert, monsieur? Bon, c'était un faux frère.
Il fut, dans tous les temps, suspect au ministère :
Sur lui l'on ne pouvait compter :
Il aurait respecté la prise de Voltaire :
Il aimait trop les arts : il allait tout gâter.

D'HARCOURT

Mais vous?

RATURE

Moi, je n'ai pas ce reproche à me faire,
Cependant je perds tout.

D'HARCOURT

Espérez.

RATURE

Que j'espère!

D'HARCOURT

D'affaire, croyez-moi, vous pouvez-vous tirer.

RATURE

Mon embarras, monsieur, ne saurait se décrire.

D'HARCOURT

Mais, secrétaire un jour...

RATURE

Je ne sais pas écrire.

EPIMÉNIDE

Eh! que savez-vous donc?

RATURE

Je savais censurer!

Après M. Rature, c'est M. Fatras, un réactionnaire ; M. Crisante,

> Qui va loin de ces lieux chercher un coin de terre
> Où d'un peu d'esclavage on ait gardé le goût.

M. l'Abbé chantant sur l'air *d'Orphée* :

> J'ai perdu mes bénéfices,
> Rien n'égale ma douleur.

Cabriole, un professeur de danse, qui considère l'Etat comme sauvé pourvu qu'il puisse y exercer encore ses talents ; Damon enfin, le démocrate, un farouche qui voit partout des conspirateurs et dont les neveux vivront éternellement.

Le Réveil d'Epidémide est, en somme, une revue pleine d'esprit et de fines satires. Le public lui fit la réception qui lui était due. Seul le rôle du censeur excita quelques murmures. On trouva de l'exagération dans ce trait : *Je ne sais pas écrire.* Flins s'en excusa en affirmant qu'il connaissait l'original.

L'Honnête Criminel de Fenouillot de Falbaire, mériterait une mention spéciale si la pièce n'avait été imprimée vingt-cinq ans avant le jour où elle vit la rampe. C'est un fait historique tiré de la politique de Marmontel. Le héros est le fils d'un honnête protestant, qui délivre son père chargé d'une fausse accusation, se livre à sa place, et se laisse condamner aux galères, où il reste sept ans.

Cet ouvrage où l'on célébrait l'héroïsme filial, où l'on cherchait à intervenir en faveur des victimes de l'intolérance, avait essuyé à Paris une proscription de sept années. Il avait cependant été joué depuis 1767, dans toutes les provinces, et même à Versailles, par ordre de la reine ; ce qui prouve bien que le despotisme est plus souvent sur les marches du trône que sur le trône même.

L'Honnête Criminel fut enfin donné pour la première fois, le 4 janvier 1790, et obtint un brillant succès.

La pièce est en vers souvent très-heureux ; les situations en sont attachantes et firent, au dire des journaux du temps, couler de douces larmes.

Jean Louis Laya pénétra le premier dans la brèche ouverte par de Falbaire, avec un drame en cinq actes et en vers : *Les Dangers de l'Opinion.* Laya avait toutes les qualités nécessaires pour s'engager dans la voie épineuse que lui avait tracée son prédécesseur : une connaissance approfondie de la langue et de ses immenses ressources, un style correct et facile, une élégance soutenue, de la dignité sans emphase, enfin cette lucidité, preuve incontestable d'un esprit maître de son sujet.

Il fut donc, pour me servir des expressions de Charles Nodier [1] le partisan de cette innovation nécessaire, de cette innovation irrésistible qui se conforme, obéissante, aux progrès reconnus de l'intelligence sociale : qui procède, comme une innovation naïve, des innovations pratiques de la civilisation ; qui seconde par une expression bien faite, ou par une forme heureusement appropriée à la nature, l'innovation d'une idée utile et populaire qui n'a pas encore de nom ; qui prête l'éclat et la vie d'une création nouvelle à tout ce qui porte un sceau de nouveauté et de création dans les conceptions de l'homme. Le trait distinctif de la biographie de Laya, était l'accord d'un beau talent et d'un beau caractère. C'était peu pour lui d'accomplir une composition souvent élégante, et quelquefois vigoureuse, s'il n'en voyait résulter une induction morale dont l'effet pouvait contribuer au bonheur de la société. Dans *les Dangers de l'Opinion*, il lutte contre le préjugé cruel qui flétrissait de la honte d'un coupable une famille innocente, comme plus tard dans *Jean Calas*, il livra à l'horreur publique la fureur de l'intolérance religieuse.

[1] *Discours de M. Ch. Nodier* en venant prendre séance à l'Académie Française.

Pour montrer combien ce préjugé peut devenir funeste, l'auteur suppose qu'une jeune personne est sur le point d'épouser son amant, mais qu'une flétrissure imprévue sur la tête de celui-ci, rompt tout à coup le mariage qui allait s'accomplir.

La tendre amante et le malheureux jeune homme, réduits au plus horrible désespoir, sont résolus à s'empoisonner, lorsqu'enfin l'innocence du parent est reconnue et par conséquent la tache effacée.

A peine un ouvrage obtient-il du succès au théâtre, que tous les auteurs s'empressent de tailler des pièces sur le même patron. *Nina* avait donné *le Chevalier de la Barre* et *le Délire* ; le succès du *Réveil d'Épiménide* devait faire éclore le *Souper Magique* ou *les Deux Siècles*, pièce épisodique en un acte, mêlée de chants, et dont la première représentation eut lieu le 11 février 1790. L'auteur mettait en scène Cagliostro qui, au moyen d'une baguette magique fait successivement paraître Colbert, Molière, l'homme au Masque de fer, Chapelle, la duchesse de la Vallière, La Fontaine, Ninon de Lenclos, etc., etc.

Tous ces personnages sont étonnés du prodigieux changement que la révolution vient d'opérer; de là naissent de longues dissertations sur la différence de leur siècle avec le nouveau. La duchesse de la Vallière fait des reproches assez sérieux à Louis XIV, dont elle révèle les faiblesses et, dans un parallèle fort déplacé entre ce monarque et Louis XVI, elle dit que celui-ci n'a « d'autre maîtresse que la nation. »

La pièce fut trouvée longue, ennuyeuse et faiblement écrite.

Le lendemain ne fut pas plus heureux pour les comédiens qui donnèrent la première représentation de *Louis XII père du peuple*, tragédie en cinq actes et en vers, que les sifflets empêchèrent d'aller jusqu'à la fin.

L'auteur était Charles Philippe Ronsin, encore une personnalité peu connue, qui mérite quelques détails.

Fils de cultivateurs aisés, Ronsin s'était d'abord adonné à la poésie. En 1780 il publie : *La Chute de Ruffin*, un poème traduit de Claudien. Six ans après il fait paraître trois tragédies : *Isabelle, Lédicius, Hécube et Polixène.* La révolution arrive, il devient orateur. Un jour, ou plutôt une nuit, où il achevait *Louis XII*, un ordre des Jacobins que ses déclamations avaient séduits, le nomme ordonnateur de l'armée de Belgique, ce qui lui vaut en quatre jours, l'honneur d'être successivement nommé capitaine, chef d'escadron, général de brigade et adjoint au ministre avec pleins pouvoirs pour suivre la guerre dans l'Ouest. Ronsin, qui était d'avis que tout citoyen peut être bon général, s'adjoignit en conséquence l'imprimeur Momoro, le comédien Gramont, le brasseur Santerre et l'orfèvre Rossignol. Ils formèrent le fameux *État-major de Saumier*, contre-carrant sans cesse le plan des généraux et des représentants, autorisant les pillages et les vexations sous le titre de réquisitions de guerre, et l'indiscipline sous prétexte de défendre le soldat contre le despotisme de l'officier. Le tribunal révolutionnaire ne lui tint pas compte de toutes ces folies et demanda sa tête en 94.

Tel était l'homme. L'œuvre ne vaut pas davantage. Les critiques s'accordent à dire, qu'au milieu du tumulte qui accompagna la chute de la pièce, il leur fut impossible d'en saisir le plan. Nous avons lu *Louis XII*, dans le silence, et nous sommes forcé d'avouer qu'il n'y a rien gagné à nos yeux.

Nous voici arrivé à l'un des ouvrages les plus marquants du Théâtre-Français : les affiches de la Comédie annonçaient depuis quelques jours *le Philinte de Molière, ou la suite du Misanthrope.*

Etienne raconte que ce titre passa à l'instant dans toutes les bouches. On se demanda quel pouvait être l'insensé qui osait se déclarer avec tant d'audace le continuateur de Molière, et le 22 février, jour de la première, on se porta en foule à la Comédie-Française, avec l'intention bien prononcée de châtier l'insolence du téméraire auteur.

Le parterre ressemblait à une armée qui brûle d'en venir aux mains : le signal se donne, l'ennemi paraît, mais sa bonne contenance déconcerte les assaillants, qui, forcés bientôt de l'admirer eux-mêmes, couvrent des palmes du triomphe la victime qu'ils venaient immoler.

Le Philinte de Molière est trop connu pour que nous entrions, à son sujet, dans de longues explications. Nons renvoyons nos lecteurs à l'admirable étude qu'en a faite Jules Janin.

Fabre fit précéder son *Philinte de Molière* d'une préface qui n'honore pas son cœur. Elle était dirigée contre l'optimisme de Collin d'Harleville, dont il pouvait critiquer les ouvrages avec décence. Mais l'amertume, le fiel qui regnent dans cette production cesseront d'étonner, lorsqu'on saura qu'une secrète jalousie en avait tracé les pages. Collin d'Harleville et Fabre d'Eglantine avaient éte en concurrence pour les *Châteaux en Espagne* et *le Présomptueux Imaginaire*, et ce dernier avait toujours conservé le plus violent dépit de la préference qu'avait obtenue sou rival.

Cette querelle appartient de droit à l'histoire littéraire ; c'est pour ce motif que nous avons tenu à la signaler. On ne peut s'empêcher d'en vouloir sérieusement à Fabre d'Eglantine et de prendre parti contre le sectaire, en faveur du paisible rêveur de Mévoisins. On comprend ce qu'il doit y avoir de haine accumulée chez l'un et de mélancolie chez l'autre, quand on compare ces deux hommes de lettres et qu'on se représente Fabre d'Eglantine soignant sa popularité de poète jusque sur les marches de l'échafaud, au point de retarder l'œuvre du bourreau pour distribuer à la foule ses poésies manuscrites, et Collin d'Harleville, si modeste qu'il ait fallu l'insistance de ses amis pour le décider à passer la porte de la Comédie-Française.

Fabre d'Eglantine avait été comédien et mauvais comédien ; il en reste toujours quelque chose. On retrouve dans sa diatribe, l'aigreur de l'acteur dont l'amour-propre a été froissé. On sent qu'il n'a pas été *rappelé*. Et voici comment il s'en venge :

Dans un grenier poudreux, masure d'un autre âge,
Un architecte adroit, charpentier de village,
Sur les plans d'un valet, établit de son mieux,
A force de génie, un cirque glorieux.
Tout est prêt ; et déjà l'honorable assemblée,
Sur six bancs rétrécis, se trouve amoncelée ;
Tous savants, tous laquais, *Champagne* et *Poitevin*,
Des gavotes du temps font un concert divin.
Haut la toile ! d'abord le souffleur en posture,
Du sage précepteur nous montre la tonsure.
Ne me trompé-je pas ? demi-dieux prétendus !
Ciel ! avec vos valets vous voilà confondus ;
De la pièce avec eux vous partagez les rôles !
Lecteurs dignes du lieu, l'orgueil les prend : les drôles,

Gourmandent plus d'un maître et les font filer doux.
Oh ! que j'applaudirais à leur plaisant courroux,
Si joignant quelque geste à la mercuriale,
Ils osaient profiter de cette saturnale !
Voici venir enfin le patron du château,
Toujours nanti, de droit, du rôle le plus beau.
Du fracas de ses gens, les plafonds retentissent ;
Du héros attendri, les épaules fléchissent,
Et copiant au mieux nos patelins auteurs,
Provoquent d'un salut, les *bravo* protecteurs.
Le jeu marche, Dieu sait ! les barons, les comtesses,
Ont beau dans leur travail mettre *Regnard* en pièces,
C'est superbe ! divin ! les acteurs alléchés,
Sur un théâtre étroit l'un par l'autre empêchés,
Entassent cependant sottises sur sottises.
Les plumets font danser les poutres sur les frises ;
Et la marche, et le geste, et l'accent, et les airs,
Tout est fait gauchement, tout est dit de travers.

Tels sont, noble Marquis, les jeux dont tu t'amuses,
Et l'on ne sert ainsi la vertu, ni les Muses.
Adieu.

« *Le Philinte de Molière*, dit La Harpe, est précédé d'une préface très-étendue dont le but est de faire voir combien *l'Optimiste* de Collin d'Harleville est un ouvrage immoral. Il y a bien un fond de vérité générale dans les remarques du censeur à ce sujet ; mais d'abord il y règne un ton d'amertume qui accuse une animosité personnelle, et qui, dès lors, infirme et discrédite l'autorité du critique ; de plus, c'est un grand principe d'erreur et d'injustice de tirer des conséquences tristes et rigoureuses des discours d'un personnage de théâtre pour les appliquer à l'auteur, comme s'il eut écrit un livre de philosophie. Il est certain qu'il se mêle à l'optimisme de Plainville une sorte d'insouciance sur les mœurs d'autrui qui est fort contraire à la philanthropie. Mais d'abord le caractère de Plainville n'est pas donné dans la pièce comme caractère à imiter. Il est représenté seulement comme un homme dont la tournure d'esprit consiste à voir tous les objets du côté le plus favorable. M. d'Eglantine relève quelques détails analogues à des préjugés qui régnaient encore quand M. Collin a fait son *Optimiste*. Je ne vois pas qu'on puisse faire un crime à un auteur de se conformer aux préjugés dominants ; mais j'avoue qu'il est beau de les combattre, et je pardonne de bon cœur à M. d'Eglantine son indignation contre l'*Optimiste* puisqu'il lui a fait faire son *Philinthe*.

Facit indignatio versum »

Il nous reste à signaler, pour mémoire seulement, une petite comédie de Laujon : *Le Couvent*, dont le but était de critiquer les vœux monastiques. L'ancien protégé de MM. de Nivernais, de Bernis, d'Argental, du duc d'Ayen, de la comtesse de Villemier, voir même de madame de Pompadour, à laquelle la comtesse de Villemier l'avait présenté, l'ex-secrétaire des commandements du comte de Clermont, l'ancien chargé de fêtes de Chantilly, reniait ainsi tout son passé. Le public ne lui en tint pas compte et la pièce eut du succès, grâce au jeu des actrices et à la singularité du sujet qui n'offrait que des femmes sur la scène. Quelques contemporains assurent que ce fut plus au *Couvent* qu'à n'importe laquelle de ses autres productions, que Laujon dut l'honneur d'être reçu à l'Académie. La vie littéraire offre de ces anomalies.

Bien que Laujon eut, à différentes reprises, combattu l'institution des monastères, Bernardin de Saint-Pierre, chargé par l'Institut de répondre à son discours de réception, le félicita de n'avoir point vécu au sein de la Révolution et le plaignit de ce qu'elle eût néanmoins renversé sa fortune. On pardonnait au révolutionnaire en faveur du chansonnier. Les couronnes de roses préservent de la foudre encore plus sûrement que celles de laurier.

Le 14 juillet ne fit éclore qu'un petit a-propos, sans style et sans importance, intitulé : *le Journaliste des Ombres*.

Telles furent les principales productions théâtrales qui parurent sur la scène, du 6 octobre au 14 juillet 1790. Elles n'offrent au point de vue des lettres qu'une importance — mais une importance capitale — l'apparition d'une tragédie nationale et la revendication de la liberté dramatique.

X

LA PRESSE

Depuis la translation de l'Assemblée Nationale à Paris, jusqu'au jour de la fédération, un grand nombre de journaux parurent à Paris. Nous en devons la nomenclature à M. Léonard Gallois, qui avec sa remarquable *Histoire des journaux et des journalistes de la Révolution Française*, a singulièrement abrégé la besogne de ceux qui, comme nous, ont eu après lui, la pretention de s'occuper de la presse révolutionnaire. Le premier qui parut le 20 octobre 1789 avait pour titre *le Rôdeur Français*. C'est une petite feuille satirique, pleine d'esprit. Le 20 novembre on mit en vente le premier numéro des *Révolutions de France et de Brabant*, publication qui valut à Camille Desmoulins sa réputation de journaliste. Il s'était associé avec un libraire, ne voulant être, suivant la division des trois ordres de Mirabeau, ni de l'ordre des *mendiants*, ni de celui des *fripons*, mais plutôt de celui des *salariés*.

J'avais traité avec le sieur Garnery (soit dit sans l'offenser), je m'étais embarqué pour six mois, dans une galère; c'était une navigation bien assez longue, et sur une mer orageuse, et pour un pauvre diable chargé de toute la manœuvre, qui composait à lui-même toute la chiourme, et pour un paresseux qui aimait le rivage, qui n'en était pas arraché, comme le commerçant, par la soif de l'or, et qui n'envisageait point, au bout, des monceaux de piastres et des jouissances exclusives, mais des biens communs à tous les hommes, l'égalité, *l'auream mediocritatem* d'Horace, c'est-à-dire, la portion congrue et légitime due au travail.

Les Révolutions paraissaient tous les huit jours. Le journal était divisé en trois sections : *section première*, France ; *section deuxième :* le Brabant, Liége et les pays étrangers qui, à l'exemple de la France, arborant la cocarde et demandant une Assemblée Nationale, méritaient d'occuper une place dans les feuilles ; *section troisième :* Variétés. Quant à leur but, il était celui-ci : réunir des matériaux pour les historiens de l'avenir, en suivant, pas à pas, dans

14

les différents royaumes, les progrès de la Révolution, après avoir consacré son premier point tout entier à celle de sa patrie. Mais laissons la parole à Camille Desmoulins :

A TOUS LES PATRIOTES, SALUT.

A l'exemple de M. l'abbé Sabatier, qui s'écrie que malgré la désertion de tous les imprimeurs, libraires et courtiers, il persiste à vouloir faire un journal, qu'il est du devoir d'un bon citoyen de se faire en ce moment journaliste, et de rallier aux principes ses compatriotes, je cède aussi, comme M. l'abbé, à l'amour de la Patrie et au zèle des principes. Comme j'arrive à la onzième heure, et que mes devanciers se sont emparés de tous les titres propres à séduire un lecteur, le titre n'est pas ce qui m'a le moins embarrassé. Nous avons déjà *le Rôdeur*, *le Moniteur*, *le Censeur*, *le Chroniqueur*, *l'Observateur*, *le Modérateur*, et *le Dénonciateur* ; nous avio s *le Nouvelliste Parisien*, *les Nouvelles de Paris*, *les Nouvelles de la Ville*, *l'Ami du Peuple*, *le Tribun du Peuple*, *le Mercure*, *le Furet*, *le Courrier de Paris*, *le Courrier Français*, etc., etc., enfin nous avions dans *le Cousin Jacques*, un Patriote assez zélé pour nous apporter des nouvelles de la Lune, et entreprendre la Messagerie des Planètes. *Le Journal Politique*, *Universel*, *National*, *Général*, *Littéraire*, *Patriotique*, *Véridique*, ne me laissait à choisir que le *Journal Comique*. Ce titre m'aurait plu fort, si j'avais pu le soutenir; mais sentant mon insuffisance, au risque d'avoir un procès, je me suis déterminé à voler à M Tournon son titre des *Révolutions*[1].

Après avoir volé un titre, je vais maintenant dérober un prospectus de l'abbé Royau[2], que j'ai la modestie de m'approprier :

Messieurs, voici du bon :
Je ne suis point un écrivain vulgaire,
Ainsi que mon cousin Fréron.
Daignez des souscripteurs enfler la matricule,
Foi de prêtre, je fais serment
De faire de mon mieux pour être bien méchant.
Maître Clément m'a vendu sa férule ;
Je veux purger la terre de géants ;
Je veux faire oublier Hercule ;
Par cinquante travaux répétés tous les ans.

Scudéry fit étouffer trois portiers de comédie à une représentation de je ne sais plus quel chef-d'œuvre. Je m'engage, avec mes abonnés présents et à venir, à n'être pas content de moi, que je n'aie fait étouffer quatre colporteurs, au moins, à la porte de mon Libraire, afin d'être un passe-Scudéry.

[1] Alexandre Tournon. *Les Révolutions de Paris, dédiées à la nation*, 1789, in-8°.

[2] L'abbé Royau était beau-frère de Fréron et lui-même très-acerbe. Il fut l'un des plus ardents défenseurs des doctrines politiques et littéraires du XVIIIe siècle.

. . . .

Je le déclare donc, j'agrandis mon ressort, et j'étends ma compétence et ma juridiction généralement sur tout ce qui pourra piquer la curiosité. Nous parlerons des anecdotes du jour et des réflexions de la veille. Tous les livres, depuis l'in-folio jusqu'au pamphlet ; tout le théâtre, depuis *Charles IX*, jusqu'à Polichinelle ; tous les Corps, depuis les Parlements jusqu'aux confréries ; tous les citoyens, depuis le Président de l'Assemblée Nationale, Représentant du pouvoir législatif, jusqu'à M. Sanson, Représentant du pouvoir exécutif, seront soumis à notre revue hebdomadaire. Nous ne reconnaissons pour sacré et inviolable que l'innocence ; et s'il y a des personnes au-dessus de la sévérité des lois, du moins n'y aura-t-il personne au-dessus de la liberté de notre censure.

Maintenant que nous connaissons le journal, passons au journaliste. On a beaucoup exagéré le talent de Camille Desmoulins, comme publiciste, mais ceux-là ont pour excuses la sympathie naturelle qu'il excitait. S'il suffisait d'être original, facile, toujours spirituel, Camille Desmoulins serait, à tous ces titres, le premier des écrivains de la Révolution. Mais il manquait des qualités dont le besoin se faisait le plus vivement sentir, vu les circonstances où elles allaient agir. Il n'avait ni le poids de Brissot, ni les vues de Condorcet. C'était ce que nous appelons aujourd'hui « un aimable chroniqueur, » frondant avec des mots, écornant bien l'ancien édifice, mais incapable d'apporter une collaboration sérieuse à la construction de celui qu'on voulait élever. Ses plaisanteries s'aiguisaient volontiers sur un abus, mais qu'elles rencontrassent un principe à défendre, et leurs pointes de se briser aussitôt. Incapable de soutenir un sérieux argument, mais prompt à la riposte, il lui était aisé d'avoir presque toujours la galerie pour lui. Hébert et Barère en ont su quelque chose, comme avant Bailly, La Fayette, Mounier Panckouke et Mallet du Pan.

Nous ne retrouverons pas dans *la Gazette Nationale* le brio qui aida à la fortune des *Révolutions*. Rabaud Saint-Etienne et Ginguené, en firent une sorte de bulletin des Etats-Généraux et pour ainsi dire la préface du *Moniteur*. Ce n'est pas non plus dans *l'Assemblée Nationale et Commune de Paris* qu'il faudrait le chercher. Nous le chercherons dans *le Courrier de Brabant*, toujours de Camille Desmoulins, et qui au 69e numéro devint *le Courrier de France et de Brabant*. Il vécut jusqu'au 9 septembre 1790.

L'Orateur du Peuple, qui fut créé au commencement de décembre, était rédigé par Fréron et Labenette.

Le premier des deux, fils du fameux critique, protégé de madame Adélaïde et du roi de Pologne Stanislas, venait de se jeter, en dépit de tous ses amis, dans le parti révolutionnaire, au point de faire une sérieuse concurrence à Marat. On attribua cette subite détermination aux influences de Camille Desmoulins et de Robespierre, son ancien condisciple au collège Louis le Grand. Il n'en faut accuser que le désir que l'on a sans cesse de compliquer les causes des effets les plus naturels. Fréron était naturellement affilié au Club des Cordeliers, moins par circonstance que par tempérament.

Le caractère de Labenette, plus prudent et plus réfléchi, n'influa qui médiocrement sur la verve emportée de son collègue. On lui attribue pourtant la profession de foi qu'ils publièrent, le jour du premier numéro de *l'Orateur*.

Je viens après coup, animé du même courage et des mêmes vices qui dirigent vos plumes patriotiques. Je n'ose aspirer aux mêmes succès ; mais enfin on peut glaner où vous moissonnez. J'ai de la santé, de la bonne humeur, et ma mère m'a dit que j'avais de l'esprit. Eh donc ! je m'enrôle sous vos drapeaux, et je déclare, sous le titre d'*Orateur du Peuple*, guerre ouverte aux aristocrates de tout état, de tout sexe, de tout poil et de tout âge.

L'Orateur fut avant tout un journal d'opposition, qui dut une partie de son succès aux persécutions de la police. Le genre n'en est pas perdu. Ce sont là des moyens qui réussissent en France. Ils devaient soutenir la réputation de *l'Orateur* jusqu'au 26 thermidor de l'an III.

Deux jours après, Cerisier publiait *la Gazette Universelle* où il défendait avec autant de courage que de valeur les seuls principes qui pussent assurer l'alliance de la monarchie et de la liberté. Historien sagace, styliste énergique, savant distingué, l'un des rédacteurs les plus remarqués et les plus remarquables de la *Gazette de Leyde*, il s'était dès le commencement assuré la collaboration de Michaud et d'Anacharsis Cloots.

Anacharsis Cloots est une des figures les plus intéressantes de la Révolution. Neveu du fameux Cornelius de Pauw Cloots, il nait baron Prussien, en 1755. Héritier d'une fortune considérable, il se sauve de Clèves et court à Paris. Il avait douze ans. A quinze ans, il possède nos philosophes ; à seize il rêve de faire de Paris la métropole du genre humain. Nourri des anciens, admirateur fanatique de Sparte et d'Athènes, il se croit destiné à reproduire leurs systèmes. Et le voilà qui change son nom de Jean-Baptiste en celui d'Anacharsis et se met à parcourir successivement l'Angleterre, l'Italie, l'Allemagne pour revenir se fixer définitivement à Paris, abandonnant à tout jamais sa patrie et renonçant à tous les privilèges de sa naissance. Il fait paraître un livre étonnant d'audace, intitulé *la Cer-*

titude des preuves du Mahométisme, sous le pseudonyme de Ali-Gier-Ber, *docteur en théologie et principal des colléges d'Andrinople*, et dont le but est de saper toutes les religions établies.

La sorte de defiance, dit-il, en matière de conclusion, que j'ai de mes faibles talents, une timidité que mon âge motive et justifie (il avait vingt-cinq ans), m'ont longtemps tenu en suspens, si j'imprimerais cet ouvrage ou non. Enfin, l'ardent amour du vrai et la réflexion suivante m'ont déterminé à parler devant mes juges. Ai-je frappé au but, ou ne l'ai-je pas atteint? S'il est manqué, mon livre eut-il tous les ornements du style, toute la richesse de l'élocution, il ne vaut rien. Mais si, au contraire, l'ennemi que j'attaque est renversé ; si je démontre ce que j'ai voulu prouver; si ma thèse triomphe, mon livre, péchât-il par ses accessoires, est bon et digne de voir le jour. Or, la conviction la plus intime, le sens commun le plus commun, me disent que j'ai vaincu.

Tout lecteur pénétrant se sera d'abord aperçu que cet ouvrage, qui manquait absolument à la République des lettres, est très-propre à opérer une révolution générale dans les esprits, puisqu'un principe fécond, d'où découle une chaîne de conséquences dirigées contre l'imposture, y attache à jamais l'erreur au char de la vérité. Un autre avantage : son utilité est de tous les pays et de tous les temps. A mille lieues d'ici, quelque système religieux qui naisse, quelques profondes racines qu'une secte puisse prendre désormais dans l'univers, mon ouvrage la foudroie jusque dans les entrailles de la terre.

Deux années après, Anacharsis Cloots lit dans la séance publique du musée de Paris, une lettre sur les Juifs qui passe inaperçue. En 1786, il publie *les Vœux d'un Gallophile* qu'il appellera « sa lettre de naturalisation. »

Enfin la révolution éclate, il la salue comme devant être l'ère de l'accomplissement de ses projets, et s'intitule « Orateur du genre humain ». Il se propose pour être « l'organe de l'ambassade universelle qui va féliciter au nom de tous les peuples la régénération de la France. » Le pauvre grand homme fait son apparition en pleine Assemblée, à la tête de six nègres déguisés en étrangers qu'il conduira plus tard à la fête de la fédération. C'est à un prince d'Allemagne, au Chevalier d'Eon, au Prussien Stertzberg qu'il confie ses joies, à l'aspect du trône effondré, et il avoue en souriant que lui, l'ennemi personnel de Jésus-Christ, l'héritier du grand Frédéric Sardanapale du Nord, y a bien été pour quelque chose. Il invente une métaphysique révolutionnaire, crée une religion, imagine un peuple nouveau, et quand lâchement soupçonné par ceux-là qui devaient l'avoir le plus en commisération, il s'avance vers l'échafaud, il demande à être exécuté après tous ses complices afin d'avoir le temps d'établir certains principes pendant qu'on ferait tomber leurs têtes.

La Gazette Universelle ne fut pas le seul journal auquel collabora Cloots. On retrouve son nom dans *l'Orateur du Peuple, la Chronique du Mois*, etc. Dans les feuilles publiques, il demeure évangéliste. Sa carrière littéraire est un long prône en faveur de la République universelle, et de la liberté des croyances religieuses.

« La liberté religieuse, disait-il en matière de profession de foi, aplanit de grands obstacles ; elle rallie tous les hommes autour du tribunal de la conscience. On s'occupera plus des affaires d'ici-bas que de celles de là-haut, si toutefois il y a un haut et un bas. L'incrédule qui niera l'existence de Dieu, sera écouté aussi paisiblement que celui qui jurera par le Coran ou le Zend-Avesta. Il soutiendra, par exemple, que le monde est créé, et qu'il n'y a pas d'autre Eternel que le monde... C'est choquer les premières notions de la philosophie que de multiplier les êtres sans nécessité : donc les athées ont raison contre les théistes...»

Sans doute, tout ouvrage annonce un ouvrier, mais il nie que l'univers soit un ouvrage, il prétend que le monde est une chose éternelle, un être éternel.

Il se fait fort de prouver, avec le misérable argument des théistes, que leur propre Dieu produit tant de calamités, qu'après avoir pesé le pour et le contre dans la balance des biens et des maux, il s'écrie avec le sage et profond Hobbes, « qu'un magistrat qui proposerait un Dieu dans une république d'athées, serait un mauvais citoyen. » La religion est une maladie sociale dont on ne saurait guérir trop tôt. Un homme religieux est un animal dépravé... Un préjugé ne peut se loger quelque part, sans qu'il n'en coûte cher à son hôte imprudent et débonnaire... La tyrannie des sophismes est presque la tyrannie des rois... Le fer des barbares a détruit moins d'hommes, moins de villes, moins d'États, que la langue des sophistes sacrés et profanes... Ne regrettons pas les prétendues consolations que la chimère d'un Dieu vengeur et rémunérateur procure aux sots mortels : c'est un palliatif chez des peuples vexés, au nom de Dieu, par des rois et des prêtres... On jouit de la vie sans songer à la mort, et l'on répète en mourant le mot sublime de Mirabeau : *Dormir !..* Le sommeil plaît à l'homme ; chacun, riche ou pauvre, heureux ou malheureux, s'y livre avec volupté... La nature est plus prévoyante, plus indulgente que nous, avec nos sermons évangéliques, absurdes et lugubres, etc., etc.

Tel était en peu de mots le catéchisme d'Anacharsis.

Il serait inutile, je crois, de faire remarquer que Cloots sut se modérer à *la Gazette Universelle*. Il suffira de savoir qu'elle était lue par la Cour qui en subventionnait la rédaction, et qu'elle soutenait le système politique dit *des Feuillants*. Ce ne fut qu'au 10 août qu'il cessa d'y écrire.

Un des journaux démocratiques qui, à la fin de l'année 1789, attirèrent le plus vivement l'attention publique, fut *le Mercure National*, rédigé par Carra, Banville, Tournon, Robert, Kéralio, et qui l'année suivante fut continué sous le titre de *Révolutions de l'Empire*.

Carra touchait à toutes les questions, ce qui lui permit de se croire un grand politique. En tous cas c'était un sincère républicain. Il débutait à quarante-cinq ans, après avoir étudié le peuple dans toute l'Europe, observant les choses et les personnes. Vers le mois de mai 1789, il avait donné des preuves, dans *l'Orateur des Etats-Généraux*, de son courage et de son patriotisme invariable dans ses principes. Honnête homme, ami des Jacobins, ce fut une bonne fortune pour *le Mercure*, dont certains numéros sont presque entièrement rédigés de sa main. Tournon avait appris aux bureaux des *Révolutions de Paris* à fabriquer un article en dix minutes, selon l'expression de Loustalot. Banville qui, deux ans après, devait mourir frappé d'un coup de rasoir au bas ventre, s'était fait une réputation d'homme d'esprit chez Robert. Kéralio était un disciple de Louvillac et sa fille qui devait plus tard épouser Robert, l'aidait dans ses inspirations de sa précoce expérience. C'était plus qu'il n'en fallait pour former une excellente rédaction. Elle ne devait cependant point survivre à la date du 29 Mai 1791.

Le commencement de l'année 1790, vit éclore un journal périodique, *la Bouche de Fer*, rédigé par l'abbé Fauchet et servant d'organe au Club de la Bouche de fer, dont le secrétaire était Nicolas de Bonneville.

Nicolas de Bonneville est un des hommes de la Révolution les plus intéressants et les moins connus. Il mériterait un livre spécial. Malgré les limites que nous avons assignées à cet ouvrage, nous ne pouvons nous résigner à ne point insister de préférence sur cette étrange figure, et nos lecteurs nous pardonneront en faveur du sujet, si nous lui consacrons une étude particulière.

NICOLAS DE BONNEVILLE

Nicolas de Bonneville, naquit à Évreux, le 13 Mars 1760. A la fin de sa première année de philosophie,le professeur ayant soutenu dans une thèse que Rousseau défendait de prier, Bonneville impatienté quitta son banc et revint un instant après tenant *l'Emile*, où il lut le passage commençant par ces mots : *Faites vos prières courtes selon l'instruction de Jésus-Christ.*

Mais laissons à Bonneville le soin de raconter l'incident.

« Je ne puis, écrivait-il à un ami au mois de juin 1781, m'empêcher de sourire amèrement quand je pense aux préjugés dont on avait troublé mon cœur d'enfant pour me défendre de lire *Emile*. Je ne me rappelle jamais, sans une espèce d'indignation, que j'eusse été perdu sans ressource, si l'on m'eut surpris un volume d'*Emile* entre les mains.

« Le nom de Rousseau était vraiment en horreur dans mon pays. Dans les cahiers de *philosophie* qu'on nous dictait au collège, et qui avaient eux-mêmes été dictés à notre professeur par un célèbre professeur de Caen, il n'y a pas d'injures et de blasphèmes dont le nom de Rousseau ne fût profané! A la fin de l'année, on écrivit dans une thèse publique que c'était un athée, qui avait défendu la prière.

« Je vins à la thèse, et je dis peu de mots; c'était que Rousseau avait expressément ordonné la prière. On me donna un démenti si bien prononcé, que l'assemblée me couvrit de toute sa honte. Je sortis, et au moment où je passais pour un athée, pour un des suppôts de Lucifer, j'eus le courage de reparaître dans l'assemblée. J'étais encore enfant, je vis l'intérêt que j'inspirais à plusieurs. Le professeur paraissait jouir de ma confusion avec délices, et semblait prendre plaisir à la redoubler de plus en plus.

« Je me lève tout indigné, tout tremblant. Je sens encore le silence de l'assemblée qui me fit tressaillir : j'ouvre un livre, c'était l'*Emile ;* je lis :

« Faites vos prieres courtes, selon l'instruction « de Jésus-Christ : faites les toujours avec le re- « cueillement et le respect convenables. Songez qu'en « demandant à l'Être suprême de l'attention pour « vous écouter, cela vaut bien qu'on en mette à ce « qu'on va lui dire. »

« Je ne pus voir la laide grimace que nous fit le professeur ; j'avais les yeux troublés de larmes, et quoique j'eusse alors les rieurs de mon côté, je me livrais aux plus douloureuses réflexions.

« Si je n'avais pas eu un peu de mémoire, j'allais devenir l'horreur de mon pays.

« Cette aventure fit du bruit, et on lut *Emile*, et l'on a béni son auteur. »

Il termine sa lettre en s'excusant d'avoir pris un ton trop imposant, peut-être, mais en pensant à Rousseau, en parlant de lui, son âme s'élève, en ce sens que l'impression participe à là noblesse des sentiments.

Enfin il recommande au destinataire, si jamais il trouvait quelques ignorants, esclaves des préjugés, qui s'efforçassent de rabaisser Jean Jacques, de ne jamais leur opposer pour les confondre, autre chose que des arguments des mœurs et des vertus. Voilà, dit-il, la seule apologie, digne de l'ami de la vérité.

L'aventure fit grand bruit et Bonneville ne pouvant plus rester au collège, après le scandale qu'il venait d'y causer, vint achever ses études à Paris.

On a dit qu'il trouva dans la générosité de d'Alembert le moyen de se livrer à son goût naissant pour la littérature ; mais quoiqu'il ait parlé plusieurs fois de la générosité de ce philosophe, Bonneville ne dit pas en avoir ressenti personnellement les effets. On en jugera d'ailleurs par l'effrayante peinture qu'il a fait du sort des jeunes écrivains qui se rendaient à Paris, sans fortune et sans protection.

Bonneville commença par se plaindre de la frivolité des journaux. N'oublions pas de dire que nous sommes en l'année 1786. Quelques-uns seulement veulent bien consacrer une critique impartiale aux généreux efforts d'un auteur; mais ils s'en tiennent encore au simple examen des ouvrages; ils ne font jamais connaître le personnel de cet auteur. C'est un silence funeste aux jeunes écrivains. Il supplie qu'on arrache ces infortunés qu'on opprime, à tous ces entrepreneurs avides qui trompent la confiante jeunesse et l'épuisent de fatigues et de veilles. Il les accuse de s'approprier le plus souvent les œuvres d'autrui. Il cherche par tous les moyens possibles à affranchir ses confrères d'un joug écrasant, et de crainte que flétris par le malheur, le courage ne les abandonne, et qu'ils ne meurent en s'écriant comme Brutus : « La vertu n'est rien qu'un vain nom ! » le voilà, comme dernier argument, qui raconte l'histoire de Chatterton.

Bien que la mort de Chatterton ne remontât qu'à seize ans, on ne connaissait presque point en France, la triste fin du jeune poète ; dénoûment d'une vie toute d'amertumes et de larmes. Bonneville fut pour Chatterton ce qu'il devait être plus tard pour Shakespeare, un révélateur. Seul il écrivit en quelques lignes, une biographie exacte, sur des données inédites et des renseignements variés. Ce travail est resté inconnu, comme tous ceux auxquels il s'est si ardemment livré. Nous voulons le reproduire ici, où il est intéressant à un double titre.

DÉSESPOIR DE CHATTERTON

« Chatterton que les Anglais regardent aujourd'hui comme un de leurs plus grands Poètes modernes, qu'ils louent — après la mort — comme *le plus puissant génie qui ait jamais existé*, s'est tué de désespoir.

« Il lui fallait encore trois mois pour achever sa dix-huitième année. Ses poésies n'ont été imprimées qu'après sa mort.

« L'histoire de ce jeune homme, qui n'est point encore connue en France, est trop intéressante pour ne pas entrer dans quelques détails. Donnons une faible idée du génie qu'ils ont étouffé à sa naissance. Tant il est peu de gens assez courageux pour juger un ouvrage manuscrit avant que la multitude ait prononcé !

« Thomas Chatterton est né à Bristol, le 20 Novembre 1752 ; il a été élevé à une école de la Charité, ou son Magistrat lui apprit à lire et à écrire, et un peu d'arithmétique : à quatorze ans il entra dans l'étude d'un Procureur. Il décéla bientôt un goût extraordinaire pour la Poésie, pour les antiquités anglaises, et pour le blason ; à peine dans sa quinzième année, cet infortuné eut le sentiment de tout son génie. Cette force prématurée d'une conception sublime, *l'assurait aussi que jamais quoi qu'il put créer de grand et d'inimitable*, on ne rendrait justice à un poète de son âge.

« N'oublions pas de rappeler qu'il était clerc de Procureur, lorsqu'il commença par faire la plus étonnante étude du plus ancien langage de la nation. Il parvint aussi à imiter tout ce qu'il y a d'hiérogliphes dans les caractères du QUINZIÈME siècle. Et alors il se mit à composer ses poésies en ancien langage et à les écrire ensuite sur les parchemins les plus sales et les plus racornis. Ses grands pères et son père avaient été, sans interruption, depuis plusieurs siècles, sacristains de la chapelle de Bristol ; et il conçut le dessein d'attribuer ses poésies à Thomas Rowley, un ancien moine de Bristol sous Henri VI et Edouard IV.

« Il fit aussi en marge de ses poésies, un vocabulaire et des notes, qui seuls annonçaient dans un enfant de 16 à 17 ans, un génie vaste et un grand savoir.

« La plus insolente brochure où les Français sont bien déchirés, n'est jamais à Londres un ouvrage sans mérite.

«Leurs plus fameux poètes modernes sont vraiment coupables d'injustice envers nos grands écrivains. Il y a longtemps que je me propose de leur répondre ; mais j'ai cru qu'un français devait opposer à des injures de simples observations critiques, et l'un n'est pas aussi facile que l'autre.

« Quoique je pense bien comme eux que nos traductions ne donnent pas une véritable idée de leurs grands écrivains, je viens leur prouver à mon tour qu'ils ont encore plus défiguré les nôtres, et qu'ils ont encore la vanité de se faire dire dans un insipide prologue, qu'ils ont ajouté à la correction Française *A. British fire.* Je montrerai un peu quel est ce feu *britiche*, et l'on saura quel est encore le succès de ces chef-d'œuvres *Britichisés.*

« Je dirai comment encouragés par les plus bizarres succès, ils traduisent les Allemands d'après des traductions françaises, qui ne sont pas même estimées en France.

« Comme je ne devais pas encore sitôt parler de Chatterton, et que sur les simples notes que je me suis déjà procuré, j'aurais à compromettre des écrivains célèbres, je veux suspendre mes plaintes amères, jusqu'au jour où j'aurai la certitude de n'avoir à combattre que des êtres vils et méchants.

« Je ne dirai donc rien aujourd'hui de ma pensée sur Chatterton ; mais je vais extraire quelques pensées de la défense même d'Horace Walpole.

« Bathœ, mon librairo, m'apporta un paquet qu'on « lui avait confié. Il contenait une ode et un petit « poème de deux ou trois stances en rimes croisées, « sur la mort de Richard Ier, et l'on y disait encore « en peu de mots qu'il avait été trouvé à Bristol avec « plusieurs autres vieux poèmes ; et que le possesseur « pourrait me fournir des notices sur une quantité de « grands peintres qui avaient fleuri à Bristol. D'a- « bord je pensai que mes anecdotes sur la peinture, « étaient tombées entre les mains de quelque plaisant « qui voulait me tourner en ridicule, ce qui ne me « paraissait pas fort ingénieux, n'étant pas homme à « donner dans un piége aussi grossier. Je n'étais pas « assez ignorant pour me laisser persuader qu'il avait « existé à Bristol une quantité de grands peintres.

« L'ode qui était jolie, m'empêcha de croire qu'elle « venait de la même main. Je changeai cette ode en « langage moderne, en substituant à des mots an- « ciens des expressions nouvelles quoique j'avoue « qu'il serait difficile de moderniser ainsi tous les « autres poèmes de Chatterton. »

« Ici M. Walpole cherche à prouver que Chatterton s'était d'abord proposé d'attribuer ses poésies à quelque personnage de plus fraîche date que Rowley. Il dit encore que Chatterton était un trop grand poète pour le siècle auquel il avait destiné ses vers; que son génie sublime donne à Rowley plus d'élégance et plus d'harmonie que n'en pouvait avoir le quinzième siècle; ou Rowley aurait assez poli sa langue pour la faire adopter, ou il n'eut pas été entendu; qu'enfin si dans un siècle poli les hommes étant à peu près de pair, il est plus difficile au génie de se montrer, il se fait bientôt jour dans un siècle de barbarie. Comme si tous les siècles ne se croyaient pas toujours par excellence les plus policés; comme si Montaigne n'avait pas dit qu'on n'irait jamais en Poésie plus loin que Ronsard; mais laissons là les paradoxes de M. Walpole, qui nous assure que l'erreur, ainsi que la mer, gagne autant de terrain d'un côté qu'elle en perd d'un autre, et que par conséquent, il est inutile de lui faire changer de place. La comparaison, quoique très-imposante, ne peut séduire les vrais philosophes. Reprenons sa lettre.

« Chatterton avait donné son adresse à Bristol,
« et je lui demandai de plus grands éclaircissements.
« En réponse à ma lettre, il m'écrivit qu'il était le
« fils d'une pauvre veuve qui avait la plus grande
« peine à le soutenir, qu'il était clerc de Procureur,

« ou apprenti Procureur : mais qu'il avait du goût
« et des dispositions pour des études plus selon son
« cœur. *Il me faisait entendre* qu'il désirait que je vou-
« lusse *l'aider de ma protection* pour quitter une pro-
« fession si stupide, en lui procurant quelque place,
« où il pût se livrer à son génie.

« Il assurait que de grands trésors d'ancienne
« poésie avaient été découverts dans son pays, et
« qu'ils étaient entre les mains d'une personne qui
« lui avait confié ceux qu'il me faisait passer; car il
« m'envoyait encore d'autres poèmes, parmi lesquels
« je trouvai une Pastorale en dialogue, où il avait
« semé par ci par là quelques vieux mots.

« J'écrivis à un de mes parents à Bath, pour m'in-
« former de la situation et du caractère de Chat-
« terton. On ne me parla ni de ses mœurs, ni de son
« caractère ; mais du reste, *on me confirma tout ce*
« *qu'il m'avait mandé.*

« Cependant je communiquai les poèmes à
« M. Gray et M. Mason[1].

« M. Gray et M. Mason, prononcèrent que ces
« Poèmes étaient *des fourberies*, et déclarèrent que
« la coupe de ces vers, et leur harmonie, n'avaient
« rien d'antique. »

[1] Poètes anglais. On doit au dernier une jolie traduction du poème de du Fresnoy, *sur la Peinture*.

« M. Walpole remarque ensuite qu'il est incroyable que Rosvley, un simple moine, dans une ville commerçante, comme l'était alors Bristol, eût purifié la langue, et introduit dans la Poésie une mesure classique et harmonieuse inconnue même au lord Surry le Joli-Poète, le Poète de la Cour ; et cela pendant les troubles du règne de Henri VI ; et que la langue fût ensuite retombée dans la même barbarie, jusqu'au temps où Walter a publié ses élégantes Poésies.

« *Satisfait des informations que j'avais prises sur* « *Chatterton*, je lui écrivis avec autant *d'égards* et de « *tendresse* que si j'eusse été son tuteur : car *quoique* « *je n'aie eu aucun doute de ses mensonges*, il y avait *un* « *si grand feu poétique* à les avoir fabriqués, que je « *m'intéressai à lui. Ce n'était pas un crime* grave à « reprocher à un jeune poète d'avoir *forgé* de *fausses* « *écritures*, qui ne devaient avoir cours qu'au Par- « nasse, etc.

« Je lui remontrai vivement que par devoir et par « reconnaissance pour sa mère qui s'était gênée pour « le soutenir jusqu'à ce jour, il fallait qu'il travaillât « à son état, pour qu'il lui fût possible de payer à sa « vieillesse la dette filiale ; et je lui dis que — *lors-* « *qu'il aurait fait fortune*,—il pourrait se livrer *à des* « *études* plus conformes à ses inclinations.

« Je lui dis aussi que j'avais communiqué *ses copies*

« à de bien meilleurs juges que moi, qui n'avaient été « nullement satisfaits de l'authenticité de ces manus- « crits *supposés*. Entre autres raisons que je lui allé- « guai, je lui dis qu'il n'y avait point de pareille me- « sure de vers au siècle de Richard Ier ; et cette ob- « servation a peut-être été la cause que dans la suite « Chatterton changea l'âge *de ses productions*.

« Il m'écrivit une lettre. où il y avait presque « de la mauvaise humeur. Il me dit qu'il ne voulait « pas disputer avec un homme de mon savoir. Il « soutint l'authenticité des Poèmes, *et demanda* « *qu'on les lui rendît*.

« Quand je reçus cette lettre, je devais partir le « lendemain ou le surlendemain pour Paris ; et soit « que j'oubliai sa requête, ou peut-être que je n'eusse « pas le temps *de tirer copie* de ses vers, je remis à les « lui renvoyer au retour de mon voyage qui ne devait « durer *que six semaines*. Je proteste que je ne me rap- « pelle point précisément ce qui occasionna ce re- « tard, quoique—*dans une cause d'aussi peu d'impor-* « *tance*—je ne voudrais pas avouer une syllabe dont « je ne fusse très-certain, etc.

« Bientôt après mon retour, je reçus une autre « lettre de Chatterton, dont le style était singulière- « ment impertinent. Il demandait ses Poèmes *grossiè-* « *rement* : et il ajoutait que je n'aurais pas osé le trai- « ter si mal, s'il ne m'eut pas confié la triste situa- « tion où il se trouvait.

« Mon cœur ne m'accuse point de l'avoir traité avec « insolence. J'écrivis une réponse, *où je lui repro-* « *chais son injustice*, et où je lui renouvelais mes bons « conseils »

« Le sage de Bagdad envoyait du pain à celui qu'il soupçonnait en avoir besoin, et ne donnait jamais de conseil à celui que l'en priait bien fort.

« Mais, par réflexion, soupçonnant que ce jeune « homme, *qui avait une mauvaise tête, et que je ne con-* « *naissais nullement*, que je n'avais jamais vu, pour- « rait être assez *absurde* pour imprimer ma lettre, je « la jetai au feu, et faisant un paquet de ses lettres « et de ses poèmes *sans en prendre copie*, je lui renvoyai « le tout *et je ne pensai plus à lui ni à ses vers*.

« Un an et demi après, *dînant à l'académie Royale*, « le Docteur Goldsmith[1], attira l'attention de la com- « pagnie, par la nouvelle d'un *trésor merveilleux* d'an- « ciennes poésies, depuis peu découvertes à Bristol. « Le Docteur Johnson, qui était présent, le plai- « santa beaucoup sur sa croyance. Je m'aperçus « bientôt que c'était la trouvaille de — MON AMI — « Chatterton, et je dis au docteur Goldsmith que « cette nouveauté m'était connue, que *j'aurais pu* — « *si j'avais voulu, avoir l'honneur de faire connaître* « *au monde savant cette grande découverte*.

[1] Auteur du *Ministre de Wakefield*.

« Vous pouvez imaginer qu'au milieu de toutes « nos plaisanteries, ma joie fut bientôt troublée, lors- « que m'informant de Chatterton, le Docteur Golds- « mith me dit qu'il était venu dernièrement à Lon- « dres, et qu'il s'y était tué de désespoir. »

« Je suis trop persuadé de l'intérêt que mes lecteurs prennent à lire des livres de Chatterton, pour m'arrêter ici sur tous les froids raisonnements de M. Walpole, qui démontrent l'impossibilité qu'un autre que Chatterton puisse être auteur de ces poésies sublimes qui ont été accueillies à sa mort, avec des cris d'admiration et d'indignation. Citons encore un paragraphe de la lettre de M. Walpole.

« Vous paraissez croire que Chatterton eut trouvé « quelques secours dans la création de ses Poèmes. « Je ne le pense pas. Mais un des traits les plus « étonnants de son histoire *qui tient du prodige*, c'est « qu'il a formé des disciples : oui, des disciples à 18 « ans. »

« *Il lui fallait encore trois mois pour achever sa* « *dix-huitième année.*

« Quelques-uns de ses camarades ont continué « de marcher sur ses traces ; ils ont produit comme

« lui d'autres Poèmes saxons d'une antique fabri-
« que, mais on n'y retrouve plus....

(Parce qu'ils sont encore vivants.)

« ... le feu poétique de leur maître. Le Docteur
« Percy et M. Lost ont recueilli tout ce qui pouvait
« avoir rapport à Chatterton, et l'on n'a pu découvrir
« qu'il ait reçu quelque instruction, ou quelque se-
« cours d'un savant, ou d'un homme de mérite.

« Ils ont une quantité prodigieuse de différents
« écrits de Chatterton, tant son génie était versatile,
« tant son génie était vaste, tant son génie était impé-
« rieux. Il inventait l'architecture et le blason. Enfin,
« *je ne crois pas qu'il ait jamais existé un aussi puissant*
« *génie*, excepté Psalmanazar qui, avant l'âge de
« vingt-deux ans, créa une langue que tous les Sa-
« vants de l'Europe ne purent découvrir. »

« On ignore à quel âge Chatterton publia ses premiers essais ; on lui attribue deux lettres, imprimées en 1769 dans le journal Magazine, en ce
qu'elles sont datées de Bristol, et signées, D. B.
comme il signa toujours, dans la suite, ses autres
essais.

« La première pièce contient des extraits de *deux*

manuscrits, écrits il y a trois cents ans par un certain Rowley, un moine, sur le costume en usage au règne de Henri II.

« La seconde pièce est un Poème Saxon, qui a pour titre *Ethelgar*, écrit en prose boursoufflée. Quelques observations sur le blason des Saxons. *Eléonor et Juga*, écrits il y a trois cents ans par Thomas Rowley, un prêtre séculier, et quelques autres essais.

« Au mois d'avril 1770, il entrait alors dans sa dix-huitième année, il quitta l'étude de son procureur à Bristol, et vint à Londres, dans l'espérance d'y trouver quelque moyen de s'y procurer du loisir, en travaillant à copier les ouvrages des auteurs, et à corriger leurs épreuves. *Deux* libraires qui l'avaient engagé à venir à Londres, firent banqueroute. Cependant un mois après son arrivée, il écrivit à sa mère, qu'on l'avait chargé d'une histoire très-considérable de la ville de Londres, qui allait paraître incessamment. Il avait écrit quelques vers à la louange du lord Mayre Beckford, et *il eut l'honneur de lui être présenté*.

« Dans une lettre où il apprenait cette grande nouvelle à sa sœur, il lui disait : *Le Lord Mayre m'a reçu très-poliment comme on doit recevoir un citoyen ; mais, c'est le diable, en défendant la cause des honnêtes gens, il n'y a pas un sol à gagner ; et seulement à copier des libelles ou d'insipides flatteries, on deviendrait bientôt riche. Je le sais bien. Malheur au pauvre auteur, qui ne sait pas écrire dans l'occasion pour et contre! Des essais pour le Patriotisme, se vendent à peine assez pour suffire aux frais de l'impression : les Patriotes étant eux-mêmes opprimés ne peuvent nous aider à leur être utile. Des essais contre le Patriotisme ne sont point accueillis, et il faut payer pour les faire imprimer, mais on y perd rarement. Tous ces intrigants sont intérieurement si persuadés qu'ils n'ont aucun mérite, qu'ils ne manquent pas de récompenser largement ceux qui leur en donnent l'apparence.*

« Quoique Chatterton fut employé à l'histoire de Londres, je ne puis dire s'il la composait ou s'il la transcrivait, il continuait de publier nombre d'essais dans plusieurs ouvrages périodiques. Ces essais là, en France, ne se payent point, et en Angleterre se payent fort mal; car pour un libraire, c'est la réputation seule d'un homme qui fait le prix de son ouvrage. J'ai eu le douloureux plaisir de voir exalter un ouvrage de moi, pour en critiquer un autre qui était aussi mon ouvrage, avec cette différence que j'avais griffonné le premier, et beaucoup travaillé l'autre. Mais les noms qui honoraient l'ouvrage de l'inconnu, n'avaient pas le même prix au yeux de nos critiques éclairés.

« Cet infortuné Chatterton n'avait réellement du

goût que pour la poésie. *Les vers faits à la hâte ne pouvaient contenter son cœur.* Il voyait préférer des rimailleries froides et correctes à ce divin enthousiasme, qui lui inspirait tant d'images toutes neuves, tant de sublimes créations. Ne pouvant plus ravoir des poésies *dont il attendait assez de gloire pour vendre un travail à un prix un peu moins vil,* abandonné de tous et ne voulant point vendre sa plume, il s'est empoisonné ! On trouva dans sa chambre une quantité de papiers mis en pièces. Il y avait bientôt quatre mois qu'il était à Londres. »

En 1786, Bonneville fit paraître un *Choix de Petits Romans* imités de l'allemand, suivi de quelques essais de pièces lyriques et dédié à la reine.

Marie-Antoinette avait « honoré de son suffrage » la traduction des pièces les plus applaudies sur les théâtres de l'Allemagne. Nicolas de Bonneville pensa qu'elle ne verrait pas sans intérêt un recueil dont le but était de faire connaître un autre genre de littérature allemande. A quelques semaines d'intervalle parurent les *Essais, fictions morales et poésies*, dédiés et présentés à la Reine.

C'est dans ce livre que commencent à s'affirmer les tendances littéraires de Bonneville. On devine le révolutionnaire. Il défend Quinault contre Boileau.

Boileau; je te méprise, et méprisai toujours
De tes pénibles vers la stérile harmonie.

On sait depuis, si Boileau fut passé au crible du romantisme. Il prend, contre Voltaire, parti pour Shakespeare.

Le poète divin, l'Homme de tous les temps,
Schakspear dormait en paix, assis sur ses trophées,
Joyeuses près de lui, dansaient toutes ses fées
Et sa grande âme errait dans ses pensers riants.

Il est spiritualiste :

LE CORPS ET LA PENSÉE

Mon corps ce n'est pas moi : ma pensée où va-t-elle ?
C'est un rayon qui part de mon âme immortelle.
Elle fuit, et je sens que je n'ai rien perdu.
Ce corps, dont je me sers, il te sera rendu,
Poussière ! et si de rien jamais rien ne peut naître
J'étais, puisque je suis, et je dois toujours être.

Je m'enfonce à plaisir dans l'ombre du passé ;
J'y cherche à débrouiller le fil embarrassé
D'une longue action qui toujours se prolonge ;
Et, ce qu'on fait souvent pour démêler un songe,
J'assemble les débris d'un sommeil agité.
Il semble quelquefois qu'on ait toujours été.

Il est républicain :

Indépendance, indépendance!
Donne-moi ta massue et ta peau de lion :
Que je redise aux Francs les chants de mon enfance,
Ces poèmes divins du Barde d'Albion,
Indépendance! indépendance!

Malgré son imagination ardente, Bonneville s'était cependant appliqué à des études grammaticales qui en peu de temps, lui avaient permis d'acquérir la connaissance des principales langues de l'Europe. Plus tard il se lia avec Le Brigaut, linguiste Bas-Breton, qui cherchait *la langue primitive* dans sa patrie. Friédel se l'associa pour la traduction d'un choix de pièces du théâtre allemand, tandis qu'il concourait avec Le Tourneur à la traduction du théâtre de Shakespeare, et que Luneau de Boisjermain, occupé de ses cours de langue anglaise et italienne, lui confiait la version interlinéaire anglaise de *Télémaque*. Nous ne parlerons des nombreux articles que Bonneville fournit à cette époque aux journaux et particulièrement au *Mercure*, que pour rappeler un petit roman intitulé *Sophie Laroche*, qui y fut inséré. Bonneville collabora encore avec Berquin à la rédaction de *l'Ami des enfants*, il fut même, pendant un voyage assez long que Berquin fit à Londres, chargé seul de la rédaction.

Ces travaux multiples ne l'empêchèrent pas, sur le conseil de Berquin, de partir à son tour pour Londres, en 1786. Il se trouvait à *la mère Loge*, lorsque le duc de Cumberland y annonça que le Prince de Galles venait de recevoir les premiers grades de la maçonnerie. C'est Bonneville lui-même qui nous l'apprend dans un travail qu'il fit paraître deux ans après, sous le titre des *Jésuites chassés de la Maçonnerie*.

Bonneville travaillait à la rédaction de cet ouvrage quand Wil Russel publia la seconde édition de ses *Lettres sur l'Histoire de l'Europe moderne*.

Bonneville résolut, à son tour, de composer une histoire suivant ses idées.

La première histoire générale des affaires de l'Europe moderne, qui eût attiré quelque attention, était du baron de Pufendorff [1]. Une érudition immense, un jugement droit, des succès antérieurs, ses connaissances politiques, l'avaient mis en état de donner l'histoire de l'origine et de la grandeur des différents Empires, et de terminer l'histoire de chaque siècle par un exposé clair et précis de leurs constitutions et de leurs intérêts respectifs. Mais son plan était défectueux, en ce qu'il le forçait de répéter les mêmes événements et de grossir par conséquent de pages inutiles, des élé-

[1] *Histoire de l'Europe moderne.*

ments d'histoire, où l'on ne saurait assez éviter d'ennuyeuses récapitulations de détails purement chronologiques.

Voltaire en corrigeant cette faute de Pufendorff, donnait à l'*Histoire des Nations*, des caractères et des mœurs, mais on y sentait le caprice et le préjugé. Méhégau, plus heureux avec son *Tableau de l'Europe moderne*, respirait l'afféterie, à l'encontre de l'abbé Millot, dont les *Eléments d'histoire Générale* étaient trop difficiles à lire. L'abbé de Condillac en son *Cours d'Étude* pour l'instruction du Prince des Parmesans n'avait écrit qu'une introduction à l'étude de l'Histoire ; J. M. Schroekh, qu'une ennuyeuse complication. Seul, W. Russel, profitant des erreurs de ses devanciers, pouvait se vanter d'avoir créé une histoire utile et estimée en évitant la sécheresse de Pufendorff et la légèreté de Voltaire.

Malheureusement son histoire fut présentée sous forme de lettres, et mille interpellations inutiles à son cher Philippe, ôtaient à ses récits, en les refroidissant, la dignité qui convient à une histoire générale de l'Europe. Et puis on finit bientôt par s'apercevoir que ce qu'il y avait vraiment de beau dans son ouvrage, n'appartenait qu'à ceux qu'il avait compilés.

C'étaient Hume, Robertson, Fargusson, c'était Montesquieu, c'était Voltaire. Guidé par ces génies supérieurs, Bonneville nous l'apprend, le compilateur Anglais, « triait, dans la main du temps, les noms et les faits de peu d'importance qui, par hasard, y étaient tombés ; il les jetait dans l'oubli et n'adorait point les faux dieux. Alors, un style plein de chaleur animait les récits ! alors, il y avait de l'enthousiasme. »

Nous avons dit que Bonneville habitait Londres, quand parut la seconde édition de l'ouvrage de W. Russel. On le chargea d'en donner une traduction française. Bonneville en écrivit alors « à l'un des meilleurs esprits de notre France [1] : » et dans une lettre assez détaillée qui fut imprimée à Londres, il promit de terminer sa traduction par un Essai sur les préjugés des Européens.

Bientôt, dit-il, je supprimai cette lettre où j'avais pris pour une œuvre de génie une savante compilation.

Cependant les révolutions, qui se préparaient en France, tournaient aussi les études vers l'histoire. Le succès des lettres de W. Russel, les engagements qu'il avait contractés, l'enthousiasme qu'avait fait naître la voix de tout un peuple, ne laissa pas Bonneville de sang-froid, et il conçut alors l'espérance de tirer pour de plus grands desseins un excellent parti des travaux précédents.

[1] M. de Condorcet.

Il avait senti,comme W. Russel,le besoin d'une histoire de l'Europe, qui fût concise. Son titre général était : *Histoire de l'Europe moderne, depuis l'irruption des Peuples du Nord dans l'Empire Romain jusqu'à la paix de* 1783.

Il divisa l'histoire en 3 parties :

1° Histoire de la naissance et des bouleversements des Empires de l'Europe moderne.

2° Histoire des sciences et des arts, et des progrès de la civilisation de l'Europe moderne.

3° Histoire de l'esprit humain en Europe.

Ainsi classée, l'histoire de Bonneville « pouvait servir les vues d'un bon père de famille » La première partie contenait les faits historiques, et tous les principes « des amis de l'humanité attachés au fait. » La seconde, où il était parlé des sciences et des arts,demandait nécessairement « un esprit plus exercé et un peu cultivé. » La troisième était particulièrement destinée, « aux êtres sensibles. »

Le travail de W. Russel servit de texte à Nicolas de Bonneville, pour composer la première partie, de laquelle il expulse cependant les longues explications des querelles théologiques. Bonneville s'est borné à mettre dans tout son jour, ce qu'il a cru l'erreur et ce qu'il a cru la vérité. On n'y trouve même pas «l'âpreté des persécuteurs,à la mode à l'époque où il écrivait. »Il éduque au lieu de condamner ; éclaire au lieu de flétrir. Mais où l'on sent toute l'application de l'auteur, c'est quand il s'agit du pacte social. Cette partie de son travail, est celle qu'il offre à ses contemporains pour le juger. Il l'a entièrement puisée au fond de son cœur. « N'est-ce pas le cœur de l'homme que Moïse, emblême de l'éternelle lumière, a voulu peindre par cette pierre brute ou il burina ses lois ! L'homme n'est-il pas la colonne véritable ou le Dieu des Egyptiens grava les éléments *de toutes les sciences ?* Ce n'est pas la vérité qui manque aux hommes, ce sont les hommes qui manquent à la vérité. »

Le premier volume de *l'Histoire de l'Europe moderne*, parut en 1789. C'est évidemment l'œuvre d'un homme de génie. C'est aussi celle d'un illuminé. En tout cas elle est venue sous la plume d'un croyant. De temps à autre, et ce n'est pas le côté le moins intéressant de ce curieux travail, l'auteur se fait prophète. On retrouve le passionné pour la Bible, dont une lecture continuelle ajoutait à son exaltation. Il y a du Saint-Martin dans Bonneville.

Je n'en veux pour preuve que cette note [1], à propos d'une discussion historique concernant le roi Othon.

[1] *Histoire de l'Europe moderne*, tom. I, pag. 397.

« Voyez, dit-il, les *Questions* de Voltaire *sur l'Encyclopédie*, au mot *Venise*. Et la fameuse lettre de *Junius Brutus* à Georges III Roi d'Angleterre ; ouvrage plein d'humanité que j'aurais bien aimé à récrire en notre langue, si ma fortune m'avait permis de trouver quelque honnête libraire dont les presses fussent exemptes de blâme de censures et surtout d'intercalations et de louanges. »

Et il raconte qu'il ne se rappelle jamais sans émotion, la belle montagne de Primrose en Angleterre, où il lut pour la première fois cette lettre de Junius Brutus qui lui fit répandre de si douces larmes.

Soudain les caractères de la lettre parurent s'animer, comme des lettres de sang. Et il se complaisait à cette illusion, qui le jeta bientôt dans une sorte de délire. Sur la plate-forme de cette montagne qui domine de tous côtés un vaste horizon, il se compare à un *Methodist Preacher* (Prêcheur Méthodiste) sautillant dans son tonneau, en arrière, en avant, apostrophant à sa droite et à sa gauche, « un cercle curieux de bustes endimanchés que pétrifie son éloquence. » C'étaient des gestes, paraît-il, pour le moins aussi étranges. Il déclamait comme eux toutes sortes de belles choses, sans savoir ce qu'il disait, et à qui il parlait. Dans son ivresse, se tournant « à perdre haleine » devant les quatre parties du monde, il bénissait le genre humain, avec son Junius Brutus.

L'Histoire de l'Europe moderne valut à son auteur, les journaux du temps en font foi, une considération littéraire qui le fit songer à son retour en France, aux moyens de donner à la révolution qu'il était facile de prévoir, la direction la plus conforme aux besoins et au bonheur de l'humanité. Il fut avec l'abbé Fauchet, un des fondateurs du cercle social, qui, d'après leurs idées, devait offrir la réunion de tous les amis de la vérité répandus sur le globe. A la fin de 1789, le cercle eut son imprimeur, et Bonneville profitant de la liberté de la presse, put donner cours à ses rêveries philosophiques. Il commença par publier le *Tribun du Peuple*, dont la préface était ainsi conçue :

LETTRE PREMIÈRE

A la nation française

Restes du plus vertueux des peuples, soyez attentifs, pensez à vos antiques honneurs, à ce nom *d'hommes-francs*, encore le plus beau titre que puisse désirer chez toutes les nations, un véritable ami de l'humanité. Contemplez avec respect, en ces temps modernes, le spectacle majestueux d'un grand peuple, dont le plus faible citoyen marche l'égal des rois, et pour réclamer ses *franchises* ne leur offre point à genoux des complaintes et des condoléances.

Cependant vers le XIe siècle on allait encore sur les côtes de l'Angleterre, acheter des Bretons comme des bêtes de somme, pour les vendre sur le continent.

Fuyez donc ces méchants, avilis par l'esclavage et par le crime, qui calomnient sans pudeur l'espèce humaine. Elle ne va point toujours en dégénérant ; mais la nature dont les lois sont éternelles, n'a point changé la forme de son travail. Si vous n'avez des yeux que pour voir aux pieds de l'échelle, là, c'est toujours un sol ingrat et fangeux : un peu plus haut s'anime la plante balsamique, sous les regards de l'être sensible qui va monter à l'état d'homme. Et dans cette classe qui, sans doute, n'est pas la derniére réservée à l'être qui pense, quelques favoris de la nature semblent avoir déjà quelque chose de la divinité, créant des hommes à leur image, bienfaisants, éclairés et éternels comme eux.

Peuple français ! je parle à tous ! Malheur à l'homme né pour les forfaits et la servitude, qui voudrait ambitionner un plus beau titre que celui de *citoyen français.*

Citoyens, quelle ivresse délicieuse inspire le sentiment de la liberté, quand on en jouit pour la première fois après tant de siècles de servitude. Mais prenons garde de trop compter sur les promesses de qui pourra perdre ou envahir. Il y avait un jour de fête chez les Romains où les esclaves étaient servis par leurs maîtres, voilà à peu près où nous en sommes. Le lendemain arrivait ! craignez, citoyens, de n'avoir pas assez prévu ce lendemain fatal où vous serez tous isolés, désunis, et peut-être enchaînés les uns par les autres. N'en a-t-il pas toujours été ainsi de vos anciennes assemblées ? Et tant qu'il existera des priviléges exclusifs et héréditaires, qui accordent à un tel ce qui appartient à tous, les formes de la tyrannie pourront changer avec les occurences, mais la tyrannie existera toujours. Ce moment qui doit briser nos fers ou les river pour toujours, mérite toute notre attention.

. . . .

Craignez le haut clergé, c'est-à-dire, la seule partie du clergé qui soit noble, qui soit riche, qui soit oisive, et la haute noblesse qui obtient par ses bassesses dans les cours, les récompenses qui sont dues aux pénibles et longs travaux de la petite noblesse. Voilà les ennemis de la nation ; ce sont eux qui ont mis en délibération si une poignée d'oisifs appartient à un million d'hommes, ou si un million d'hommes appartient à une poignée d'oisifs. Laisserions-nous encore longtemps cette question douteuse ? « c'est mériter tous les affronts d'en souffrir d'éternels sans vengeance. »

. . . .

O mes concitoyens, travaillons avec courage à cette grande œuvre, comme si devant renaître un jour sur la terre, nous avions besoin pour nous-mêmes d'y retrouver des lois *impartiales*, et toutes les vertus qu'enfante la liberté, cette liberté, qui n'est point la licence, et toujours si persécutée qu'elle avait des temples à Rome, et n'y habitait pas.

Le Tribun du Peuple obtint un succès extraordinaire qui décida Bonneville à s'unir à l'abbé Fauchet,pour la publication d'un second journal : *la Bouche de Fer*, l'officiel du cercle social.

« Nous conjurons, dirent-ils, tous les hommes amis des lumières et de la vérité, tous les *francs* au nom de cette vérité, d'imiter le parlement d'Angleterre, du moment où ils auront terminé leurs travaux particuliers. Dans les objets épineux ce parlement se tourne en grand comit', cessant alors d'être législateur. Nous les conjurons de se former en cercle social, d'y interroger les confessions d'une *Bouche de fer*, qu'ils établiraient chacun dans leur cercle ; et, après avoir été les médiateurs, les conciliateurs des affaires de la cité, nous les prions de correspondre, pour les affaires générales avec le bureau parisien, qui, de toutes leurs instructions partielles, en rédigerait un cahier public et quotidien pour l'assemblée Nationale.

. . . .

« Nous avons établi pour tous les écrivains distingués par *leur franchise*, par un ardent amour de la vérité, un rendez-vous de conférences, où maîtres et disciples, tour à tour donnant et recevant des informations, ils auront chacun plus de moyens d'éclairer le peuple, de connaître la vérité, de protéger l'honnête homme calomnié, de servir de jeunes talents, et de porter à l'assemblée fédérative des amis de la vérité, leurs espérances, leurs alarmes ou leurs desseins. »

. . . .

« La *Bouche de Fer* (*ferrea vox*), institution dont l'origine se perd dans la nuit des temps, est vraiment, disaient encore les organisateurs du cercle social, la voix d'un peuple franc et généreux. Si elle parle aux méchants c'est à haute voix, c'est en présence du public qu'elle les interroge.. Ce ne sont pas seulement des plaintes qu'elle exprime, ni des complots atroces qu'elle dévoile : elle communique des idées *régénératrices*, des motions utiles, des projets de loi, des lectures à la fois intéressantes et instructives... »

La Bouche de Fer se composait plutôt d'une série de sermons que d'une suite d'articles. On y trouve des études sur Machiavel, des essais sur Voltaire, des considérations sur le *Contrat Social*, des réflexions philosophiques de Cloots, de Condorcet et de Thomas Payne. Par moment les rédacteurs se font évangélistes et vont jusqu'à pardonner publiquement les offenses qui leur sont faites. La Harpe ayant déclaré que Fauchet et Bonneville étaient des fous, *la Bouche de Fer* lui répond que : « M. La Harpe, bon citoyen, littérateur délicat, poète pur, observateur léger, s'est égaré sur son compte et sur celui du cercle social ; qu'il pourrait avec la même innocence, faire des railleries sur son *Mercure* et sur l'association de ses amis, mais qu'il ne veut pas employer les armes de la dérision contre un patriote si estimable et un homme de lettres si distingué. »

Après une éloquente plaidoirie en faveur de la religion, l'abbé Fauchet en désaccord avec Bonneville sur nombre de points de croyance, laissa à ce dernier tout le poids de la rédaction de *la Bouche de Fer*. Bonneville abandonné à lui-même se fit tribun et son organe devint un des plus avancés du parti des Cordeliers.

C'est dans ces dispositions d'esprit qu'il jeta les premières assises de son livre, le plus curieux de tous ceux qu'il a publiés, assurément : *de l'Esprit des Religions, ouvrage promis et nécessaire à la confédération universelle des amis de la vérité*. C'était le résultat de longues méditations et d'intéressantes lectures dont il nous a donné un aperçu probable en dressant la nomenclature de ses auteurs préférés.

Voici cette nomenclature, elle nous fera connaître les sympathies littéraires de Bonneville : — *Traité de la tolérance* par Voltaire. — La première scène de *Brutus*, son *Catilina, la mort de César*, son *Mahomet* — *Le Misanthrope*, de Molière — *De l'Esprit des Lois* par Montesquieu — Plutarque par Amyot. — *Les Caractères* de La Bruyère — *Les Maximes* de La Rochefoucauld. — Les *Pensées* de Pascal — Une *Lettre* de

J.-J. Rousseau à d'Alembert, sur les spectacles — Le *Contrat Social* — La suite d'*Emile* — *Pygmalion* — *Le Devin du Village* — Les œuvres de Charles Bonnet — *Le Testament* de Mably, petit ouvrage en manuscrit — *Le Testament* de Jacques de Mollay, ancien grand maître de l'ordre des Templiers, ouvrage en manuscrit—*Le Songe de la Guerre*, par Mercier — *Mélanie* par la Harpe — Racine (*œuvres complètes*) — Une vieille histoire de la Normandie — Les *Odes* de Malherbes. — Les chefs-d'œuvre de Corneille et les *Fables* de La Fontaine. —

L'objet *de l'Esprit des Religions* embrasse tous les siècles, tous les empires et tous les hommes. L'auteur va avoir à révéler les mystères de la liberté, à résoudre le problème du bonheur social. Il doit en montrer la douce et bonne jouissance assurée. Pour le mener à la découverte palpable de son dessein universel, une seule des lois de la nature, pourvu qu'elle soit bien comprise, lui suffira. « *Tout est dans tout, et le grand tout ne peut être composé que d'unités. Il n'y a donc pour moi qu'une cité, qu'un seul peuple, une langue, une même loi sociale, un même esprit public, et un même Dieu en trois personnes : moi, toi et lui.* »

Mais comme, pour bien comprendre les ouvrages d'esprit, il est indispensable de connaître les mœurs publiques et privées de l'écrivain qui nous entretient, Bonneville va déposer sous nos yeux «le secret intime de sa conscience.» On ne pouvait espérer une biographie puisée à meilleure source.

Nous y apprenons que tout ce qui n'a point pour objet de *comprendre la vie* lui est indifférent. Son âme ardente, et sans cesse en agitation, dédaigne les misérables intrigues qui font le succès d'un jour. Il aime à voir à travers les siècles, et son esprit ne peut s'occuper que de la grande pensée de son existence éternelle. — Ce qui ne l'empêche pas, quelques lignes plus loin, de reprocher cruellement à ses électeurs de ne l'avoir point porté à l'Assemblée Législative. — Ce qu'il veut c'est le bonheur du peuple ; ce à quoi il aspire, c'est à le mener dans les chemins de la vérité. Cette idée même qu'il pourrait lui servir de Mentor, l'exalte au point que, sous le titre *Marchons*, il se met à écrire quelques lignes qui, ma foi, si on se contentait de celles-là, donneraient pour un moment raison à la Harpe.

MARCHONS

Que le pied du bien-aimé, quand il paraît sur la montagne est brillant et voluptueux! O toi, — que je cherche encore — viens donc, et de tes longs cheveux, inondés de parfums suaves, viens, comme la belle Magdeleine, rafraîchir les pieds de ton bien-aimé !

MULTUM AMAVIT !

Elle a beaucoup aimé !

Ce qu'ils appellent amour, ces esclaves... Que cet amour-là rentre aux enfers, c'est là sa place. La Patrie est en danger.

Le chapitre suivant est au moins aussi extraordinaire.

ME VOICI

Dans ma première jeunesse, j'ai saisi dans l'*Esprit des religions* une idée mère, un principe actif et de perfection ; j'ai présenté cette idée sous mille formes diverses, mais quoi qu'il soit toujours utile de connaître ses droits, il n'est pas toujours sage de les réclamer tous à la fois.

De là cette obscurité volontaire dont je prenais plaisir à envelopper mes justes réclamations. Mais aujourd'hui que de toutes parts les yeux sont ouverts, et que *l'heure de l'exécution* est proche, il n'y a pas un instant à perdre pour la rendre sûre, et l'empêcher d'être cruelle.

Je n'aime point le sang ; mais j'aime à renverser tous les trônes de la tyrannie.

Un peuple enfant, dans la douce ivresse de sa victoire, s'est écrié sur les ruines de la Bastille : « *Ici l'on danse.* »

Il ne pensait plus *au lendemain*, et déjà il ne danse plus.

C'est donc à nous à parler à notre tour, à lui offrir la vérité avec d'autant plus de zèle, qu'il est moins en état de la trouver par lui-même.

Nations, levez-vous, unissez-vous, soyez attentives au plus grand des spectacles. JE VAIS CRÉER UN AUTRE MONDE, ET DONNER LE MOT D'ORDRE A L'UNIVERS.

Le lecteur *de l'Esprit des Religions* aurait grand tort de s'attendre à de beaux discours bien « *peignés.* » Ce n'est point un livre qu'a voulu faire l'auteur. Son but a été tout simplement de nous inviter à un repas frugal, à quelque brouet de la nature. L'ouvrage a trois parties, quoiqu'en apparence, l'auteur n'en publie que deux. « Mais la première, qui sera mieux comprise après avoir lu la seconde, aura besoin d'une autre lecture : ce sera la troisième partie. »

Au commencement du livre, il est question de grammaire et d'étymologies, ce qui l'amène par une de ces logiques dont Bonneville semble posséder le bizarre secret, à l'explication du principe fondamental de tout bon gouvernement. Le seul moyen possible d'y arriver, à cette *communion* sociale tant rêvée, est de diviser les héritages territoriaux en parts égales et déterminées pour les enfants du défunt, et d'appeler au partage du reste tous les autres parents. Puis vient à l'improviste, sans transition, une longue théorie sur le péché originel, le Jubilé, le culte de la loi, où il s'inspire directement d'Helvétius. La religion universelle sera fondée sur le bonheur des peuples. Les philosophes en seront les prêtres. Son église sera les loges des francs-maçons ; son culte, la nature. L'instruction sera gratuite et obligatoire, la seule façon d'arriver à l'unité sociale, en passant par l'analyse des langues ; la racine des mots étant encore celle des préjugés.

Puis il revient à la grammaire. Il se demande pourquoi l'on n'écrirait pas comme on parle, et déplore que l'on imprime *François* quand on prononce *Français*. Il termine enfin par l'explication des *Cercles Constitutionnels*, ainsi qu'ils ont été imaginés par la haute maçonnerie.

Ce qu'il y a de vraiment curieux dans cet ouvrage, c'est qu'on y trouve l'embryon de la plupart des questions sociales, religieuses et politiques qui furent soulevées depuis, et cela dans un style, ainsi que nous avons déjà eu l'occasion de le dire, que l'on croirait dater du commencement de l'époque du romantisme. Il eut sur l'avenir de la révolution une action décisive, bien qu'il ne s'adressât cependant qu'à un public fort restreint.

L'esprit des Religions fût suivi d'un *Nouveau Code conjugal, établi sur les bases de la Constitution*. On y demande l'exclusion des célibataires de tous emplois publics. L'âge du mariage est fixé à quinze ans pour les garçons et treize pour les filles. Le divorce est établi. On sait si la première et la dernière de ces propositions ont donné lieu depuis à des discussions qui sont loin d'être closes.

Au milieu d'occupations si diverses, le poète semblait s'être éteint chez Bonneville, quand les massacres de Septembre vinrent ranimer sa verve, au point qu'il n'hésita pas à flageller d'importance les assassins de ces fameuses journées. Bonneville fit preuve de trop de courage en l'écrivant, pour que nous puissions passer sous silence, le morceau que voici :

SUR

LES NUITS

DE

SEPTEMBRE

O Justice, ô Justice, on l'appelle ; on lui crie !
Pleurez, c'est un grand deuil, un deuil pour l'univers,
Le seul espoir qui reste à mon âme flétrie...
S'éveille la Justice en secouant mes fers.

Laisse à ces histrions la scène ridicule,
Pour de nobles combats, guide les traits d'Hercule.
On les a vus souillés d'un carnage récent ;

Tout dégouttant de sang,
Et de sang innocent,
Parler d'humanité, de liberté chérie !
O ma patrie ! ô ma patrie!

La Justice n'est plus, on l'appelle, on lui crie !
Pleurez, c'est un grand deuil, etc.

Fuis, et ne t'arme point d'un courage inutile.
Fuis ? Fuis, Achille absent sera toujours Achille.
Tu l'invoques en vain par des vœux superflus,
La sainte humanité, la Justice n'est plus.

O Justice, etc.

Où donc est la voix créatrice ?
« Une loi sage et protectrice
« Punira ces lâches pervers.
« Ces images, ces traits, à notre encens offerts,
« Disent que la *vertu*, sera récompensée. »
Oh ! je les reconnais ! — (ma voix s'éteint glacée)
De civiques lauriers leurs poignards sont couverts.
Voilà ceux dont la rage, en ce siècle exercée,
Ne peut, à qui l'a vue, entrer dans la pensée
De tant de crimes les auteurs!
Et voilà vos législateurs!

La Justice, etc.

Lâcheté ! brigandage ! opprobre ! ignominie !
J'irai. — Non. Je demeure là.
Ma carrière est finie
Qui me recommencera !

O Justice, etc.

Aussi bien, Nicolas de Bonneville ne perdit aucune occasion de blâmer les excès de la révolution, après cependant en avoir prêché les principes, en avoir presque prédit les conséquences, car en certains passages,il semble avoir le don d'une sorte de divination [1].

Dans un poème en 28 chants, intitulé *le Poème*, il continue à déplorer les abus révolutionnaires.

Ils ont assassiné la liberté publique !

s'écrie-t-il, et plus loin :

Allez, hommes de sang et nés pour l'esclavage ;
Vos lauriers sont couverts
De fiel et de carnage !
La vertu gémit dans les fers,
Et vous l'avez permis, vous tous, hommes pervers,
Allez porter ailleurs un flétrissant hommage.

[1] Dans une pièce intitulée *le Druide*, datant de 1790, on y trouve ce vers :

Satan... c'est le MONARQUE *en tranches découpé !*

Le chant IX est un des plus curieux :

Que veux-tu ? septembre est ce un ordre inhumain !
Lave du moins le sang qui couvre cette main.

Une voix qui sort des tombeaux sous les pieds de l'assassin.

La mer, toutes ses eaux, les parfums de l'Asie
Ne blanchiront jamais...

Une partie du chœur.

Insensible à ce point !

La voix des tombeaux.

Du sang de l'innocent cette main est rougie !

La grande ombre de Shakespeare qui s'élève, dans sa gloire, sur l'autel de la Liberté.

Les taches ne s'effacent point.

Toutes les nations en chœur.

Du sang de l'innocent cette main est rougie !

Tous les siècles en chœur.

Les taches ne s'effacent point.

Il faut évidemment attribuer à une imagination excessive, ce besoin qui se retrouve dans toutes ses poésies, d'y faire entrer du dialogue, avec de la mise en scène. Voyez pour huit vers, nous avons : une voix qui sort des tombeaux, un assassin, Shakespeare, un chœur des nations et un chœur des siècles !

Bonneville se complaisait volontiers dans ces descriptions théâtrales qu'il eut été impossible de réaliser au machiniste le plus habile. Avant d'en finir avec le poète, nous voulons en donner encore un exemple qui dépasse tout ce dont on pourrait se faire une idée.

Dans une pièce intitulée *la Bouche de Fer*, sous la rubrique *les Francs Cosmopolites*, il veut chanter Jean Racine.

A la scène première, le Génie de la France doit s'écrier :

Racine, ô mon poète !

Et Racine de s'éveiller.

Voyons quelles ont été les précautions de Bonneville, avant de faire s'éveiller Racine et supposons un instant que nous soyons chargé de l'exécution de cette mise en scène.

Derrière les murs d'un temple consacré à l'éternelle lumière, un jeune homme, nonchalamment couché au milieu des tombeaux, regarde avec recueillement quelques feuillets épars qu'il tient entre ses mains.

Jusque-là rien de mieux.

Mais notre jeune homme tourne ces feuillets épars et le spectateur doit deviner ce qu'il lit « mentalement ! »

(1er FEUILLET)

— « Je les conjure d'éclairer ma raison — et ils m'assurent que ces *paroles* de l'ancien monde renferment
» l'espérance d'un grand événement, qui est proche : —
» qu'il faut se dévouer — ce sera moi — que veulent-ils
» me dire avec *la caisse de plomb de Shakespeare?* —
» Est-ce qu'ils croiraient à des prophéties ! — Que répondre aux Sages ? — Ce qu'ils m'ont dit : — *Examine-toi toi-même.* Où sont les Sages à qui les tyrans
» n'aient pas aussi crevé les yeux, bouché les oreilles,
» arraché la langue ? — Tout est cahos. — Je le sens ;
» — la création va commencer — ils le disent — non,
» je ne veux ni *maîtres ni disciples* — c'est moi seul
» que je veux approfondir, assiéger, connaître, concevoir. »

(2e FEUILLET)

Prophétie de l'ancien monde, consacrée dans l'Écriture-Sainte, au livre de Mardochée et d'Esther, chapitres 1, 7, 8, 9. (Voy. l'Esprit des Religions, 2e partie, § 54.)

(3e FEUILLET)

CERCLE SOCIAL

Le cercle, c'est le sceau des lois de la nature,
Amour, égalité !
C'est l'*année* et l'*anneau* de la fraternité,
Toujours entière et toujours pure ;
Point de commencement, ni fin ; Éternité.

Les feuillets sont tournés.

Vous croyez peut-être que Jean Racine va *s'éveiller?* il est encore trop tôt.

Voilà que l'on aperçoit près du jeune homme attendri, Galilée, à genoux, devant les inquisiteurs, demandant pardon à son siècle de lui avoir dit la vérité ! *Il embrasse dans ses regards* plusieurs épitaphes. Sur un tombeau sont écrites des paroles de Job. *Sur la tombe de Jean Racine*, c'est à dire celle de notre personnage, on lit des vers tirés de ses poésies lyriques ; au-dessus d'un mausolée magnifique est la statue de Jean-Jacques ; enfin sur la tombe de Jacques Molay, on distingue une urne enflammée et un passage du catéchisme des Templiers.

Tout à coup se lève une aurore boréale ! et sous une image de Brutus, on lit ces mots: *Resurgam.*

Le jeune homme semble préparer DANS UNE LANGUE MODERNE, *une interprétation de cette épitaphe : on voit qu'il l'a trouvée.*

Enfin voici le tour du génie de la France qui paraît descendre dans sa gloire ; à l'orient, l'aurore commence à poindre, *et semble annoncer aux âmes sensibles, que le soleil de la liberté se lève pour la nation.*

Le génie de la France a pour base et pour appui un vaisseau, *soutenu par des groupes d'esprits vigoureux* et par des nuages d'où s'échappent des éclairs.

On voit dans l'enfoncement, la porte d'un grand édifice, avec cette inscription : LE SÉNAT.

C'est à ce moment que le génie de la France s'écrie:

Racine, ô mon Poète!

Il est bon de dire que les *Francs Cosmopolites* se composent encore de la Fête *du Vaisseau* et des *Trois grands jours*,dont la mise en scène ne le cède en rien à celle de Jean Racine.

Ainsi qu'il est facile de le prévoir, la franchise avec laquelle Bonneville avait exprimé son opinion sur les exactions révolutionnaires, devaient lui attirer nombre d'ennemis. Les Jacobins furent les plus acharnés.

Levasseur et Marat l'accusèrent d'être l'entremetteur de Fauchet et le traitèrent d'aristocrate infâme. Après la proscription des Girondins, parmi lesquels il comptait un grand nombre d'amis, il fut arrêté et il ne fallut rien moins que la journée du 9 Thermidor, pour l'arracher aux mains de ses bourreaux.

Bonneville, fort de ses convictions, ne changea ni sa manière d'agir, ni sa ligne politique. Il reprit la plume, exprima avec une fierté et une audace admirables, les idées qui avaient failli lui coûter la tête.Il ne transigea ni avec ses principes,ni avec ses amitiés. Au 18 Fructidor, nous le voyons interrompre son déjeuner avec Thomas Payne qui rédigeait avec lui le *Bien Informé* pour donner l'hospitalité à Barruel Beauvert, poursuivi comme royaliste. Il n'y mit d'autres conditions que celle de lui faire malicieusement corriger des épreuves de son journal, sur l'une desquelles on lisait : « que tous les proscrits du 18 fructidor méritaient le dernier supplice.»

Le lendemain il fallait l'insistance de Barruel, pour que son hôte ne courût pas plus longtemps le danger auquel il s'était si complaisamment exposé.

Bonneville ne s'opposa pas, dans le principe, à la révolution du 18 Brumaire, ainsi qu'on peut s'en convaincre par la lecture du *Bien Informé* qu'il publiait alors en collaboration avec Chénier. Mais le républicain reprit bientôt le dessus et quelques mois après, ayant écrit un article dans lequel il comparait Bonaparte à Cromwell, il fut condamné à la prison, se voyant par ce fait privé de sa patente d'imprimeur et réduit à une misère relative.

Le pauvre grand homme se fit bouquiniste. Il loua une petite boutique passage des Jacobins, au fond de laquelle il végéta, n'ayant d'autres distractions que les visites du plus en plus rares que lui faisaient quelques amis, et d'autres ressources pour oublier le temps présent, que de rêver au passé qu'il avait connu si beau. Le 9 Novembre 1828, il mourait accablé d'ennuis et de désillusions. L'aigle des montagnes de Primrose, s'éteignait dans une triste cage, sans soleil et sans horizon. La suppression, sous le ministre Villèle, d'une pension qu'il avait obtenue jadis venait de lui porter le dernier coup.

Si l'on retrouve l'endroit où fut enterré Bonneville, et si quelque rêveur pieux y veut graver une épitaphe, nous lui recommandons ces lignes de

Ch. Nodier qui résument l'homme tout entier :

« C'était le cœur le plus simple et le plus exalté, « avec son imagination thaumaturge et sa science de « bénédictin, sa faconde de tribun et sa crédulité « de femme, son éducation d'homme du monde et « ses mœurs d'homme du peuple. »

Trois mois après l'apparition de *la Bouche de Fer*, Debrière publiait *l'Ami des Citoyens* qui ne dura point longtemps, ayant trouvé dans *le Journal de la société de 1789*, rédigé par Condorcet, une sérieuse concurrence.

Il avait été conçu dans cette idée : que la société de 1789 devant être considérée comme une compagnie d'amis des hommes, développer et répandre les principes d'une constitution libre était le premier devoir d'un institution datant de l'époque de la liberté française. Il était divisé en cinq chapitres ; *L'Art social*, contenant des dissertations, des mémoires, des remarques sur tous les éléments du système social.

La *Correspondance nationale*, où l'on rendait compte des travaux des différentes sociétés patriotiques, ainsi que des établissements publics qui se formaient dans tous les départements du royaume.

La *Correspondance étrangère*, comprenant les principaux événements politiques qui intéressaient les deux hémisphères, tels que traités, etc.

L'*Assemblée Nationale*, où sans s'astreindre à la marche de ses travaux, on en donnait le résultat, on en développait les principes.

Enfin les *Variétés*, sous forme de notices ayant trait aux ouvrages utiles dans toutes les langues, aux encouragements à donner aux arts et aux talents, en France et chez l'étranger, aux différents morceaux de morale et de philosophie, aux questions de législation et d'économie politique.

Le journal de Condorcet ne s'adressait comme on voit, qu'à un public d'élite. Il ajouta à la grande réputation de son auteur sans fournir cependant une longue carrière.

Nous passons rapidement sur les journaux que les royalistes opposèrent aux feuilles que nous venons de citer. Le *Patriote Sincère*, *la Chronique du Manége*, *Le Livre des Rois*, etc., etc., n'offrent d'intérêt ni dans leur rédaction ni par leurs rédacteurs. C'est une série de pamphlets plus ou moins spirituels, signés de noms la plupart du temps inconnus, et ne servant qu'à mettre en relief les brillantes personnalités qui représentaient la presse révolutionnaire[1].

[1] Nos lecteurs comprendront que nous ne puissions étudier, un par un, tous les journaux qui parurent pendant la Révolution, et du nombre desquels ils auront une idée, d'après la nomenclature *incomplète* qu'on trouve dans les *Actes des Apôtres* de 1790, des feuilles qui se publiaient à Paris, à cette époque.

Le Postillon de Calais. — Le Moniteur. — Le Spectateur. — Le Modérateur. — L'Orateur du Peuple. — L'Avocat du Peuple. — Le Fanal du Peuple. — La Lanterne. — L'Observateur. — Le Rôdeur. — Les Petites Affiches. — Le Journal de Paris.

— Le Journal Universel. — Le Journal National. — Le Journal Eratius. — Le Journal de la Liberté. — Le Journal du Club de 1789. — Le Journal de la Révolution. — Le Journal des Départements. — Le Journal des Municipalités. — Le Journal du Soir. — La Feuille du Lendemain. — La Feuille Villageoise. — Le Courrier de Paris. — Le Courrier de Brabant. — Le Courrier de Provence. — Le Courrier de Madon. — La Chronique de Paris. — Jean Bart ou j'men moque. — Les Annales Patriotiques. — La Gazette Universelle. — Le Grand Ami du Peuple. — Les Lettres b......t patriotiques du Père Duchesne. — La Bouche de Fer. — Le Mercure National. — Le Patriote Français. — Le Républicain. — Les Révolutions de France. — Le Révolutions de Paris. — Les Révolutions Suisses. — L'abeille Politique. — Le Réviseur. — L'Impartial. — Le Pour et le Contre. — Le Point du Jour. — Le Journal des débats et decrets. — L'Etoile du Matin. — L'Assemblée Nationale et Commune de Paris. — L'Ami de la Révolution. — Les Philippiques. — Le Journal Général. — L'Apocalypse. — La Chronique du Manége. — La Gazette de Paris. — Les Trois Amis du Roi. — Le Royaliste ami de l'Humanité. — Le Journal Politique National. — L'Ami du Clergé et de la Noblesse. — La Gazette des Cours. — Le Mercure de France — Le Journal de Genève. — Le Bulletin des Bulletins, etc., etc.

X

LE ROMAN

On ne peut relire Ducray-Duminil, sans s'inspirer de cette phrase qui sous sa plume était devenue un cliché : « La pièce est d'un homme d'esprit, qui, nous l'espérons, reprendra sa revanche. » C'est ainsi qu'il terminait invariablement, quand il se voyait dans l'obligation de constater une chute, ses critiques dramatiques des *Petites Affiches*.

Ducray Duminil était, à coup sûr, un homme d'esprit. Il avait même de la malice, et elle faillit lui coûter cher, un jour qu'ayant laissé passer dans son pacifique journal l'annonce d'une vente *à payer en assignats démonétisés*, il se vit arrêté par un décret spécial de la Convention. En tout cas, il était bon et plein de cœur, si bon et si plein de cœur — l'expression est de lui — qu'il devait consacrer une partie de sa vie à chanter le triomphe de la vertu persécutée.

Ce fut en 1780, les *Etrennes d'Euterpe* qui commencèrent sa réputation. C'était un choix de romances que Ducray-Duminil aimait à chantonner lui-même, devant son clavecin. Puis, sept ans plus tard, parut l'odyssée de Lolotte et de Fanfan, ou *Histoire de deux enfants abandonnés dans une île déserte.*

Ce roman de puériles aventures, en quatre volumes, donne exactement la note du talent de Ducray-Duminil. Les autres n'en furent que l'imitation monotone. Le style en est clair, facile, à la portée de toutes les intelligences, mais généralement incorrect et peu conforme aux règles grammaticales.

Ce sont ces qualités et ces défauts qui, jusqu'en 1790, se retrouvent dans *Alexis*, *Petit-Jacques et Georgette*, et plus tard dans l'interminable série des romans qu'il publia, romans auxquels a survécu *Victor* ou *l'Enfant de la Forêt.*

En l'année 1790, le seul roman qui eut du retentissement fut la fin des *Amours du Chevalier de Faublas*, de Louvet du Couvray. Les cinq premières parties avaient paru en 1787, sous le titre : *Une année de la vie du Chevalier de Faublas.* Un an après, on s'arrachait la suite : *Une semaine de la vie du Chevalier de Faublas.*

Il serait superflu d'insister longuement sur les *Amours du Chevalier de Faublas*, un livre ingénieux en somme. Louvet avait reçu de la nature une imagination vive et un cœur sensible, présents bien doux mais bien dangereux, auxquels il dut ses égarements dans la carrière du bel esprit. La philosophie aurait dû se contenter de plaindre ses erreurs, sans lui rien ôter de son mérite littéraire, et la politique lui éviter le ridicule de se croire un transformateur.

Emilie de Varmont, ou le Divorce nécessaire, ou les Amours du Curé Sevin, qui parut l'année suivante, fit également grand bruit. C'était un plaidoyer en faveur du mariage des prêtres; un sujet alors plein d'actualité.

Ce fut le dernier mot de l'homme de lettres désormais absorbé par le club des Jacobins. Il mourut quelques années après, sans autre gloire que de voir son œuvre continuée par une femme d'une fécondité regrettable, écrivant à la fois pour la jeunesse et les casernes, et dont les ouvrages graveleux paraissaient sous le pseudonyme du Chevalier de Faverolles, ancien capitaine de dragons, j'ai nommé madame Elisabeth Guénard.

Il était temps pour rassurer les timides et balancer la vogue de Louvet, que Bernardin de St Pierre lui opposât *la Chaumière Indienne*, où pour la première fois, laissant de côté la simplicité, la douceur, le naturel de Fénélon, il cherchait à se rapprocher dans sa tournure, de la malice originale et de la piquante gaîté de Voltaire. *La Chaumière Indienne* est le développement de l'une des idées qui ont le plus constamment occupé de St Pierre : le désir de voir cesser l'oppression que le vice de quelques gouvernements faisait peser sur les hommes. C'est donc un livre marqué au bon coin de la révolution. Il suppose (faut-il le rappeler ?) un voyageur qui, parcourant les belles contrées de l'Inde, et poursuivi par un violent orage, trouve dans la chaumière d'un Paria, la plus aimable hospitalité. Cette combinaison faible, qui pouvait n'enfanter qu'un insipide lieu commun, ou tout au plus qu'une déclamation brillante, devint sous la plume du maître, un petit chef-d'œuvre, moins populaire que *Paul et Virginie*, mais tout aussi recommandable, peut-être, aux yeux des gens de goût. La beauté des peintures et des sentiments n'est pas seulement ce qu'on admire dans ce conte ; un tact d'une finesse exquise a fait sentir à l'auteur que, pour relever un homme de la flétrissure, même injuste, de la société, des abstractions ne suffisaient pas. Il donne pour compagne à son misérable Paria, la fille passionnée d'un bramine. Ainsi, dans cette révolte de la nature contre d'absurdes et tyranniques institutions, c'est à la fois par le raisonnement et par le fait que l'orgueil est soumis à la vertu.

Au moment où elle parut, *la Chaumière Indienne* était un écho déjà lointain des théories de Rousseau, car il y a des rapports immédiats entre St-Pierre et l'auteur de *Julie*. Ces rapports ont d'ailleurs été admirablement établis par M. Aignan.

Les considère-t-on comme écrivains ? il semble que le style de Rousseau est plus serré, plus coupé, plus véhément, et qu'il frappe d'un trait plus fort et plus inattendu ; que celui de Saint-Pierre est plus nombreux, plus périodique, plus onctueux, et que participant en quelque chose des qualités de Buffon, il cherche son effet dans l'ensemble, sans négliger l'artifice des surprises habilement ménagées.

L'un et l'autre font quelquefois consister la magie de leur talent dans le rapprochement de la nature physique et de la nature morale ; mais Rousseau descend plus habilement dans le cœur de l'homme pour y chercher des développements profonds ou des aperçus fins et délicats, et les images qu'il emprunte aux êtres matériels ne sont que l'achèvement et le luxe de sa pensée ; au contraire l'imagination poétique de Bernardin de Saint-Pierre se plaisait surtout à diriger vers la face extérieure des objets ses ingénieuses observations.

Amoureux des couleurs et des formes qu'il lui appartenait de retracer avec un talent inimitable, il en composait (et tel est l'artifice qui fait le charme de ses *Harmonies* comme celui de ses *Etudes*) des associations et des contrastes, s'élevant par la matière, à la connaissance des lois de la Providence et à l'explication du cœur humain.

Veut-on pousser plus loin la comparaison des deux philosophes et pénétrer dans leurs opinions et leur conduite ? Tous deux contemplateurs de la nature et amis de la solitude ; prétendront réformer les lois et les mœurs de la société ; mais Rousseau, né républicain, sera plus acre et plus tranchant, il attaquera dans leur principe des institutions dont Bernardin de St Pierre ne combattra que les abus. Le premier, s'exaltant ses chagrins et tourmenté par des chimères, finira par croire tout le genre humain en état de guerre contre lui; le second, dans sa douce misanthropie, se plaindra modérément des hommes, et loin de vouloir se séparer d'eux, tour nera tous ses moyens vers le moyen de les éclairer et de leur être utile. Ainsi, tandis que Rousseau, dans ses promenades, évite souvent l'aspect de ses semblables, Bernardin de Saint-Pierre, dans les siennes se plaît à étudier la classe du peuple au milieu de son travail et de ses jeux, ou à surprendre dans les discours naïfs de l'adolescence, les premiers mouvements du cœur humain. Tous deux se réunissent en ce point, qu'ils ont été constamment animés de vues droites, et qu'ils ont cherché sincèrement la vérité.

LIVRE III

LA RÉALITÉ

(*14 Juillet* 1790. — *Novembre* 1791)

XI

L'ÉLOQUENCE

Au moment où, dans la nuit même du 14 Juillet, le peuple semblait puiser une confiance nouvelle dans son sublime enthousiasme, la reine envoyait complimenter Froment à Nice ; le roi accordait aux Autrichiens le passage sur terre de France, pour aller écraser la Révolution de Belgique ; la cour remerciait Pitt d'insulter publiquement la France, tandis que le prêtre employait contre la Révolution le confessionnal et la presse.

La Révolution allait avoir à combattre deux terribles ennemis : le Prêtre et l'Anglais. Le premier s'était emparé des femmes ; le second cherchait à gagner la bourgeoisie. Le Prêtre et l'Anglais furent personnifiés dans un seul homme ; celui qui fit le plus de mal à la France : Lally Tollendal.

« L'éloquent[1], le bon, le sensible Lally, qui n'écrivit qu'avec des larmes et vécut le mouchoir à la main, était entré dans la vie d'une manière fort romanesque ; il resta un homme de roman. C'était un fils de l'amour, que le malheureux général Lally faisait élever avec mystère sous le simple nom de Trophime. Il apprit dans un même jour le nom de son père, de sa mère, et que son père allait périr. Sa jeunesse, glorieusement consacrée à la réhabilitation d'un père, eut l'intérêt de tout le monde, la bénédiction de Voltaire mourant. Membre des États-Généraux, Lally contribua à rallier au tiers la minorité de la noblesse. Mais, dès lors, il l'avoue, ce grand mouvement de la Révolution lui inspirait une sorte de terreur et de vertige. Dès son premier pas elle s'écartait impulsivement du double idéal qu'il s'était fait. Le pauvre Lally, le plus inconséquent à coup sûr des hommes sensibles, rêvait à la fois deux choses fort dissemblables, la constitution anglaise et le gouvernement paternel. J'ai parlé du 23 Juillet, où son éloquence étourdie gâta une occasion fort précieuse pour le

[1] *Histoire de la Révolution française.* (*Michelet.*)

roi de se rallier au peuple. En novembre autre occasion, et Lally la gâte encore ; Mirabeau voulait servir le roi, et tendait au ministère ; Lally avec son tact habituel, prend ce moment pour lancer un livre contre Mirabeau.

« Il s'était alors retiré à Lausanne. La terrible scène d'octobre avait trop profondément blessé sa faible et vive imagination. Mounier, menacé et réellement en péril, quitta en même temps l'assemblée.

« Le départ de ces deux hommes nous fit un mal immense en Europe. Mounier y était considéré comme la raison, la Minerve de la Révolution. Il l'avait devancée en Dauphiné, et lui avait servi d'organe dans son acte le plus grave : le serment du Jeu de Paume. Et Lally, ce bon, ce sensible Lally, adopté de tous les cœurs, cher aux femmes, cher aux familles, Lally, l'orateur à la fois royaliste et populaire qui avait donné l'espoir d'achever la Révolution par le Roi, le voilà qui dit au monde qu'elle est perdue sans retour, que la royauté est perdue et la liberté perdue... Le roi est captif de l'Assemblée, l'Assemblée du peuple. Il adopte, ce Français, ce mot de l'ennemi de la France, ce mot de Pitt : « Les Français auront seulement traversé la liberté » Dérision sur la France ! l'Angleterre est désormais le seul idéal du monde. La balance des trois pouvoirs, voilà toute la politique. Lally proclame ce dogme « avec Lycurgue et Blackstone. »

« Fond ridicule, belle forme, éloquence passionnée, langue excellente, de la bonne tradition; abondance et plénitude, un flot du cœur... Et tout cela, pour accuser la patrie, la déshonorer s'il pouvait, tuer sa mère... Oui, le même homme qui consacra une moitié de sa vie à réhabiliter son père, donna le reste à l'œuvre impie, parricide, de tuer sa mère, la France. »

Tandis que le prêtre conspirait, le soldat se rapprochait du peuple et l'officier de l'étranger. Lafayette lui-même écrivait à de Bouillé prenant parti pour la contre-Révolution. Après la persécution du régiment vandois de Chateauvieux, c'est la marche de Bouillé sur Nancy et les massacres du 31 Août. L'Europe tirant une force de l'intérêt qu'inspire Louis XVI se ligue contre la Révolution, et pour lui tenir tête, il faut une association plus jeune et plus unie que celle des Jacobins, il faut l'audace et l'initiative des Cordeliers, c'est-à dire des Marat, des Desmoulins, des Fréron, des Robert, des Hébert, des Fabre d'Eglantine, etc.

Empruntons encore à Michelet, ce merveilleux portrait de Marat, en 1790.

« Quoi, c'est là Marat? cette chose jaune, verte

d'habit, ces yeux gris jaunes, si saillants... C'est au genre batracien qu'elle appartient à coup sûr, plutôt qu'à l'espèce humaine. De quel marais nous arrive cette choquante créature?

« Les yeux pourtant sont plutôt doux. Leur brillant, leur transparence, l'étrange façon dont ils errent, regardant sans regarder, feraient croire qu'il y a là un visionnaire, à la fois charlatan et dupe, s'attribuant la seconde vue, un prophète de carrefour, vaniteux, surtout crédule, croyant tout, croyant surtout ses propres mensonges, toutes les fictions involontaires auxquelles le porte sans cesse l'esprit d'exagération. Les habitudes d'empirique, la circonstance surtout d'avoir vendu sur la place lui donnaient ce tour d'esprit. Le *crescendo* sera terrible; il faut qu'il trouve, ou qu'il invente, que de sa case il puisse crier au miracle au moins une fois par jour, qu'il mène ses abonnés tremblants, de trahisons en trahisons, de découvertes en découvertes, d'épouvante en épouvante.

« Il remercie l'assemblée.

« Puis, sa figure s'illumine. Grande, terrible trahison! nouveau complot découvert. Voyez comme il est heureux de frémir et de faire frémir... Voyez comme la vaniteuse et crédule créature s'est transfigurée!... sa peau jaune luit de sueur. »

La crédulité de Marat éclate partout, mais principalement dans ses discours. Nous ferons grâce à nos lecteurs de toute dissertation sur la forme de son éloquence, il suffira de lire les extraits qui suivent pour se rendre un compte exact de la sorte de naïveté qui le caractérisait encore à la fin de 1790.

Un homme qui se dit *un vainqueur de la Bastille, vrai patriote*, monte à la tribune et s'adressant à Marat :

Un bon patriote du faubourg saint-Antoine, qui est à la piste de toutes les menées honteuses du général Lafayette, se flatte que le public judicieux ne verra pas sans édification que, quoique le héros des deux mondes soudoie cent plumes vénales pour vomir journellement des horreurs contre Philippe d'Orléans, celui-ci ne fait pas distribuer gratis aux colporteurs des hottes de pamphlets contre son infâme calomniateur. Encore moins a-t-il recours à mille petits moyens de séduction qui ne peuvent aller qu'à un véritable charlatan, tel que le divin Mottié. Vous savez, mon cher concitoyen, que ce plat courtisan s'est fait graver et modeler en tous sens ; vous savez aussi qu'il a envoyé son portrait et son buste aux auteurs patriotes ou anti-patriotes, à l'exception peut-être de l'ami du peuple, qui l'a démasqué dès le principe. J'ai vu un de ses bustes de grandeur colossale, chez Camille Desmoulins ; et je conseille à cet écrivain de le mettre en pièce publiquement, s'il est vrai qu'il soit bon citoyen. Aujourd'hui l'héroïque Mottié qui n'a aucun trait de patriotisme à montrer à la nation, lui présente de nouveau sa figure judaïque. Dans le seul faubourg Saint-Antoine, il vient de faire fabriquer douze à quinze mille tabatières, qu'il fait distribuer dans les provinces, par les mouchards qu'il y tient à demeure, et à Paris, par Estienne et Geoffroi, ses mouchards favoris. Ces tabatières offrent Mottié de profil, sous verre. Les faits sont certains : on peut aller aux informations dans le faubourg Saint-Antoine, et surtout chez le sieur Thirion, maître menuisier, qui connait plusieurs personnes dignes de foi, qui ont reçu en cadeau de ces beaux bijoux.

Marat se lève et bondissant :

Ce nouveau trait de charlatanisme et de séduction est digne du faquin qui s'est fait baptiser par ses barbouilleurs, *le héros des deux mondes*. Je n'en doute pas un instant. Je ne préjugerai pas l'honnêteté du sieur Thirion : toutefois avant de le nommer, mon interlocuteur aurait dû lui faire déclarer le fait et nommer les masques, devant témoins honorables : je me flatte que le sieur Thirion ne trahira pas la vérité; mais, une observation beaucoup plus importante, est de constater si ces tabatières n'ont pas été imaginées pour faire passer secrètement aux chefs des conjurés dans tous les départements et dans la capitale, avec lesquels il a eu des relations, les mots sacramentaux de son plan de contre-révolution, qui est prêt à être consommé ; si quelques-unes de ces tabatières sont tombées dans des mains patriotes, je les conjure de les briser, je suis presque sûr que l'on trouvera sous le portrait la preuve de ma conjecture. Je prie tous les écrivains patriotes de répandre, par leurs feuilles, la même invitation, et de demander de prompts éclaircissements sur cette affaire!

Dans la séance du 25 Décembre il est plus curieux encore à entendre.

Vous allez voir se renouveler parmi nous la saint-Barthélemy et les vêpres siciliennes. Tandis que les bandes sanguinaires se répandront dans toutes les rues et toutes les places, une partie doit briser les réverbères, couper les cordes des cloches et défendre l'entrée des églises, pour empêcher qu'on ne sonne le tocsin, lorsque le fatal moment sera arrivé. Sera-t-il permis de douter encore de toutes les machinations infernales de nos ennemis, d'après les faits constants que je vais mettre sous vos yeux!

Vous savez que le signe auquel les conjurés se reconnaîtront, est une cocarde blanche, qu'ils portent sous leurs habits, et qu'ils arboreront à leurs chapeaux dès qu'ils seront rassemblés en nombre. L'autrichienne en a déjà distribué dix mille, et elle vient d'en commander trente mille à ses marchandes de modes. Je tiens ce fait d'une fille de boutique de la fameuse Bertin. Ce sont d'énormes commandes qui ont fait hausser le ruban blanc de trois sous par aulne.

Marat avait déjà écrit sur les sujets les plus divers. En 1773, il publiait une étude sur *l'Homme* esquissant les principes et les lois de l'influence de l'âme sur le corps et du corps sur l'âme, ouvrage dont Voltaire rendit compte dans *la Gazette Littéraire.* En 1779, 1780, 1782, 1784, 1785, nous le voyons s'adonnant à la physique, étudiant particulièrement le feu, l'électricité et la lumière. Il ambitionnait quelques récompenses académiques, qui se firent tellement attendre, qu'en 1791, pour se venger de l'oubli dans lequel on le tenait, il rédigeait ses *Lettres sur le charlatanisme académique.*

A cette époque, il commençait à être une idole pour le peuple qui dans ses délations croyait voir autant de prophéties. Renonçant à la science qu'il accusait d'ingratitude, ne se contentant plus d'être un révolutionnaire, Marat aspirait au titre de prophète.

On a fait paraître une foule de brochures contre Marat ; la plus remarquable est intitulée : *Comparaison singulière de J. P. Marat avec Jésus-Christ, les Apôtres et les Miracles de ces deux personnages.* Elle date de 1794. Dirigée à la fois contre Jésus-Christ et contre Marat, on y lit en guise *d'Avis.*

« Les vrais amis de la justice sont invités à faire passer à l'adresse du libraire [1], toutes pièces et notes signées, propres à éclairer l'opinion publique, sur tous ces vampires qu'elle nourrit et qui la dévorent. »

[1] *A Paris. Chez Prévost, rue de la Vieille-Boucherie, où se trouvent tous les Ouvrages d'Instruction et chez tous les marchands de Nouveautés.*

L'auteur se plaint de ce que les femmes à chapelets à gros grains, toujours munies de suaires et de scapulaires, la tête farcie *d'Oremus*, ne puissent passer devant un de ces ateliers réformés de la tyrannie du catholicisme, sans qu'à l'instant elles n'emploient le signal de l'erreur et de la superstition, en copiant ridiculement l'image de la croix, depuis *l'os coronal*, jusqu'au bas du *sternum*, et de l'épaule droite à l'épaule gauche. Puis sans transition le voici qui s'écrie :

Les Clémentines, les Séraphines, les JACOBINES mères, filles et femmes des Apôtres de L'HOMME DIEU DES ENRAGÉS, ne passent pas devant les effigies de cette idole des Cannibales, qu'elles ne lui adressent comme à Jésus-Christ, cette strophe des litanies, d'un fils de charpentier d'un bourg de Galilée.

Agnus Dei qui tollis peccata mundi ; miserere nobis.

Cet agneau de Dieu, suivant les tricoteuses de l'opinion publique, c'est MARAT ; celui qui devait effacer les péchés du monde, c'est MARAT ; celui dont, enfin, le peuple réclamait la divine pitié : c'est encore MARAT. O âme tutélaire de la RÉVOLUTION FRANÇAISE, c'est toujours Marat. C'est toujours MARAT, Marat intriguant comme JÉSUS, MARAT faisant comme le Législateur de Judée, une récolte d'apôtres, partout où il trouvait des esprits faibles à manier tout aussi bien que le sculpteur fait usage d'une cire molle.

Nous ne suivrons pas l'auteur plus loin dans cette comparaison. La plupart de ceux qui durant la Révolution ont voulu combattre Marat lui ont emprunté sa langue et ses images, et chose curieuse chacun d'eux a consciencieusement continué son œuvre en cherchant à la démolir.

Je ne m'étendrai pas plus, dit l'auteur en terminant, sur les momeries qui se multiplièrent dans l'espace de temps où les restes de MARAT furent déposés aux Cordeliers, que sur cette mise en pratique, par Joseph d'Arimathie et les saintes femmes, de compagnie avec les bienheureux apôtres, au saint sépulcre de Jérusalem ; mais je ne puis m'empêcher de citer une épitaphe que quelques Pharisiens de nos jours inscrivirent sur la tombe provisoire de l'Ami du Peuple, et qu'on y remarque depuis quelque temps, parmi le nombre des opuscules à sa louange :

Ci-gît Marat
Enfant né du crime ;
Apôtre et victime
De l'assassinat.

Celui qui d'une main hardie charbonna cette succinte oraison funèbre de MARAT, n'était sûrement pas disposé à le révérer comme un Dieu, à prêter son ministère à lui bâtir un temple, à lui élever des autels et à y brûler un coupable encens. Mortel ! qui que tu sois! comment, lorsque tu oses si librement t'exprimer sur le compte de la divinité du jour, ne te souviens-tu pas d'ORPHÉE, ce chantre de la Thrace, mis en pièces par des bacchantes effrénées.

. . . .

O Jésus-Christ! O Marat! O prophètes! si vous fûtes tous deux les objets de la vénération des hommes, soyez maintenant ceux de leur juste indignation. Les croisades de Montfort, les vêpres Siciliennes, les massacres de la St-Barthelémy, les meurtres juridiques des Calas et des Mont-Bailly, ne feront plus prononcer le nom de Jésus-Christ qu'avec effroi et toi, MARAT, c'est à la postérité à t'assigner la place qui t'est due!

L'auteur a eu la pudeur de ne pas signer.

Quand Marat montait à la tribune, on tremblait. Souvent même personne n'osait prendre la parole après lui.

Il en faut cependant excepter une femme : Mlle Théroigne de Méricour.

Si vous êtes vraiment des apôtres, s'écrie-t-elle un jour, en repoussant du coude Marat et Danton, eh bien, vous le prouverez, vous bâtirez le temple, le temple de la liberté, le palais de l'assemblée nationale... Et vous le bâtirez sur la place où fut la Bastille.

Comment, tandis que le pouvoir exécutif habite le plus beau palais de l'univers, le pavillon de Flore et les colonnades du Louvre, le pouvoir législatif est encore campé sous les tentes, au JEU de PAUME, aux MENUS, au MANÉGE... comme la colombe de Noé qui n'a point où poser le pied ?

Cela ne peut rester ainsi. Il faut que les peuples, en regardant les édifices qu'habiteront les deux pouvoirs, apprennent, par la vue seule, où réside le vrai souverain. Qu'est-ce qu'un souverain sans palais, un dieu sans autel ? qui reconnaîtra son culte? Bâtissons-le cet autel. Et que tous y contribuent, que tous apportent leur or, leurs pierreries — voici les miennes. — Bâtissons le seul vrai temple. Nul autre n'est digne de Dieu que celui où fût prononcée la déclaration des droits de l'homme. Paris, gardien de ce temple, sera moins une cité que la patrie commune à toutes, le rendez-vous des tribus, leur Jérusalem !

Suivant la ligne que je me suis tracée dans cet ouvrage, j'ai longtemps cherché un portrait de Mlle Théroigne, mais un portrait qui fût du temps, m'inquiétant peu du nom, voir même du talent du peintre, pourvu qu'il eût dessiné d'après nature. La Bibliothèque nationale possède un exemplaire, le seul connu, d'un portrait gravé à la manière noire, qui la représente le sein gauche entièrement nu. Mais l'estampe reproduit moins fidèlement la belle Liégeoise qu'une petite brochure, datée de 1790 et attribuée par quelques bibliophiles au *banquier* Perrigaux.

Ce fut en l'an de grâce 1768 et le 9 du mois de décembre, à l'instant où Vénus entrait en conjonction avec Mercure et sous l'heureux signe du Capricorne, que Luxembonrg vit naître, pour l'honneur du sexe féminin et la félicité nationale, demoiselle Suzette, Magdeleine, Agnès, Théroigne de Méricour. Il paraît que Mme de Méricour « qui avait professé les avantages et goûté les douceurs de cette liberté indéfinie, » cultiva si soigneusement les heureuses dispositions de sa fille, qu'à dix ans elle connaissait les droits de l'homme. Mlle Théroigne confiée à un vieux barón Allemand voyagea en Europe pendant deux ans. Ici un incident :

Jaloux de former un sujet aussi rare que la jeune Théroigne, le baron lui avait expressément défendu d'initier personne dans la science dont il croyait lui donner les premiers éléments; cependant elle ne put résister au plaisir de faire un prosélyte d'un jeune valet de chambre qui coiffait le baron; le trouvant au moins égal en droits à son maître, elle avait avec lui de fréquents entretiens, dont la liberté faisait toujours la base. Un jour, le baron les surprit au moment le plus intéressant d'une séance où les droits de l'homme étaient fortement développés; il en fit sur-le-champ de fortes applications à sa manière, au point que la jeune Théroigue, assommée de la force de ces arguments, y trouvant même une aristocratie dangereuse, prit, sans l'invitation du baron, le sage parti d'une retraite indispensable.

Où vont-ils aller? en Angleterre. Mlle Théroigne se lie avec une foule de citoyens, se fait admettre dans les communes, se déclare pour le parti de l'opposition, attaque vivement le despotisme ministériel qui « redoutant son influence » la fait repasser en France. C'est en débarquant à Calais qu'elle apprend la convocation des Etats-Généraux.

Dès lors elle parut aux galeries de la salle nationale, elle fixa tous les regards, essaya le dangereux pouvoir de ses charmes sur nos sensibles députés. On la voyait applaudir l'un d'un sourire, encourager l'autre d'un regard, inspirer à tous son civisme national, et faire l'admiration des spectateurs comme de tout le corps législatif. Arrivait-elle, marchait-elle, c'était la plus jeune des grâces parcourant les bosquets d'Amathonte : s'asseyait-elle, c'était Hébé prenant place au banquet des dieux : parlait-elle, c'était Vénus empruntant le langage de Minerve. Oh ! combien de motions sublimes dont le sentiment fut puisé dans ses beaux yeux ! L'abbé Sieyès lui-même, ce sévère puritain, ne désavoue pas que la présence de Théroigne donna une nouvelle énergie à sa constitution.

En faisant la part de l'exagération, il restait encore à Mlle Théroigne : une taille fine qu'on eût pu tenir dans ses dix doigts, un minois chiffonné, un air malin qui lui allait à ravir et un de ces nez retroussés qui changent la face des empires.

. . . .

Cependant, parmi tous les hommages qu'on rendit à cette fille célèbre, elle distingua bientôt ceux de l'heureux Populus. Cet honorable membre n'eut à combattre, ni les difficultés simulées et capricieuses d'une coquette, ni les froissements étudiés d'une prude, ni les obstacles constants de l'inexpérience, tant on a d'avantage avec une femme qui connait parfaitement les droits de l'homme. L'intéressante Méricour fit avec une ingénuité charmante, l'aveu de sa défaite, et le front de ces tendres amants se vit bientôt couronné des myrtes de l'amour[1].

Il est vrai que la nature libérale envers Populus l'a doué de tous les avantages qui peuvent justifier ce penchant irrésistible; c'est pour lui que furent fait les vers suivants que Voltaire pilla pour les appliquer à Gabrielle d'Estrée[2].

[1] On a reproché à Suleau, l'un des rédacteurs des *Actes des Apôtres*, d'avoir inventé la même histoire. Le fait est vrai. L'auteur de la brochure citée le tenait de Populus lui-même qui en avait fait son confident.

[2] Il est bon de révéler ici une erreur de *Mrs les Apôtres*, qui, dans leur excessive prévention pour M. Target, ont prétendu que ces vers ont été faits pour lui. De pareilles erreurs trouvent toujours leur excuse dans le sentiment qui les produit; mais il faut rendre à M. Populus ce qui lui appartient; ces vers ont été faits pour lui. J'en suis sûr, il était de mes amis, et je les ai vus dans son porte-euille. (*Note de l'auteur de la brochure.*)

Populus est son nom, la main de la nature,
De ses aimables dons, le combla sans mesure.

Et cet autre :

Et sa grâce, plus belle encor que sa beauté.

Car, il est de notoriété publique à Bourg-en-Bresse, sa patrie, que les grâces avaient réellement agité son berceau.

A l'air d'aménité du fameux comte de Mirabeau, il joint cette grâce particulière dont Target seul offrait le modèle, ce qui le distinguait de tous les jolis cavaliers de la capitale : si ce dernier conservait quelqu'avantage du côté du centre, c'est que depuis longtemps il était gros de la constitution, et que les suites d'une couche pénible et douloureuse... Mais, écartons loin de nous un souvenir déchirant qui fera longtemps couler nos larmes.

Quoique Populus n'ait que 4 pieds, 7 pouces et 3 lignes, on lui doit cette agréable courbure, ce gracieux arrondissement d'épaules qui annonce la profondeur, la multiplicité des études, et l'habitude de la méditation ; aussi, quoiqu'il n'ait que de 30 à 35 ans, on ne lui voit point les airs évaporés qui distinguent les jeunes Français. Les cheveux, du plus beau gris pommelé, et retroussés sur ses oreilles en boucles aplaties, accompagnent merveilleusement sa figure, lui donnent plus de rondeur et d'évidence, et ceux de derrière, hermétiquement fermés dans un crapaud qui badine sur ses épaules, lui impriment le caractère auguste et majestueux d'un représentant de la nation; aussi, jamais député n'eut l'air plus député, que cet honorable député.

L'incarnat de sa figure annonce que si Vénus a ses adorations, Bacchus obtient aussi ses hommages; en vérité, quand monseigneur Barnave en aurait choisi la couleur, elle n'aurait pas un éclat plus vif. Cet auguste visage semble n'attendre que le mois d'avril pour donner la plus abondante moisson de fleurs; tel paraît dans nos champs un jeune et vigoureux pêcher, lorsqu'au printemps la sève qui enfle ses pores s'élance avec force vers sa tige empourprée, et commence à entr'ouvrir le bouton qui la retenait captive.

Mais revenons avec l'auteur à « l'incomparable Théroigne. » Ce fut elle qui la première éleva la voix pour empêcher le pouvoir législatif d'aller chez le pouvoir exécutif assiégé dans son château par des citoyens ; ce fut elle qui harangua les bons parisiens et le régiment de Flandre sur la place d'armes de Versailles ; enfin, nouvelle Thalestris, on la vit revêtue d'un habit rouge à la Barnave, d'un jupon de Hongrie à la d'Aiguillon, et coiffée d'un chapeau à panache jaune à la Populus, se mettre à la tête des sans-culottes, et attaquer le centre des gardes du corps. Ce qui lui valut le cœur du général Lameth, et l'estime du duc d'Aiguillon, qui, après le combat, lui fit présent de son casaquin de bataille.

Tels sont les principaux traits du dessin en question.

En somme l'éloquence a momentanément déserté

l'Assemblée. Elle a cru pouvoir élire domicile dans les clubs où elle est trop à l'étroit. Danton et Robespierre ont la parole et s'en servent contre Mirabeau que Charles de Lameth a le courage de défendre. L'initiative républicaine, prise par Nicolas de Bonneville fait elle-même défaut. Beaucoup de paroles, beaucoup de bruit et voilà tout. L'éloquence disparaît pour quelque temps avec Mirabeau qui meurt, tué par la médiocrité. Dans un élan de lyrisme qu'il regrettera huit jours après, Desmoulins s'est écrié : « Mirabeau est mort ! de quelle immense proie la mort vient de se saisir ! » et les petites discussions de club ont continué de plus belle. Il nous faudra attendre l'ouverture de l'Assemblée législative, élue sous l'impression du danger public.

Pourtant, il serait injuste de ne point insister sur deux hommes, Brissot et Robespierre.

Brissot était déjà le chef de la faction *Brissotine*. Condisciple du poète Guillard, de Bouvet, de Sergens, de l'abbé Chasle, de Pétion, il vint à Paris pour s'y croiser avec Robespierre. Il y a des destinées. Sept ans avant la Révolution il demandait qu'une réparation fût accordée aux accusés innocents. C'était la suite de ses théories sur les lois criminelles[1], de ses études philosophiques sur les lé-

[1] Théorie des Lois Criminelles. (1781.)

gislateurs, les politiques et les jurisconsultes [1], et de son discours sur les moyens d'adoucir la rigueur des lois pénales en France, discours qui en 1780, avait été couronné par l'académie de Châlons-sur-Marne. « Vous avez réalisé l'un de mes vœux les plus anciens, écrivait à Brissot l'avocat général Servan, la réunion de tous les ouvrages qui ont traité des lois criminelles. Crions, monsieur, crions tout un siècle ! Peut-être, à la fin, un roi dira : Je crois qu'ils me parlent ; peut-être il réformera. » Cela fait, il partait à Londres où il publiait sur l'Angleterre d'intéressantes notices [2]. De retour à Paris, on l'enferme à la Bastille comme auteur d'un pamphlet dirigé contre la reine et écrit par le marquis de Pelleport. Rendu à la liberté par le crédit du duc d'Orléans, il collabore avec Clavière à de remarquables travaux sur les finances, qu'ils font paraître sous le nom de Mirabeau [3]. Envoyé de nouveau à la Bastille, mais prévenu à temps, il retourne à Londres et se fait présenter à la société de l'abolition de la traite des

[1] Bibliothèque philosophique du législateur, du politique et du juriconsulte. (1782.)

[2] Journal du lycée de Londres. (1784.)

[3] Dénonciation au public d'un nouveau projet d'agiotage, ou lettre à M. le comte de S. (1786.) — Point de banqueroute, ou lettre à un créancier de l'état (1787.) — Discours sur la rareté du numéraire, et sur les moyens d'y remédier. (1790.)

noirs. En 1788 il se charge d'aller étudier aux Etats-Unis le moyen d'émanciper les populations qu'on voulait rendre libres [1], mais la Révolution l'appelle et il accourt se mettre à son service.

Dix mois se sont écoulés, s'écrie-t-il à son retour, dans le discours qui servit de préface au *plan de conduite de* 1789, depuis que je vous ai quittés, pour traverser l'Atlantique. Je ne vous connais plus, vous avez franchi un intervalle immense. Vous languissiez dans l'esclavage, et vous êtes libres ; on vous croyait énervés, et vous avez déployé une grande énergie ; on vous croyait ignorants, et vous avez montré de profondes connaissances en politique. On vous croyait légers, incapables de persévérance, et vous avez persévéré. On vous croyait incapables d'harmonie, et le concert a repris dans votre marche comme dans vos principes. On prédisait que vous seriez dupes, ou des finesses ministérielles, ou de l'aristocratie parlementaire, cachée sous un air de popularité, ou des prétentions de la noblesse et du clergé, déguisées sous le voile de la générosité. Vous avez opposé les parlements aux ministres, et les ministres sont tombés. Aux parlements, vous avez opposé vos droits, et ils se sont tus. Forcés jusque dans leurs derniers retranchements, par des écrivains énergi-

[1] Examen critique des voyages dans l'Amérique septentrionale de Chastellux (1786). — Voyage nouveau dans les Etats-Unis de l'Amérique septentrionale (1788). — Mémoire sur les noirs de l'Amérique septentrionale, lu à la société des amis des noirs (1790).

ques, les privilégiés ont frémi d'indignation, et cependant n'ont pu défendre qu'en soupirant, que mollement, les distinctions inconciliables avec les lumières, et cette constitution libre que tous les ordres réclament.

Encore une fois, vous avez fait de grands pas vers la liberté. Mais vous êtes encore bien loin du but.

Que demandait Brissot ? Que, pour remplir leur objet, les Etats-Généraux adoptassent un mode de délibération et de vote, qui les mît à portée de former une résolution générale et éclairée sur chaque point. Il traça lui-même cette esquisse d'un mode de délibération et de vote. Division des trois ordres en deux chambres composées d'un nombre de députés égal. Dans chacune il devait y avoir la moitié de la députation du Tiers-Etat de chaque bailliage, et un nombre égal de noblesse et de prêtres, en sorte que le nombre de ces derniers ne fût jamais supérieur à la représentation du Tiers-Etat. En supposant qu'on ne comptât que mille députés, il y aurait eu dans chaque chambre :

Du Tiers-Etat.	250
Nobles.	125
Prêtres.	125
Total.	500

Les députés élus les premiers dans leurs bailliages

formaient la première chambre ; les autres allaient dans la seconde. Quant aux prêtres et aux nobles ils auraient tiré au sort dans quelle chambre ils devaient aller.

La première assemblée dut ses échecs à sa mauvaise organisation. Mirabeau l'avait fait pressentir et témoigna publiquement à Brissot ses regrets de n'avoir pas vu la nation adopter son plan.

Brissot ne tarda pas à jouir d'une grande popularité. On a dit que dans la soirée du 14 juillet 1789, les vainqueurs de la Bastille déposèrent entre ses mains les clefs de la forteresse à la chute de laquelle il venait d'assister. Président du comité des recherches de la ville, c'est lui qui en 1791, lors de la fuite du roi, rédigea de concert avec le chevalier de Laclos, la pétition appelée du Champ de Mars, dans laquelle était demandée la déchéance de Louis XVI. Premier apôtre du parti républicain, nous n'avons pas voulu laisser s'écouler l'année 1791 sans lui en rendre hommage. Aussi bien le temps pressait ; Brissot n'a plus que deux ans à vivre.

Robespierre que nous avons quitté dans un précédent chapitre, appuyant timidement Barnave qui proposait de créer un tribunal pour les crimes de lè e-nation, a changé de ton. Depuis la mort de Mirabeau, il est impérieux et a pris une autorité imposante. On le sent dès le 16 mai, quand il demande que le législateur se fasse un devoir de rentrer dans la foule des citoyens et de se dérober lui-même à la reconnaissance. La voix de Robespierre sera bientôt celle de toutes les sociétés Jacobines, de là sa force.

Pourtant il aura encore quelques instants d'hésitation. On s'attend à le voir superbe quand après la fuite du roi, la *Bouche de Fer* se déclare pour la république. Eh bien non ! ni Robespierre, ni Brissot n'osent se prononcer. « Nous ne sommes ni républicain ni monarchiste, disent-ils. » Le 13 juillet Robespierre s'adressant aux Jacobins : « On m'a accusé d'être républicain, on m'a fait trop d'honneur, je ne le suis pas. Si l'on m'eut accusé d'être monarchiste, on m'eut déshonoré, je ne le suis pas non plus. » Pétion lui-même qui avait professé la république dans la voiture de Louis XVI, ne répondait pas. Quand on l'interrogeait... il jouait du violon. Ce n'est qu'au 1er septembre, la révision étant terminée, lorsqu'il s'agira de savoir si la Constitution sera présentée à l'acceptation du roi, comment on constatera que le roi est libre, que Robespierre jalousant Adrien Duport, redeviendra lui-même et dans un suprême effort, achèvera du même coup les constitutionnels et l'assemblée.

XII

POÉSIE

Fontenelle avoue qu'il faut du talent pour tout, et il ajoute, qu'il faut de l'enthousiasme pour la poésie. Les poètes populaires de la Révolution se sont généralement contentés de leur enthousiasme et à parler franc ce n'était pas assez. Les autres ont introduit entre chacun de leurs vers cette fameuse raison universelle que La Harpe avait déjà si vivement reprochée à La Mothe, grand mot, pour me servir des expressions de l'auteur du *Cours de Littérature*, que l'on ne connaissait guère jusque-là, que dans les matières philosophiques, et que l'on commençait alors à mettre en avant hors de propos ;

que bientôt on fit entendre à tout propos, et qui, répété sans cesse et partout et mis à tout, et tenant lieu de tout, a fait voir qu'il contenait, non pas tous les talents, mais toutes les extravagances. Cette petite logique où l'on appelait la philosophie au secours de la vanité n'a jamais d'ailleurs fait fortune. Fontenelle et La Mothe sont restés à un intervalle immense de nos classiques, et Diderot, avec son drame honnête pour lequel il prit la peine de faire une *Poétique* tout exprès, ne s'est créé qu'une modeste place dans la poésie dramatique.

Le 27 juillet 1790, l'Assemblée apprit que le roi accordait aux Autrichiens le passage sur la terre de France pour aller écraser la Révolution de Belgique. Le même mois, Pitt approuvait en plein parlement la diatribe de Burke contre la France. Royalistes et constitutionnels fraternisaient. M. d'Orléans, profitant des massacres de Nancy pour revenir à Paris, conférait avec Lafayette.

L'entrevue demeura secrète.

Un poète qui signa K... L... essaya de la révéler dans une pièce intitulée : *Entrevue de messieurs le duc d'Orléans avec le marquis de Lafayette*, 5 *Août* 1790.

LE DUC

Ton audace, il est vrai, me força de partir,
Je craignis un soufflet, je le dis sans rougir.

On m'eut vu, cependant, pour braver ton courage,
En politique adroit endurer cet outrage ;
Et le fier *Mirabeau*, ne m'eut déconcerté,
En me disant : « fuyez, vous l'avez mérité. »
Sans ce cruel propos, il faut que je l'avoue,
J'eus reçu ce soufflet et tendu l'autre joue.
Je t'en eus bien puni, quelque bras acheté
Aurait su me venger de ta témérité.
Mais il est des revers qu'il faut qu'un sage essuie.
Ne songeons qu'au présent ; le passé je l'oublie,
Concertons nos projets et devenons amis.
Le veux-tu ?

LE MARQUIS

Peux-tu bien marchander mon mépris,
Dis-moi quel Dieu pourrait opérer ce prodige ?

Le duc d'Orléans essaie par tous les moyens de gagner Lafayette. Efforts superflus !

LE MARQUIS

Je dois être à jamais ton premier ennemi.

LE DUC

Eh bien, je te perdrai.

LE MARQUIS

Moi je te ferai pendre ;
Le Châtelet bientôt saura se faire entendre.

LE DUC

Va ! je ne te crains pas, et je te fais garant,
Qu'on te verra garder un silence prudent.

La moitié m'est vendue, et je fais trembler l'autre.
Talon me sert lui-même, et s'est fait mon apôtre,

LE MARQUIS

Redoute mes conscrits : Menou, Target, Biron,
La Touche, Mirabeau, Chapelier, d'Aiguillon,
Les Lameth, les Garat, Barnave, Robertspierre.
Pourrais-tu résister à ma cabale entière !

LE DUC

Je vais trouver Laclos, et parler à Biron.

LE MARQUIS

Moi, je verrai Dumas et surtout Gouvion.

LE DUC

J'armerai contre toi ma nombreuse séquelle.

LE MARQUIS

Je m'environnerai de ma troupe fidèle.

LE DUC

Je régnerai sans toi.

LE MARQUIS

Tu périras avant.

LE DUC

Le trépas t'est permis.

LE MARQUIS

Le Châtelet t'attend.

S'il y avait quelqu'audace à s'attaquer alors à Lafayette et à d'Orléans, combien il en fallut plus encore pour oser plaisanter Marat.

Un nommé Clément Rioux qui devait d'ailleurs le payer bientôt de sa tête, osa faire vendre dans les rues : *La guerre des Districts ou la fuite de Marat : poème héroï-comique en trois chants.*

C'est une des pièces les plus curieuses que nous ayons découvertes.

CHANT PREMIER

Toi qui chantais les combats
Des grenouilles et des rats,
Sur les rives du Scamandre ;
Viens, hâte-toi de descendre,
Muse ; prête-moi ta voix.
Je vais dire les exploits
De ce district redoutable,
Où de valeureux bourgeois
Soutinrent si bien les droits
D'un génie incomparable.
Marat, ce profond penseur,
D'une plume quotidienne,
Fatiguait la douce humeur
De ce jeune dictateur,
Dont la gloire parisienne
Vaut autant, sur mon honneur,
Que sa gloire américaine.
Necker le calculateur,
L'infatigable emprunteur,
En lui trouvait un censeur.
Bailly, ce maire suprême

L'avait toujours sur les bras.
Il criait à l'anathème
Et ne se consolait pas.

Ces trois fameux personnages,
Irrités de tant d'outrages,
Se réunirent un jour.
Alors sans aucun détour
Necker dit à Lafayette :
« Il faut faire un coup de tête.
« *Marat*, ce noir écrivain
« Verse sur nous son venin ;
« C'est un serpent à sonnette.
« Il me fait passer pour bête,
« Le bruit s'en répand déjà ;
« Et pour éviter cela
« Il faut enfin qu'on l'arrête. »

Le maire donne sa voix
Aux discours du génevois ;
Et d'une voix déchirée,
Se plaint au jeune héros
Que *Marat*, ce roi des sots,
Insultait à tout propos
Et son luxe et sa livrée.
« Digne d'un obscur mépris
« Devrais-je sans étalage,
« Comme un mince personnage
« Me promener dans Paris ?
« Le luxe m'est nécessaire

« Pour éblouir le vulgaire.
« Ainsi, sans tant raisonner,
« Il nous faut emprisonner
« Ce méchant folliculaire. »

Le tout bien considéré,
Et le héros préparé,
Il leur dit d'une voix fière :
« Messieurs, à tout je consens,
« Vos conseils sont très-prudents.
« *Marat*, sans cesse s'applique,
« A diriger sa critique,
« Contre nos heureux talents ;
« J'armerai mes combattants,
« J'enlèverai le caústique,
« Et demain il est dedans. »

Alors le trio se baise,
En se touchant par la main,
Et redisant : à demain !
Ils ne se sentent plus d'aise.
Hélas ! que l'homme est léger,
Quelle espérance frivole !
Ils sont heureux par parole ;
Demain ce sort peut changer.

Bailly, précédé d'un page,
Dans son pompeux équipage,
Revient chez lui lentement.
Necker va plus doucement,
Comme *Dubois*, son confrère.

Lafayette fièrement,
Monte sur son cheval blanc,
Il est suivi par derrière,
Par *Gouvion* et *Dumas*,
Et par quatre ou cinq soldats.

Mais cette prompte déesse
Qui vole sans fin, sans cesse,
Pour avertir les humains
Des bons et mauvais desseins,
Pénètre dans cette église
Où règne *François d'Assise*,
Et dit aux braves guerriers
Du district des cordeliers :
« *Bailly*, *Necker*, *Lafayette*
« Par un affreux concordat,
« Veulent enlever *Marat*,
« C'est pour demain qu'on s'apprête
« A faire ce coup d'éclat ;
« Craignez tout, je le répète,
« De ce fier *Triumvirat*. »

Ayant dit, cette courrière
Disparaît comme l'éclair,
Et ses pieds tracent dans l'air,
Un beau sillon de lumière.
Les bourgeois tout éblouis,
Ne sont pas moins ébahis.

Danton aussitôt commence ;
Danton, ferme président,

Et bien plus fier qu'*Artaban :*
« D'où vient donc ce grand silence ?
« Sommes-nous donc des poltrons ?
« Nous avons des bataillons.
« *Marat*, ce dieu tutélaire
« Des quartiers des environs,
« Les a pris comme un corsaire,
« Pour donner quelques leçons
« Aux despotes avortons,
« Dont nous n'avons plus que faire !
« Que devient la liberté,
« Si ce crime est attenté ?
« La bataille est nécessaire ;
« Son journal est bel et bon,
« C'est un vrai *Palladion ;*
« S'il est forcé de se taire,
« Messieurs, c'est fait *d'Elion*. »

Ce trait d'érudition,
En impose à la cohue.
Elle flotte, irrésolue,
Quand faisant sa motion,
Monsieur Fabre d'Eglantine [1]
Rajustant sa laide mine,
Se lève sur le talon.
Il fait l'homme d'importance
Autant que cuistre de France.

[1] Auteur de la suite du *Misanthrope* que Molé préférait à celui de Molière. *Trahit sua quemque voluptas.* (*Note de Clément Rioux.)*

Jadis, mauvais comédien
De province, et franc vaurien,
De rimailler il se pique ;
Il a fait œuvre comique
Où, dans un rôle empoulé,
Il a fait enrouer *Molé*.
Laissons là la ressemblance
Et parlons de la séance.

« Le discours du franc Danton
« Prouve qu'il n'est pas poltron,
« Dit-il, avec assurance.
« En voici la conséquence :
« Si demain nous nous battons,
« La bataille nous perdrons.
« Il ne faut pas que je nie
« Que *Marat* soit un génie
« En Europe très-connu.
« Mais pour un individu,
« Malgré sa philosophie,
« Voulez-vous qu'on s'estropie
« Et qu'un district soit vaincu ?
« Quant à moi, je vous l'avoue
« Et je prétends qu'on m'en loue,
« Je chéris surtout la paix ;
« Et si quelque *aristocrate*,
« Me poussait jusqu'aux soufflets,
« Je serais bon démocrate
« Et lui ferais un procès.
« Avec l'encre, avec la plume,

« On ne se fait point de mal.
« Mais cette poudre qui fume,
« Et ces balles de métal,
« Tout cela fait tort en diable,
« Et vous mène un misérable
« Tout droit dans un hôpital.
« Je connais ce lieu banal.
« Messieurs, voici la justice ;
« *Marat* vous est demandé,
« Il faut qu'il soit accordé.
« Que pour tous un seul périsse. »

A ces mots, le grand *Danton*
Lui dit : « Face de *Thersite*,
« Ta morale est un poison.
« Sors de l'Eglise au plus vite,
« Ou craint les coups de bâton.
« Messieurs, croiriez-vous ce traître?
« Un district si révéré
« Sera-t-il déshonoré ?
« Non, vous craignez trop de l'être;
« Je reconnais bien vos cœurs;
« Allez, nous serons vainqueurs. »

Naudet [1], fameux capitaine,
Qu'on voit souvent sur la scène,
Gagner maints et maints combats
Par la valeur de son bras,
Répondit de la victoire ;

[1] Ancien sergent des gardes françaises.

Chaque bourgeois entraîné
Par Foulon déterminé,
Fut obligé de le croire.

Le père *Dieu*, cordelier
Dont l'air n'est pas mal guerrier,
Leur dit, retroussant sa manche,
D'un son de voix enviné :
« Après avoir déjeûné,
« J'ai dit ma messe dimanche ;
« Mais je jure mon cordon,
« De n'avaler de ma vie
« Aucun vin de sacristie,
« Si *Saint-François*, mon patron
« Pour qui j'ai fait un sermon,
« Ne prête son assistance
« Aux enfants de l'*Observance*.
« Messieurs, nous vous aiderons.
« Nos pères sont bons larrons
« Quand ils ont rempli leur panse.
« La victoire nous aurons. »

Ce discours un peu bachique,
Mais pourtant fort héroïque,
Donne du cœur aux bourgeois.
On prend aussitôt les voix,
Le parti guerrier l'emporte,
Et cette brave cohorte
Se divise en un moment,
Pour faire son armement.

CHANT SECOND.

Lorsque le cri des grenouilles
Et celui des chats-huants,
Eut averti les patrouilles
De surveiller les passants;
Et que mainte et mainte horloge,
Eut déjà sonné minuit,
Une déesse Allobroge,
Sortit de son noir réduit.
Son siége est l'hôtel de ville,
C'est là que dans un fauteuil
Elle caresse de l'œil
Cette cohorte civile
Dont Paris souffre l'orgueil.
Foucher, cet abbé sinistre
Est l'amant et le ministre
De cette divinité!

La divinité en question n'est autre que *la Bêtise.* Elle pénètre chez Mirabeau, qui...

Dormait d'un profond sommeil.
Ses mains tenaient un portrait,
Où la femme d'un libraire,
Dégoûtante ménagère,
Etait peinte trait pour trait.
Sous sa tête appesantie
Et sous l'oreiller blottie

On voyait la Lâcheté
Sa chère divinité.

La Bêtise le réveille et lui annonce que Lafayette va « faire un coup capital. » On veut prendre Marat ; son district s'apprête à le défendre.

« Les districts de l'Observance [1]
« On fait plus d'une alliance.
« Le district Saint-Séverin
« Doit prêter un coup de main.
« Ils ont une autre assistance,
« Et le faubourg Saint-Marceau
« Va déployer son drapeau.
« Dans cette terrible affaire,
« Dites-nous que faut-il faire ! »

La déesse de la Cruauté survient qui demande du sang. Mirabeau lui répond que non, ajoutant :

J'aime pourtant les combats,
Mais c'est quand je n'y suis pas.

La Lâcheté rejoint encore la Cruauté chez Barnave, Lameth, d'Aiguillon, accompagnée de la Bêtise. Mais pendant ce temps-là...

[1] C'est-à-dire, *des Cordeliers*. La rue de l'Observance touchait à l'Eglise.

Des étoiles
Le jour effaçait l'éclat.
La nuit repliait ses voiles,
Il faut songer au combat.

CHANT DERNIER

Quand l'astre qui nous éclaire
Du côté de Saint Mandé,
Eut tout Paris inondé
De sa rapide lumière,
Cinq à six gros bataillons,
Suivis de deux escadrons,
S'avancèrent en silence
Du côté de l'*Observance*.

Bailly sachant le moment
Où se ferait l'armement,
Tête-à-tête avec sa femme,
Qui croit être grande dame,
Etait à prendre son thé
Avec beaucoup de gaîté.
« Marat sera pris, dit-elle,
« Que mon cœur est enchanté !
« Il voulait par vanité
« Flétrir ta gloire immortelle ;
« Mais le sort en est jeté. »
« — Oh, mon épouse fidèle !
« Lui dit d'un air caressant,
« Monsieur le maire à l'instant,

« Que ton discours est charmant !
« Je veux te faire un enfant !
« Je te trouve toute belle
« Et mon feu se renouvelle. »
« — Modère ton amitié,
Lui dit sa chère moitié.
« Je ne fais point la coquette,
« Mais attends que Lafayette
« Ait enfermé le vaurien. »
Bailly dit : « Je le veux bien. »

Necker en qui la vertu brille,
Entre sa femme et sa fille
Goûtait dans le même instant
Le plus doux contentement.
« Nous ferons mourir le drôle
« Au fond de quelque geôle.
« Il attaque mes écrits
« Et me couvre de mépris.
« Moi ! dont le sublime rôle
« Jette partout tant d'éclat !
« Moi ! ministre potentat !
« Être vexé par Marat ! »

Staël, la fière ambassadrice,
Sentit un noble courroux,
Qui fit rougir sa jaunisse :
« Mon père, consolez-vous ;
« Je veux faire une satire
« Contre tous les insolents,
« Qui censurent vos talents

« Et de vous viennent médire.
« Mon cher *Narbonne*, *Lara*[1]
« Dans ce travail m'aidera
« Guibert[2] aurait pu le faire,
« Sa plume est assez légère,
« Mais il ne sait plus me plaire ;
« Et dans mes hardis pamphlets,
« J'écraserai Champcenetz[3],
« Ce mystique personnage
« Dont je hais le persiflage. »

La mère, à ces fiers accents,

[1] Le comte Louis de Narbonne avait quitté Mlle *Comtat* pour Mme de Staël, mais il a fait comme *Antoine* qui revenait toujours à *Cléopâtre*, et l'actrice l'a emporté sur l'ambassadrice. (*Note de Clément Rioux.*)

[2] Le comte de Guibert avait été quitté par Mme de Staël ; une telle perte l'a consolé de toutes ses disgrâces. (*Note de Clément Rioux.*)

[3] Le marquis de Champcenetz est la bête noire de l'ambassadrice, à cause de cette fameuse épigramme qu'on lui a faussement attribuée et qu'il a la candeur de désavouer :

Armande a pour esprit tout ce qu'elle a pu lire,
Armande a pour vertu le mépris des appas ;
Elle craint le railleur que sans cesse elle inspire,
Elle évite l'amant qui ne la cherche pas.
Puisqu'elle n'a point l'art de cacher son visage,
Et qu'elle a la fureur de montrer son esprit,
Il faut la défier de cesser d'être sage,
Et d'entendre ce qu'elle dit.

(*Note de Clément Rioux.*)

Dit à tous deux. « Mes enfants,
« Car vous l'êtes sans partage,
« Et quand je vous envisage,
« Mon cœur fait comme mes yeux,
« Je vous confonds tous les deux ;
« Songez bien à notre gloire.
« Servez-vous de l'écritoire,
« Car c'est par cette arme là,
« Que ce grand Ministre est là.
« La horde patriotique
« Des *Merciers* et des *Gudins*,
« Nous venge tous les matins,
« De la horde famélique
« Qui rampe sous Démoulins.
« Leur pension n'est pas forte ;
« Mais pour vaincre les *Marats*,
« Nous avons la fière escorte
« Des *Suards* et des *Garats*.
« Et s'il faut plus de ducats
« A cette avare cohorte ;
« Donnons-en, que nous importe,
« Puisque nous n'en manquons pas.
« Mais raisonnons d'autre chose,
« Sans aucune lettre close,
« On a déjà pris *Marat*.
« Restaurons-nous d'une dose
« De ce mousseux chocolat. »

Toutefois dans l'entrefaite,
Le district des cordeliers

Avait armé ses guerriers ;
Par mainte et mainte charrette,
Par les fiacres qu'on arrête,
Les passages sont fermés,
Et les fusils sont armés.
Mais de crainte que l'on perce
Le passage du Commerce,
On place deux canons
Et deux ou trois pelotons ;
A la porte, non cochère,
De Marat gîte ordinaire,
On met trente grenadiers
Et cinquante fusiliers.

. . . .

Mais les troupes en présence
S'observent et font silence,
Lorsque dans cette occurrence
La maîtresse de *Marat*,
Vigoureuse chambrière,
D'un couvent jadis tourière [1],
Dont l'œil n'est pas sans éclat,
Adresse cette prière
Au trop malheureux amant
Qui cause tout son tourment :
« Veux-tu que l'on t'assassine ?
« Ou bien, dans une prison,

[1] La maîtresse de Marat a été novice dans un couvent d'où elle fut enlevée par notre héros. (*Note de Clément Rioux.*)

« Sans *Javotte*, et sans cuisine,
« Sur un mauvais paillasson,
« Veux-tu que l'on te confine ?
« Prends ma coiffe, mon jupon,
« Et mon fichu de coton.
« J'enfourcherai ta culotte,
« Et suivi de ta *Javotte*
« Qu'on prendra pour un garçon ;
« Nous irons loin de la ville,
« Prendre un autre domicile.
« Veux-tu voir brûler Paris
« Pour quelques mauvais écrits ? »
Marat n'en voulait rien faire.
Mais l'adroite chambrière
En pleurant, en sanglotant,
Sut attendrir son amant.

« Je ne veux pas tant de sang,
« Dit *Marat* d'un air sensible.
« Laissons la ville paisible ;
« Changeons d'habit à l'instant.
« A l'amour tout est possible. »

Sous cet accoutrement, Marat parvient à fuir. Danton apprend la nouvelle et la paix est résolue. La noire Cruauté furieuse, court méditer quelque forfait au Châtelet et...

La *Bêtise* plus tranquille
Revint à l'hôtel de ville.

Ainsi finit sans combat,
Mais non sans un sot éclat,
L'aventure de Marat.

J'ai dit plus haut que l'auteur avait payé ce poème de sa tête. Il fut guillotiné en 1793. Marat lui reprocha personnellement la *Guerre des Districts.*

— Et Javotte ? demanda Clément Rioux.

La Guerre des Districts parut quelques mois après sous le titre de : *Triumvirat ou messieurs Necker, Bailly et Lafayette, poème comique en trois chants.*

Parmi les sujets qui devaient inspirer les poètes, il faut citer la mort de Mirabeau. La poésie de ses derniers instants, la pompe de ses funérailles, l'impression qu'il laissait, calme, solennelle, pleine d'un sentiment d'immortalité, semblaient convier la Muse.

Nous avons retrouvé une petite pièce assez curieuse, intitulée : *Complainte sur la mort de Mirabeau.* Nous la reproduisons, entre les autres, sur la recommandation de M. Baucher, un érudit qui l'a découverte dans des papiers de famille, et qui croit pouvoir l'attribuer à un certain Laisant, colonel de la garde nationale.

AIR : *De tous les dieux de la fable.*

Il n'est plus l'homme célèbre,
Ce savant législateur.
France, qu'un voile funèbre,
Nous annonce ta douleur.
D'une mort trop ennemie,
Succombant sous les efforts,
Celui qui te rend la vie,
Descend au séjour des morts.

Il commençait son automne,
Tu cueillais ses heureux fruits,
Mais la parque le moisonne
Il n'en reçoit point le prix.
Hélas! ce nouveau Moïse
Rendit libre tes enfants.
Il vit la terre promise
Et ne peut entrer dedans.

Dieux trop jaloux de sa gloire,
Vous l'enlevez aux Français,
Mais à jamais sa mémoire
Excitera nos regrets.
Sur sa dépouille mortelle
Vous faites couler nos pleurs,
Mais une amour éternelle
e fera vivre en nos cœurs.

uffira pour apprendre
otre postérité,

L'hommage quelle doit rendre
Au chef de la liberté !
Sans faste que l'on imprime,
Sur son glorieux tombeau,
Cette inscription sublime :
Ci-gît le grand MIRABEAU.

A mesure que le convoi de Mirabeau disparaissait, les imaginations entraient aussi dans le ténébreux avenir, dans les pressentiments sinistres. Dans ces conditions on chante mal. Il faut en excepter cependant Joseph Chénier qui composa l'Ode que l'on sait, et imposa silence aux royalistes qui avaient commencé à dédier aux mânes du grand orateur quelques pièces satiriques, profitant de l'occasion pour lancer leurs épigrammes contre Villette et publier un cantique en l'honneur de l'abbé Lamourette.

Une fois Mirabeau mort, Robespierre succéda au crédit de Lameth, conseiller de la cour près des Jacobins. La lutte religieuse éclata.

L'abbé Raynal adressa le 31 mai à Bureau de Pugy qui présidait l'Assemblée nationale, la fameuse lettre offrant une rétractation solennelle des principes consignés dans *l'Histoire Philosophique* et la désapprobation absolue des doctrines et des actes des nouveaux législateurs. La façon de penser de Raynal, que Mgr de Bonal, évêque de Clermont, accusait de donner l'exemple « d'une tolérance religieuse,» était si bien connue que le 30 décembre 1790 on publiait déjà sous le titre de *Lettre de l'abbé Raynal à l'Assemblée nationale* (datée de Marseille, 10 décembre) une brochure (*in*-8°, 94 *p.*) dans laquelle on prêtait à l'auteur de l'*Histoire Philosophique* des sentiments et un langage directement opposés aux idées révolutionnaires.

Tous les journaux révolutionnaires accusèrent Raynal. (Lettre d'André Chénier, *Moniteur*, 15 *juin* 1791 ; Lettre d'Anacharsis Clootz à un de ses amis *Chronique de Paris*, *juillet* 1791, etc...)

Les poètes devaient s'en mêler, et le 5 juin 1791, Félix Nogaret lui dédiait l'apostrophe suivante qui d'ailleurs n'a pas été recueillie dans ses œuvres.

Quantum mutatus ab illo!

Tuez-moi, puisque l'homme change,
Ma plume a secondé vos vœux.
Au peuple opprimé qui se venge,
Mes jours consacrés sans mélange
Feront dire: il meurt vertueux !
Ta mémoire est déshonorée
Vieux fourbe, traître abbé Raynal !
Ta raison s'enfuit égarée.
N'as-tu pas donné le signal,
Qui d'un despotisme infernal
Sauve la liberté sacrée ?

Le reste est sur ce ton.

Il ne fallut rien moins que le voyage à Varennes pour réveiller la verve populaire.

Personne n'ignorait les détails de cette fuite. Le roi avait communié le matin, et léger de conscience il décidait aussitôt de s'enfuir. C'était livrer ses amis à la mort. C'était perdre Lafayette. C'était compromettre le ministre Montmorin. Qu'importe! Le 20 Juin, Louis XVI se sauve, déguisé en laquais. Le 21 on l'arrête. La royauté tombe aux genoux de l'épicier Sauce et le supplie de la sauver. La fille de Marie-Thérèse était assise sur une caisse de chandelles. Elle se lève, court dans la chambre de Mme Sauce et la conjure en invoquant ses sentiments d'épouse.

— Vous pensez au roi, lui répond l'épicière, moi je pense à Monsieur Sauce. Chaque femme pour son mari.

Et dans la boutique même de M. Sauce, on composait huit jours après la chanson qui suit, datée de Varennes.

POT POURRI

sur le départ et le retour du roi et de la reine.

AIR : *Lorsque le roi partit de France*, etc.

Quand Louis désertait la France,
Hélas! il perdait donc l'esprit?
Le mardi l'on sut son absence,
Et le lendemain on le prit.

AIR : *de Joconde.*

Français, vous fûtes étonnés
De cet excès d'audace;
Bientôt vos regards sont tournés
Pour découvrir sa trace.
Vous vous trompâtes cette fois
Criant : alerte, alerte;
Sachez que la fuite des rois
N'est jamais une perte.

AIR : *Allez vous-en sainte famille.*

Fuyez, fuyez, lâche famille,
Disait le peuple de Paris;
Mais nous verrons dans cette ville
Les aristocrates occis;
Comment occis!
Sans doute occis.
Fuyez, fuyez, lâche famille,
Disait le peuple de Paris.

AIR : *Des folies d'Espagne.*

Et cependant de ce peuple un grand nombre,
Moitié s'arma, moitié s'enfuit aux champs;
Ainsi l'éclipse étend un voile sombre,
Qui se dissipe à des rayons ardents.

AIR : *Du haut en bas.*

Que cette fois.
Le Français montra du courage!
Que cette fois
Il sut reconnaître ses droits!
Honneur à ton aréopage,
Je ne le vis jamais si sage,
Que cette fois.

AIR : *La faridondaine, la faridondon.*

Le royaliste au désespoir,
Maudissait Antoinette;
La peur blanchissait le plus noir,
On eut dit la paix faite.
J'aurais voté le grand pardon,
La faridondaine, la faridondon,
Folleville était blanc aussi
Biribi,
A la façon de Barbari,
Mon ami.

AIR : *du Malheureux Lisandre.*

Croyant que tout est en déroute,
Satisfaite de ses exploits,
Toinette voit la banqueroute,
Et compte les morts sur ses doigts.
Mais en vain un simple cortége,
Cache une fuite sacrilége,
En vain le roi s'est avili;
Aisément on connaît l'esclave,
Que plus d'une personne grave
Avait déjà mis en oubli.

AIR : *Réveillez-vous, belle endormie.*

Le Fourrier des Logis, sans doute,
De bien servir fut peu jaloux;
Quoi! des Gardes-du-Corps en route?
Il y fallait des Garde-fous.

AIR : *des Pélerins de saint Jacques.*

C'est quand ils furent à Varennes,
Rustique lieu,
Que Toinon, au fort de ses peines,
Adora Dieu.
Les habitants ont tout gâté
Par leur rubrique :
Et ce chef de la Royauté
N'est plus qu'un Roi de Pique.

AIR : *des Amours d'été.*

Répondez sans détour,
Louis, pour quelle affaire
Vous voit-on en ce jour,
Rôder dans ce séjour?
Amis, la chose est claire,
Il voulait à son tour,
Faire en terre étrangère,
Sa cour.

AIR : *Malgré la bataille.*

Varennes détalle,
Et son bataillon,
Vers la capitale,
Ramène Bourbon.
Quel roi?... c'est un atôme,
Quant à nos travaux;
Mais un vain fantôme
Fait peur aux moineaux.

AIR : *Le saint craignant de pécher.*

Trois Courriers, en chamois fin,
Étaient sur le siége;
Paris fut jusqu'à Pantin,
Pour les prendre au piége.
On quittait de bons pâtés
Pour voir les deux majestés,

Cha, cha, cha, cha, cha,
Cu, cu, cu, cu, cu,
Cha, cha, cha,
Cu, cu, cu,
Chacune à sa place,
Faisant la grimace.

AIR : *En passant par la barrière.*

En passant près des barrières,
On demandait à Toinon :
Vous qui venez des frontières,
Qu'en rapportez-vous de bon ?
Mon beau mirliton, mirliton mirlitaine,
Mon beau mirliton ton ton.

AIR : *du Confiteor.*

Ah Français ! si vous eussiez vu
Quel ton avait cette infidèle ;
Son cœur à peine était ému,
Tant elle vous haït, la cruelle ! (*bis*)
Mais entre nous, (*bis*) soyons d'accord,
C'est trop peu d'un *confiteor*. (*bis*)

AIR : *Vous m'entendez bien.*

Comme du bon vin en tonneau,
Louis est soigné de nouveau ;
Mais il faut qu'il s'en aille,
Eh bien !
Remontons la futaille
Vous m'entendez bien.

AIR : *Si j'avais cinq sous vaillants.*

Je veux avoir, amis, dans un temps favorable
Un âne propre aux charrois,
Pour porter reines et rois
Au diable, au diable, au diable !

C'est un volume qu'il faudrait pour les reproduire toutes.

Chose curieuse.

La *Bouche de fer* voulait profiter de la circonstance pour déclarer la République. C'était le moment. « La République, écrivait Mme Roland le 22 Juin, l'indignation contre Louis XVI, la haine des rois,s'exhalent de partout ! » Le général Dumont, pensionné de l'Angleterre, criait dans les rues : « Si le roi nous a quittés, la nation reste ; il peut y avoir une nation sans roi, mais non un roi sans nation. » Le peuple lit,écoute,ne comprend pas.Alors la vieille idole est relevée de terre. On lui fait bientôt un piédestal avec les cadavres des massacres du 17 Juillet. Louis XVI est retrouvé, vive Louis XVI ! Entonnons des chants de grâce ! Et c'est *l'O Filii! de* 1791 *ou nos ennemis déconcertés. Prédiction absurde du sieur Burk, le Calonne anglais.*

Aux prélats nous saurons porter
Le respect à leur dignité,
Pourvu qu'on ne nous trompent pas.
Alleluia !

Au roi ils ont tourné l'esprit,
Nous sommes convaincus aujourd'hui
Qu'ils voulaient en faire un renégat.
Alleluia!

Si il veut, il sera loué,
Chéri, aimé et respecté,
Pourvu qu'il ne nous quitte pas!
Alleluia!

Alleluia! On assassine au Gros-Caillou. Alleluia! On massacre au Champ-de-Mars. Alleluia! La garde soldée et les royalistes tirent sur le peuple. Alleluia! Un garde national du bataillon de Saint-Nicolas, se brûle la cervelle, laissant ces mots sur sa table : « J'ai juré de mourir libre, la liberté est perdue, je meurs » Alleluia! Alleluia!

XIII

THÉATRE

Nous avons dit plus haut, que le théâtre révolutionnaire était né avec la première représentation de *Charles IX*. La tragédie de Joseph de Chénier devait avoir bien du retentissement, à partir de ce jour.

J'ai sous les yeux une *Relation de ce qui s'est passé à la Comédie Française, dans la nuit du vendredi 23 au samedi 24 juillet*, ou DESTRUCTION *de la cabale du ministre Farcy-Guignard, dit saint Priest.*

« Les bons patriotes, écrit l'auteur anonyme, ont vu avec chagrin, que ce qui s'est passé hier au Théâtre-Français, prouve combien l'influence ministérielle a de force encore sur nous, et que nous ne sommes pas élevés au niveau de cet esprit public, après lequel nous courons depuis un an. Les comédiens, qui se disent, on ne sait pourquoi, ceux de la *Nation*, avaient refusé de donner pendant tout le temps de la fédération aucun des spectacles qui peuvent inspirer au peuple des idées de vertu, quoique les théâtres ne soient faits que pour cela dans un pays libre. Ils n'ont étalé, et encore avec une espèce d'affectation, que des pièces où domine la basse flatterie des courtisans, et où la prostitution la plus scandaleuse du genre humain est consacrée.

« Les bons citoyens parmi les fédérés de tous les départements, et les bons citoyens de Paris, avaient insisté plusieurs fois pour avoir entre autres pièces : *Charles IX*, *Barnevelt*, *la Mort de César*, etc.; tous les efforts ont été inutiles. Le district même des Cordeliers avait, d'après un arrêté pris dans une de ses assemblées générales, envoyé une députation aux histrions, qui ont eu l'audace de la recevoir avec dédain, et de dire que la pièce de *Charles IX* était incendiaire, et qu'ils devaient bien des égards au public, mais qu'ils en devaient aussi aux ministres leurs supérieurs. On a su après, par quelques-uns des acteurs mêmes, que c'était Guignard qui donnait des ordres positifs au théâtre. Des ordres, citoyens ! et par qui, bon Dieu ! par l'homme qui, d'après le rapport des ministres de la justice, devrait à l'instant passer de la cour au cachot [1].

« Avant-hier le public avait demandé *Charles IX*, et avait témoigné quelque humeur du refus : des citoyens armés, abusés toujours par les ruses de ceux qui s'en emparent (et il est si facile de s'emparer de l'esprit de cette brave et loyale garde nationale), et qui, dans les spectacles, devraient se tenir à l'écart, faisant place au seul pouvoir civil, avaient dit, ou plutôt on leur avait fait dire qu'il y avait une cabale, que M. d'Anton (*sic*) en était ; ce M. d'Anton, ce citoyen courageux, dont le nom seul fait pâlir les ennemis de la liberté : que la même cabale se serait renouvelée hier ; et voilà tout de suite l'aristocratie en l'air, et tous ses satellites.

« M. Mottier, requis par M. Bailly, envoie au théâtre des forces extraordinaires : on y donne enfin *Charles IX*, mais le parti était pris de voir dans la foule quelque perturbateur de l'ordre public. On en veut aux citoyens du district des Cordeliers, qu'on cherche des yeux par toute la salle ; on les aperçoit et leur président parmi eux. Il faut une réfraction quelconque pour les chicaner. Ils avaient comme tant d'autres dans les entr'actes, le chapeau sur la

[1] Saint-Priest ne quitta les affaires qu'à la fin de décembre 1790, lorsque l'Assemblée eut annulé un des arrêts qu'il avait contresignés. Il était pair de France en 1815.

tête. Voilà le crime. On chuchote, on court, on appelle des grenadiers, tous les gens à épaulettes sont en branle ; mais les cordeliers se retirent d'eux-mêmes tranquillement. Ils quittent la salle ; il n'y a d'arrêté qu'un chapeau, qu'on rend après au corps de garde, et tout rentre dans le plus grand ordre possible. Voilà le récit véritable de ce qui s'est passé hier aux Français. Il faut espérer que les comédiens profiteront de la bonne leçon qu'on leur a donnée, et qu'on prendra occasion de là de réformer des abus qui pourraient subsister seulement dans un pays corrompu tel que l'ancien régime le désirait.

« Hier soir même, le district des Cordeliers a pris un arrêté, par lequel il invite les cinquante-neuf autres districts à se réunir, pour demander que le pouvoir militaire, dans tous les spectacles de la capitale, ne pèse plus sur les citoyens qui assistent aux représentations, mais qu'il se tienne à l'écart, et qu'il soit aux ordres du pouvoir civil, qui seul doit présider dans les salles. »

La reprise de *Charles IX* ne précéda que de quelques jours la première représentation des *Rigueurs du Cloître,* une pièce en 3 actes de Joseph Fiévée, et dont la musique avait été confiée à Breton. *Les Rigueurs du Cloître* rappelaient le *Couvent* de Laujon. Le futur Président de la section du Théâtre-Français (depuis Odéon), s'empressa de racheter son œuvre, par une brochure intitulée : *Sur la nécessité de la religion*, dans laquelle l'auteur dramatique se donnait à lui-même un démenti public.

Nous voici revenu à Collot d'Herbois, qui reparaît avec deux pièces : *La Famille Patriote*, pièce nationale en 2 actes, et *le Procès de Socrate*, comédie en 3 actes, signée cette fois : Collot ci-devant d'Herbois. Toutes deux eurent un sort égal, c'est-à-dire malheureux. Il s'en vengea sur Laya, comme il s'était vengé sur Olympe de Gouges de son insuccès du *Paysan Magistrat*. Le 18 décembre, Laya ayant fait représenter un *Calas* en 5 actes, — sujet qui après avoir tenté Fenouillot de Falbaire, devait tenter encore Lemierre d'Argy et de Chénier — Collot d'Herbois l'attendit à la fin de la représentation pour le siffler au passage.

L'année 1790 avait vu le beau trait du lieutenant Desilles qui dans la révolte de la garnison de Nancy, après s'être épuisé en vains efforts pour ramener les soldats au devoir, se fit percer de coups de baïonnettes en tenant embrassé un canon braqué contre la garde nationale et les troupes fidèles. Deux pièces furent écrites sur ce sujet : l'une : *Trait civique*, en un acte mêlé de chants, par MM. Dejaür et le Breton ; l'autre le *Tombeau de Desilles*, par Desfontaines.

Afin de compléter le répertoire dramatique de

l'année 1791, nous devons signaler encore, *Nicodème dans la lune*, ou *la Révolution pacifique*, comédie en 3 actes mêlée de vaudevilles qui fut jouée sur le théâtre Français comique et lyrique de la rue de Bondy, le 7 novembre. L'auteur était Jacques Beffroy de Reigny, plus connu sous le nom de *Cousin Jacques*, dont il signa ses productions.

M. Théodore Muret a consacré quelques pages intéressantes à cette comédie.

« Ce personnage de Nicodème, dit-il dans son *Histoire par le théâtre*, que Beffroy de Reigny mit à la mode, est un paysan tout naïf et tout franc, dont le gros bon sens est assaisonné d'une certaine dose de malice, et qui tient un peu de Sancho Pança. Le Cousin Jacques, par l'organe de son Nicodème se montre partisan de la Révolution, mais de la Révolution telle que la saluèrent les esprits éclairés et généreux. Il en adopte toutes les réformes et tous les principes, sans excès et sans violences, comme l'indique le second titre de la pièce dont Nicodème est le héros. S'étant embarqué dans un ballon, Nicodème s'élève si haut dans les airs qu'il arrive jusque dans la lune, jusqu'à cette planète dont le Cousin Jacques avait fait son domaine. Là, il trouve un peuple qui se plaint avec raison de bien des abus ; il trouve des courtisans comme il y en a, comme il y en aura toujours sur la terre ; un souverain qui a les meilleures intentions du monde, mais qui est circonvenu par tous ces gens intéressés à le tromper. Une partie de chasse doit l'amener dans un canton dont les habitants auraient grand besoin d'en appeler à la haute justice du prince. Leur seigneur tient, au contraire, à ce que Sa Majesté Lunatique ne voie autour d'elle que l'apparence et l'expression du bonheur. Il voudrait que le curé de l'endroit le secondât dans ce mensonge ; mais le digne pasteur, tout dévoué à ses paroissiens, s'y refuse formellement, et fait au seigneur des remontrances dont la franchise n'est pas bien accueillie :

LE SEIGNEUR.

Nous autres grands, par tous pays,
Oubliez-vous ce que nous sommes ?

LE CURÉ.

Vous autres, pensez aux petits,
Et n'oubliez pas qu'ils sont hommes.

« Le curé ne mâche pas la vérité même à son supérieur, à ce haut prélat mondain qui figure dans la suite de l'empereur, et qui ne s'occupe qu'à faire le métier de courtisan, sans souci de son diocèse. Voilà dans quelle circonstance. Nicodème descend de la voiture aérienne, au grand ébahissement des gens de la Lune, y compris l'astronome de l'empereur, dont la savante lunette est toujours braquée sur cette lointaine boule qu'on appelle la *Terre*. Le nouveau venu entend les plaintes de la population lunaire, et il raconte ce qui s'est passé dans son pays, où l'état des choses était précisément pareil. Il conseille de procéder comme on a fait dans notre révolution, sauf toutefois quelques petits détails qui ne sont pas à imiter, et à l'égard desquels il se permet de voiler ou d'embellir l'histoire :

Oui, messieurs, tout l'monde en France
A tout d'suite été d'accord,
Clergé, noblesse et finance
Ont cédé leurs droits... d'abord.
Tout chacun, sans résistance,
D'y r'noncer a pris grand soin...
(*à part*)
A beau mentir qui vient de loin!

Tout l'monde a pensé de même,
Gnia pas eu deux sentiments,
On n'a rien songé d'extrême:
Ni disput' ni différends.
C'est tout simple quand on s'aime ;
De s'disputer gnia pas besoin...
(*à part*)
A beau mentir qui vient de loin !

« Admis auprès de l'empereur, Nicodème lui parle beaucoup plus sagement que messieurs ses conseillers d'Etat, et lui révèle ce qu'on dérobait soigneusement à sa connaissance. Désolé d'avoir été trompé de la sorte, le brave homme d'empereur se promet bien de voir désormais par ses propres yeux, et proclame toutes les réformes réclamées par l'intérêt public. Nicodème fait même quelque chose de plus fort que de mettre dans la bonne route un prince déjà si bien disposé : il y amène aussi un premier ministre, et les autres grands personnages qui ne sont pas, dit-il, *si diables qu'il sont noirs*. Il n'est pas jusqu'au prélat de cour, à *l'archevêque de la Lune*, qu'il ne parvienne à gagner par ses bonnes raisons. Tout cela est mêlé de scènes plaisantes auxquelles donnent lieu les us et coutumes du pays, notamment en matière de mariage, et l'empressement de trois ou quatre femmes qui se disputent la conquête du voyageur.

« Beffroy de Reigny composait avec facilité de jolis airs. Il est l'auteur de la plupart de ceux qui sont dans ses pièces, et qui en font des espèces d'opéras-comiques. Plusieurs ont été longtemps chantés, par exemple, dans *Nicodème dans la Lune*, les couplets : *N'y a pas de mal à ça, Colinette*. Le cadre était drôle; les allusions politiques étaient piquantes, d'autant que la Révolution, comme on l'a vu, y recevait aussi sa part de leçons, et cet assaisonnement distinguait *Nicodème dans la Lune* de tous les ouvrages où elle était louée sans réserve.

« Avec ces éléments et quelque brillant de mise en scène, genre d'attrait sur lequel le public d'alors n'était pas blasé, vous comprendrez le succès inouï que cette pièce obtint. L'impulsion une fois donnée, elle se communiqua de proche en proche, et ce fut un véritable engouement. *Nicodème* composait seul le spectacle, et c'était assez. Toutes les loges étaient louées l'avant-veille ; on renvoyait deux fois plus de monde que la salle n'en pouvait contenir. Bien des gens y revenaient à plusieurs reprises avant de pouvoir entrer, et l'on voyait un coin à l'orchestre ou dans les coulisses, à défaut d'autres places, payé quatre fois sa valeur. En treize mois, *Nicodème* eut cent quatre-vingt-onze représentations. Il est vrai qu'une œuvre de cette nature, si grand que soit le succès, ne peut avoir qu'une existence temporaire. Celles dont le mérite ne doit rien à l'à-propos, sont dédommagées par l'avenir. »

L'année 1791 s'ouvrit avec une production du sieur Harny, l'ancien collaborateur de Favart, intitulée *La liberté conquise* et qui ne mérite pas que l'on s'y arrête. *Le Mari-Directeur*, ou *le Déménagement du couvent*, de Carbon-Flins, n'eut pas un sort beaucoup plus heureux. C'est l'histoire d'un mari s'affublant d'un froc pour s'amuser à entendre des confessions, et recevant ainsi de sa femme des confidences peu agréables.

A cette époque éclatèrent les dissidences qui menaçaient depuis si longtemps la Comédie-Française. Les comédiens rompirent le faisceau séculaire ; une scission se fit. Talma, de Grandmenil, Dugazon, Mme Vestris, Mlle Lange, Mlle Desgarcins se séparèrent de la société pour entrer au Palais-Royal, sans compter l'excellent Monvel. L'origine de cette rupture avait encore été *Charles IX*, que les uns trouvaient trop avancé et que les autres voulaient jouer à tout prix.

C'étaient donc les partisans de Chénier qui fondaient le Théâtre-Français de la rue de Richelieu, nom que prit la salle du Palais-Royal. L'auteur de *Charles IX* eut les honneurs de l'ouverture, qui se fit le 17 avril, avec *Henri VIII*, tragédie remplie d'un pathétique déchirant. « Quant on la veut critiquer, dit Daunou, il faut commencer par essuyer ses larmes, veiller sans cesse à les retenir, et résister non moins courageusement aux impressions qui résultent des mouvements et de la beauté du style » M. Tissot, en reconnaissant dans *Henri VIII* « un pathétique vrai qui fait couler de douces larmes, » ajoute : « On n'y respire ni la verve d'Eschyle, ni la majesté de Sophocle, ni la profonde éloquence d'Euripide. » La tragédie de Chénier n'en est pas moins digne de beaucoup d'estime. A l'encontre de bien des critiques nous la préférons à *Calas*, donné le 7 juillet, et qui est plutôt « un monument précieux de son talent qu'une heureuse production de son art. »

La Comédie-Française ayant à lutter avec de sérieux concurrents, rivalisa d'émulation. Dans l'espace de trois semaines nous la voyons représenter trois nouveautés en cinq actes et en vers : *l'Intrigue Epistolaire*, comédie de Fabre d'Eglantine, le 15 juin ; *Jean-sans-Terre*, tragédie de Ducis, le 28 du même mois; et enfin *Calas*, dont la première eut lieu le 7 juillet.

Ducis s'était déjà fait connaître par *Amélise ;* une traduction d'*Hamlet ;* une autre de *Roméo et Juliette* dans laquelle il avait fait entrer l'épisode d'*Ugolin*, emprunté à l'*Enfer* du Dante ; *Œdipe chez Admète*, composition bizarre résultant de la combinaison d'un ouvrage de Sophocle et d'un ouvrage d'Euripide, et les traductions du *Roi Lear* et de *Macbeth*.

Jean-sans-Terre ne fut pas heureux. Il fallait en attribuer l'insuccès à l'invariabilité de ses principes, plutôt qu'à la faiblesse de sa conception. Ducis, a dit un de ses apologistes, n'avait jamais partagé le délire dont la plupart des esprits étaient agités, et ne s'en était attaché même que davantage, à défendre la royauté sur la scène.

Le défaut contraire assurait à Fabre d'Eglantine les sympathies du public. *L'Intrigue Epistolaire*, écrite dans un style d'un comique parfois douteux, passionna le parterre. Talma y jouait un rôle d'amoureux. Le 11 novembre suivant, dans une autre comédie de Fabre, l'*Héritière ou la Ville et les Champs*, il allait représenter un marquis incroyable, avec une vivacité charmante. Ce fut, peut-être, ces deux tentatives du grand acteur tragique, qui aidèrent à la vogue de l'auteur.

Le Convalescent de qualité, toujours de Fabre, venait d'être donné au théâtre Italien, quand les affiches du théâtre de la Nation annoncèrent pour le 2 mars une tragédie en 5 actes et en vers de Laignelot : *Rienzi*. L'auteur d'*Agis et Cléomène* n'obtint qu'un médiocre succès, et céda bientôt la place à Arnaud dont on venait de recevoir un *Marius à Minturnes* qui passa inaperçu.

Signalons encore la *Mélanie* de Laharpe ; un *Washington* de Sauvigny, et une comédie en 5 actes de Dupuis : *L'artiste Patriote*.

Autour des pièces vraiment littéraires se groupaient une quantité incroyable de petites œuvres, la plupart destinées à consacrer l'actualité. Huit jours après la mort de Mirabeau, Mme Degouges donne un *Mirabeau aux Champs-Élysées*, au théâtre

Italien. Le 7 mai c'est M. Dejaune qui vient avec l'*Ombre de Mirabeau*, comédie en 1 acte et en vers. Le 21 mai, le théâtre de la rue Feydeau monte un *Mirabeau à son lit de mort*, de M. Pujoulx. Puis voici venir : *La bienfaisance de Voltaire* (on venait de promener son buste) ; *La Veuve Calas à Paris*, encore de M. Pujoulx ; *l'Hôtellerie de Warins*, comédie en 1 acte (11 août) ; *La prise de la Bastille*, comédie en 3 actes de Barbaud (25 août) ; *Le Mariage des prêtres*, *Le Régime des Prisons d'État* par Thomas ; *La Ligue des fanatiques et des tyrans* de Ronsin ; *La Revue des armées noires et blanches*, par Louvet ; *La France régénérée*, de Chauffart ; *La Feuille des bénéfices*, etc., etc.

Le succès de *Nicodème dans la Lune* n'était pas épuisé quand le Cousin Jacques donna le *Club des bonnes gens*, pièce en 2 actes et en vers, avec des airs nouveaux, jouée au théâtre de Monsieur, le 24 septembre 1791. L'auteur [1] suppose un village, où les dissensions politiques ont semé la zizanie, où l'on bataille avec acharnement au lieu de se livrer au travail et de bien vivre ensemble, où les mariages projetés sont rompus par l'opinion contraire des parents.

Comme le dit Alain :

..........C'est cette absurde manie
Dont l'aveugle fureur devient épidémie,

[1] Nous en empruntons l'analyse à M. Th. Muret.

Qui troublant les esprits de nos cultivateurs,
Au hameau, sous le chaume, a divisé les cœurs.
Les gens dont la dispute aigrit les caractères,
Qui forment des soupçons, des partis pour des riens,
Se souviendraient assez qu'ils sont des citoyens
S'ils n'oubliaient pas qu'ils sont frères.

Qui ramènera la concorde entre ces esprits irrités ? Ce sera le curé du village, naturellement un curé constitutionnel, d'après la date de la pièce, un prêtre qui prêchera par ses actions, frère de celui que nous avons vu dans *Nicodème* ou plutôt le même personnage. Ce n'est pas qu'il désapprouve la libre discussion des droits communs, qu'il veuille voir les habitants des campagnes étrangers aux intérêts publics, qu'il croie incompatibles le travail de l'intelligence et celui des bras ; il a bien soin de le dire :

...........Il s'en faut que je blâme
L'usage de ces clubs introduits parmi vous ;
Je sais qu'en s'assemblant on s'instruit, on s'éclaire,
Qu'on peut même par là serrer ces nœuds si doux
Par qui tout homme apprend à respecter son frère ;
Mais mon cœur fait le vœu que vous en soyez tous,
Qu'il n'existe entre vous ni rang, ni préférence,
Qu'on y voue à l'humanité
Le respect le plus tendre, aux lois l'obéissance ;
Que, par des jeux permis, au sein de la gaîté,
Des fatigues du jour sans gêne on s'y délasse ;

Que toujours dans son cœur on y garde une place
Pour la douce fraternité :
Qu'enfin, pour couronner l'ouvrage,
On n'en sorte jamais s'en s'aimer davantage.

Le seigneur de l'endroit a suivi le fâcheux courant de l'émigration, et un des paysans partant de là pour médire des *dénigrants*, comme il dit, le bon curé prêche l'indulgence à cet égard comme en tout :

Mes amis, mes amis, point de plaisanterie ;
Souvenons-nous qu'il faut, pour bien juger les gens,
Être humains autant qu'indulgents.
Pour un coupable, hélas ! que d'êtres innocents
Qui réclament en pleurs le sein de leur patrie !
Faut-il empoisonner le reste de leur vie ?
Ma bouche avec vous tous ne s'ouvrira jamais
Que pour solliciter le pardon et la paix.

Tous ces Français que loin de nous
L'épouvante retient encore,
Ils n'ont pas vu d'un jour si doux
Briller la bienfaisante aurore.
Pareils à ceux que le ciel fit
Habitants d'un autre hémisphère,
Ils sont au milieu de la nuit
Quand le plein midi nous éclaire.

Mais surtout n'oublions jamais
Que chacun d'eux est notre frère.
La voix du sang chez les Français
Doit-elle un seul instant se taire?
Loin d'avoir un cruel plaisir
A les voir se troubler et craindre,
Pour parvenir à les guérir,
Il faut nous borner à les plaindre.

Tant il y a que, par les soins du digne curé, le bon accord est ramené dans le village, et au lieu des différents clubs où l'on passait le temps à se chamailler, il n'y en aura plus qu'un, celui dont il sera le président, et qui formera des patriotes dans le véritable et le meilleur sens du mot. « Embrassons-nous, faisons la paix, » tel est le refrain des couplets de la fin et il y en a même un pour Louis XVI :

Vivons désormais tous en frères,
N'affligeons plus notre bon roi !
Sous les yeux du meilleur des pères,
Obéissons tous à la loi.
De bon cœur comme il va sourire
Quand il verra tous les Français,
En vrais amis, entre eux se dire :
« Embrassons-nous, faisons la paix ! »

Le Club des bonnes gens n'eut que quarante-six représentations. L'irritation du parti extrême en exigea la disparition.

A côté des productions dramatiques qui eurent l'honneur d'être représentées, il faut en citer plusieurs autres qui ne virent jamais la scène, et ne furent que publiées.

Parmi celles-là, nous plaçons en première ligne *Théroigne et Populus*, ou *le Triomphe de la Démocratie*, drame national, en vers civiques, qui parut à Londres en 1790.

« Si le plus absolu despotisme, écrit l'auteur dans un avant-propos, a permis les licences poétiques, ce n'est point sous l'empire de la liberté qu'on doit les interdire ; elles doivent au contraire suivre le cours naturel des choses, croître en raison directe des licences patriotiques, proportionnellement à cette heureuse liberté, dont le salutaire effet nous comble de gloire et de prospérité.

« On verra, en lisant ma pièce (car elle sera lue, même par les aristocrates), que j'ai eu le courage national de m'affranchir de l'aristocratie des règles : si j'*ai* parfois resté soumis à celles des rimes, c'est que je ne puis être seul une assemblée auguste, pour détruire à la fois tous les pouvoirs, et j'attends que monseigneur Robespierre, qui a si glorieusement foulé aux pieds l'aristocratie de la reconnaissance, ait dicté un décret sur les pièces de théâtre, pour en faire une en vers blancs, sans hémistiches, commençant par la catastrophe, et conforme en tous points au système que ce membre honorable, et si bien organisé, ne peut manquer d'adopter.

« Je n'indiquerai point les beaux endroits de ma pièce ; cette tâche trop pénible annoncerait une défiance injurieuse de la loyauté de mes lecteurs ; ils verront aisément que cet ouvrage est un composé d'inspirations subites de génie, comme les décrets de la diète auguste, et non le résultat d'un travail réfléchi. »

Il s'agit des amours de Théroigne. Les amants sont nombreux ; mais Mirabeau seul contrebalance les avantages du député Populus.

THÉROIGNE

O Populus ! au nom de ma *civique* ardeur
Dissipe, cher amant, le trouble de mon cœur.
De ton auguste front daigne écarter les ombres...
Tu détournes de moi tes yeux tristes et sombres.
Au nom de tant d'amour, et par ce nœud charmant,
Qui nous unit longtemps avant le sacrement,
Tire de sa cruelle et vague incertitude
Un cœur qui de t'aimer fait son unique étude.

POPULUS, *à part*

Mirabeau ! le perfide !

THÉROIGNE

Eh bien !...

POPULUS

Le croirais-tu ?

THÉROIGNE

Parle.

POPULUS

Le traître aspire à me faire cocu.

THÉROIGNE

Oh ! comble de l'horreur !

POPULUS

Ou plutôt de ta gloire...
Il obtient sur tes sens une telle victoire !

THÉROIGNE

Ah cruel ! ah fripon ! cesse de le penser :
Un bon ajournement saura le repousser.

Populus après quatre longs actes finit pourtant par l'emporter.

POPULUS

Que j'aime cette noble et touchante candeur !

THÉROIGNE

Tu me verras, malgré ce soupçon trop injuste,
Fidèle à mes serments comme la diète auguste.

POPULUS

Dans cet heureux espoir, sans doute, il m'est bien doux,
De mettre avec mon cœur, un trône à tes genoux.

THÉROIGNE

Protége ces nœuds saints, ô Dieu de la patrie !
Et que les Populus qui nous devront la vie,
De l'aristocratie ardents persécuteurs,
Deviennent potentats et *régénérateurs* ;
Puisse le tendre amour sur leur jeune visage,
Imprimer d'un époux la séduisante image;
Et que, régulateurs des destins de l'État,
Chacun d'eux soit un jour président du Sénat.

En 1791, M. Pierre Vaqué, colonel de la garde nationale de C. (lisez : Calonges), faisait paraître un drame en cinq actes et en prose intitulé : *Les Citoyens Français* ou *le Triomphe de la Révolution*. Le drame était dédié à tous les amis de la Constitution, par un de ses plus zélés défenseurs.

Dans une longue préface, l'auteur a pris le soin d'expliquer le but qu'il s'est proposé. Il a voulu faire un grand travail sur la France régénérée. En composant sa pièce, il a cherché à entrer dans les desseins de l'Assemblée nationale, « et des bons esprits, qui secondant ses travaux régénérateurs dirigent cette puissance qui commande à toutes les puissances : l'opinion publique. » Il veut que tous les citoyens donnent à leurs ouvrages l'auguste caractère de la liberté. « C'est surtout à la scène, image perfectionnée de la société, à donner ces salutaires impressions, qui réagissant dans le sein de toutes les familles, justifieront ces fastueuses devises qui annonçaient si vainement l'école des mœurs. » Son souhait, c'est qu'elle expose sans cesse à notre émulation, toutes les vertus, embellies si c'est possible par les couleurs poétiques, mais qu'elle voue à l'opprobre et à l'exécration le crime couvert de toutes ses horreurs ; c'est qu'elle dépouille d'un prestige éblouissant ces superbes oppresseurs du genre humain ; que tourmentés par toutes les forces du remords et de la crainte, ils soient le jouet et les victimes des courtisans, des délateurs, des bourreaux, de tous ces instruments de tyrannie, et qu'en tombant sous la hache suspendue sur la tête de leurs esclaves, ils satisfassent à la justice divine et humaine. C'est encore qu'elle représente ces bons princes qui ont le noble orgucil de ne régner que par les lois, et qu'ils paraissent, dans toute leur gloire, entourés de l'amour et des bénédictions des peuples; qu'elle n'emprunte plus à la mythologie ces demi-dieux qui viennent donner aux hommes l'exemple des plus funestes comme des plus viles passions; que ces petits maîtres, ces marquis brillants, ce misérable persiflage, cet esprit de ceux qui n'en ont pas, restent à jamais ensevelis sous les ruines des gothiques institutions. Qu'elle fasse aussi disparaitre ces « convulsives » pantomimes, qui tiennent si souvent la place des développements nécessaires du dialogue. Que les talents dramatiques dégagés des chaînes d'un goût pusillanime et routinier, en prenant un plus noble essor, n'aient d'autre maitre que la nature, d'autre objet que la vocation de l'homme; et que véritable successeurs des Corneille, des Racine, des Molière et des Voltaire, ils ajoutent à la gloire de tant de chefs-d'œuvre, celle de faire du premier théâtre, un théâtre digne du plus grand de tous les peuples libres.

Tels étaient les vœux de M. Pierre Vaqué, qui voulant voir tout concourir à la félicité nationale, crut devoir soumettre aux personnes éclairées, l'idée d'un drame représentant les principales circonstances de la révolution. Dans ce temps de crise, où toutes les passions se déchaînaient, il tâcha de les mettre sur la scène, d'opposer la religion au fanatisme, la raison aux préjugés, la modestie à la vanité, la modération à l'ambition, la simplicité champêtre au faste des cours, et « l'amour de la patrie à cette violence allumée par la nature, et qui, souvent excitée par l'amour-propre, sacrifiait à toutes ses fureurs. »

La difficulté était grande de rattacher des discussions religieuses, morales et politiques, à une action dramatique. M. Pierre Vaqué la vainquit en partie.

Ce sont les mêmes idées que poursuivait M. J. B. capitaine d'une Compagnie de G. N, et membre de la société des Amis de la Constitution, de Perpignan, en composant *le Contre-Révolutionnaire* ou *les Amis de la Constitution*, drame en 3 actes.

« Recevez, je vous prie, écrivait-il aux amis de la Constitution, ces hommages, non pas de mes talents, mais du sentiment qui m'anime. Assez et trop longtemps nos théâtres ont retenti de ces fades adulations prodiguées à nos anciens tyrans. Brutus et Guillaume Tell seront désormais les seuls héros dignes de paraître sur la scène. Le feu sacré du Patriotisme ne tardera pas à l'enrichir de tableaux propres aux circonstances, et qui serviront sans cesse à ranimer l'amour de la patrie et de la liberté.

« Dans un siècle ou tout Citoyen doit s'enorgueillir d'être l'Ami de la Constitution, je n'ai pas hésité à faire imprimer le produit de mes délassements. Daignez l'accepter en faveur du sentiment qui l'a fait naître. Forcé de convenir de l'insuffisance de l'auteur, vous ne pourrez cependant vous empêcher de louer les motifs qui m'ont fait mettre au jour cet essai, qui n'a d'autre mérite que la vérité des tableaux qu'il présente. Quels seraient ma joie et mon ravissement, si quelque ennemi de la Révolution, frappé de la vérité, se dépouillait en la voyant, de tous les faux préjugés qui l'aveuglent et ne peuvent que l'égarer! Plus heureux encore, si quelque esprit timide et chancelant y puise cette constance et cette fermeté qui caractérisent les vrais Amis de la Constitution, et qui leur ont fait prendre cette glorieuse et immortelle devise : VIVRE LIBRE, OU MOURIR! »

Les pièces que nous venons de signaler célèbrent toutes la nouvelle époque. Il semble que la réaction n'ait point osé se risquer sur le théâtre. Nous ne connaissons, dans la période que nous nous sommes assignée, qu'une seule pièce anti-révolutionnaire, encore est-ce à Bruxelles qu'elle a été jouée, et l'auteur a-t-il eu le soin de ne se point nommer. *Le*

Grand dénouement de la Constitution date du 1er janvier 1790.

En voici les personnages :

M. Gros-Louis, *maître de l'auberge, à l'enseigne de la Nation, ci-devant au Grand Monarque.*

M. le Rude, *marchand, soldat retiré.*

M. Miralaid, *son ancien camarade, l'un des balayeurs et gens sûrs du club des Jacobins, voyageur en Flandres.*

M. Touvin, *écrivain, musicien, commissionnaire, homme à talents, ivrogne surtout, initié et retiré du club.*

M. Gibou, *fermier, dit le père Gibou.*

Plusieurs autres citoyens.

La scène est en Flandres, chez M. Gros-Louis.

On a levé les masques.
Quelques lignes du début suffiront.

M. LE RUDE

Eh ! bonjour donc, père Touvin ; mais quel métier fais-tu donc à présent ? on ne te voit plus ; est-ce que tu ne déjeunes plus ?

TOUVIN (*en bégayant un peu*)

Mais, M. le Rude, au contraire, il me semble que je suis partout où-où l'on déjeune... c'est à qui m'offrira bou-bouteille... je ne sais pas en conscience ce que j'ai fait au bon Dieu, que tous les honnêtes gens m'aiment comme ça...

LE RUDE

Tu t'attendris, je vois bien que tu ne mens pas, tu as déjeuné; tant pis. Voilà (*en montrant M. Miralaid*) un de mes anciens camarades avec qui je voulais te faire déjeuner... Oh! diable, c'est, c'est parlant par respect, un de Nosseigneurs consti-tuants consti-tuteurs, comme tu voudras. Il va nous en dire de belles.

MIRALAID

Toujours le même, notre ami le Rude, toujours plaisant.

LE RUDE (*à Touvin*)

Je m'y suis pris matin pour t'avoir à jeun: pas du tout, te voilà déjà dedans; tu as donc couché avec une bouteille pleine? là, conviens-en.

TOUVIN

Oh ! oh ! non, en conscience, c'est que j'ai vu de bonne heure partir un de mes amis qui a déjeuné... mais ça ne m'empêche pas d'être bien aise de vous voir boire bou-bouteille avec monsieur votre camarade.

LE RUDE

Ah ! tu ne veux pas que *la voir...* comme tu as vu l'autre. Je crois que tu les fixes trop : on dira que le vin t'entre par les yeux, mais n'importe... (*à Miralaïd*) Monseigneur, je vous donne M. Touvin pour un homme à talents, musicien, écrivain, commissionnaire, bon pied, bon œil, la langue naturellement épaisse après déjeuner, mais cela ne l'empêche pas d'écrire et de boire tout couramment ; c'est un fameux de notre ville, il est *du Cloub des amis de la Constitution...* malgré ça, c'est un garçon d'honneur dont je réponds comme de moi.

MIRALAID

Quoi ! M. Touvin, vous êtes d'un Cloub ?... Vous êtes mon homme. Et moi aussi je suis employé en qualité de principal commissionnaire et balayeur dans celui des *Jacobins de Paris*, et je puis dire dans mes halles que j'y ai du crédit... on a de la peine, à la bonne heure, il y a tant de monde ! il s'y fait tant d'ordures ! mais aussi !... Ah ! vous êtes d'un Cloub ? Touchez là, nous sommes frères.

TOUVIN (*toujours parlant avec peine*)

Quand, quand M. le Rude dit que je suis du glou, gloub...

LE RUDE (*avec vivacité*)

Allons, messieurs, allons, plaçons-nous, voilà M. Touvin tombé dans un glou-glou qui ne se passera qu'en buvant.

(*Pendant que les autres se placent à table, il dit à part à Touvin :*)

Ne va pas faire la bête, ne désavoue pas ton Cloub, un peu de honte est bientôt passée ; il s'agit de griser et de mystifier cet enfileur de Paris.

TOUVIN

Oh ! c'est différent... j'en-entends.

LE RUDE (*avec le ton vif et plaisant*)

Allons, M. Gros-Louis, vite du vin, voilà la Nation qui arrive chez vous : nous allons nous constituer *aussi* Assemblée buvante, mangeante, dévorante. Vous, papa Gros-Louis, à cause de la vieille habitude et parce que vous êtes un bon homme, nous vous constituons (*jusqu'à nouvel ordre*) notre pouvoir exécuteur ; mille bombes ! que vous allez être heureux et puissant ! Vous disposerez à votre fantaisie de toutes les bouteilles de votre cave, vous boirez quand nous voudrons, vous verserez quand nous l'ordonnerons, vous prendrez ce que nous vous donnerons... voilà qui est bien entendu... que ceux qui sont de mon avis restent assis... Personne ne bouge, c'est décrété. On voit bien qu'il n'y a pas d'avocat ici, on est d'accord tout d'un coup : dans leur grande assemblée ça aurait duré un mois à 30 mille francs par jour : ces gens-là ont toujours vendu leurs paroles bien cher... allons donc, Messieurs, vous ne demandez rien ! je viens cependant de vous rendre maîtres de la maison... Holà ! garçon, à boire et du bon, c'est pour la Nation.

MIRALAID

Bravo, le Rude, le diable m'emporte si on ne croirait pas être à l'Assemblée de Paris... Cependant tu as oublié une petite cérémonie, c'est la sanction ou plutôt l'acceptation de M. Gros-Louis (car les articles de mangerie tiennent à la constitution), ce n'est rien, on finira par s'en passer, mais les vieilles gens tiennent encore à ces misères-là : je m'en vais vous montrer comment ça se manie. (*à M. Gros-Louis avec un ton assuré*) Eh bien ! pouvoir exécuteur, acceptez-vous ?

M. GROS-LOUIS (*avec une voix tremblante*)

Mais, messieurs, vous voyez bien que dans l'état où je suis, je ne puis rien exécuter. Depuis que cette troupe de Charlatans me nourrit de pilules cons-ti-tu-ti-onnelles ; depuis que cette bande d'avocats, de procureurs et de pousse-culs a mis ma maison *en décrets,* depuis que cette troupe de scélérats a manqué d'assassiner ma femme et m'a si rudement brigandé, ça m'a fait une telle révolution que je ne puis remuer ni pied ni patte de tout le corps.

L'auteur a bien fait de garder l'anonyme.

XIV

LA PRESSE

Nous avons donné précédemment une liste à peu près complète des journaux qui parurent en 1790. Il serait superflu d'insister sur *la Lanterne* de Baillio, rédigée contre Marat; *le Journal des Clubs* fondé par Leroux et Revol; *le Journal Général de l'Europe* dirigé par Lebrun et Smith; *le Véritable Ami des Hommes* publié par Loustalot; *les Prônes Civiques* de l'abbé Lamourette; les *Actes des bons Apôtres*, le *Petit Carême de l'abbé Maury*, sermons prêchés dans l'assemblée des enragés; la *Bible d'à présent*, *le Compère Mathieu*, le *Journal* et le *Petit Journal du Palais-Royal*, *les Philippiques d'un ami de la*

Révolution, *la Correspondance des Départements*, *le Courrier des Départements*, *le Lendemain*, *le Républicain* de Dusaulchoy, autant de feuilles éphémères qui ne vécurent que quelques semaines.

Le Journal de la Société de 1789, créé par Condorcet n'avait été que le précurseur du *Journal de la Société des Amis de la Constitution* qui parut le 1er novembre 1790 et dont la rédaction fut confiée à Choderlos Laclos. L'auteur des *Liaisons dangereuses*, le futur maréchal de camp de 1792, se proposait d'y insérer les avis ou renseignements que les différentes Sociétés, affiliées à celles de Paris, jugeraient à propos de lui adresser. On y trouvait un tableau historique et raisonné des travaux de l'Assemblée, l'insertion de tous les décrets, le compte-rendu de tous les événements pouvant intéresser la Révolution, enfin la dénonciation de toutes les atteintes qui pouvaient été portées à la Constitution, par les différents pouvoirs constitués.

« Le but principal de cet ouvrage, dit-il, sous forme d'*avertissement*, est de faire aimer la Constitution ; le moyen qu'on emploiera sera de la faire connaître.

« Nous voilà à cette époque où la nation, après avoir brisé ses fers, après avoir fait entendre une volonté ferme et décidée d'être libre, a reçu avec transport, et cimenté de son assentiment les bases de la constitution qu'ont fondées les représentants. Ce n'est plus aux efforts de l'enthousiasme et d'une bouillante énergie qu'il est nécessaire de recourir ; c'est à ceux d'une noble patience et d'une fermeté généreuse. Il faut que chacun découvre, dans le développement de nos lois, l'avantage personnel qu'il en retire. Il faut donc détailler les motifs qui doivent attacher chaque citoyen à son pays, à ses nouvelles lois. Cette tâche, si elle est remplie avec un zèle éclairé et réfléchi, laissera encore une moisson assez ample au patriotisme, et présentera la récompense honorable et douce de beaucoup de bien à faire au peuple. »

Le Journal des Amis de la Constitution se scinda après la fuite du roi. Le premier journal resta aux Feuillants, le second que Laclos continua de rédiger, prit le titre de *Journal des Débats de la Société des Amis de la Constitution séante aux Jacobins*, pour se fondre un peu plus tard avec *le Journal de la Société des Amis de la Liberté et de l'Egalité.*

C'est à cette époque que Cérutti, Rabaud Saint-Etienne, Grouvelle et Guinguené firent paraître la FEUILLE VILLAGEOISE, *adressée, chaque semaine, à tous les villages de France, pour les instruire des lois, des événements, des découvertes qui intéressent le citoyen.*

Le fondateur en était Cérutti. Il y avait deux ans que s'associant au grand mouvement des esprits vers les matières politiques,il avait fait paraître son *Mémoire pour le peuple Français* qui lui valut la protection de Mirabeau. Son premier soin fut de s'assurer de son disciple Grouvelle et de Guinguené auquel le liait une vieille amitié ; mais Rabaud Saint-Etienne, qui se multipliait à l'infini et que son écrit sur les *Intérêts du Tiers-Etat* venait de mettre en relief,ne tarda pas à demander une part de collaboration qui lui fut aussitôt accordée,et le jeudi 30 septembre 1790 *la Feuille villageoise* faisait son apparition.

Le but de Cérutti était d'éclairer les hommes peu instruits sur le bien qu'ils pouvaient faire et le mal qu'ils devaient éviter.

« C'est pour vous, leur disait-il, paisibles habitants des campagnes, c'est pour vous que nous écrivons. Il est temps que l'instruction parvienne jusqu'à vous. Ci-devant, elle était renfermée dans les villes, où de bons livres ont insensiblement éclairé les esprits et préparé la Révolution, dont vous avez recueilli les premiers fruits.

« Nous avons vu le temps où l'on n'avait pas honte d'assurer que l'ignorance devait être votre partage : c'est que l'ignorance de ceux qui sont gouvernés semble faire la sûreté de ceux qui gouvernent ; c'est que des puissants qui abusent craignent toujours d'être observés. Ce temps d'obscurité n'est plus. Un nouveau gouvernement va succéder à celui qui d'abus en abus, avait accumulé les maux sur tous les rangs et toutes les conditions. Il se soutenait par les préjugés qui entretiennent l'ignorance, ou par l'autorité qui impose silence aux réclamations et aux plaintes. Celui auquel vous allez être soumis ne peut se soutenir que par les lumières : il se fortifie par l'instruction : il se nourrit, dans chacune de ses parties, par l'émulation et par les connaissances que chacun y apporte : il se remonte par la surveillance de tous ceux qui l'étudient et qui l'observent ; il périrait, s'il n'était éclairé.

« Cependant, habitants des campagnes, vous participez à ce gouvernement. Vous avez le droit d'élever ceux qui vous représentent, vous-mêmes pouvez être élus ; vos concitoyens peuvent vous confier quelque partie de l'administration de vos affaires communes : et quand même vous n'aspireriez à aucune de ces places honorables, vous devez en connaître les devoirs et les fonctions, pour obéir à ceux qui y ont été élevés, pour juger s'ils sont dignes de votre confiance. Enfin, le droit et le devoir de chacun de vous, est d'étudier les lois, afin d'apprendre à leur obéir. L'obéissance aux lois est le premier des devoirs ; mais elle est bien plus franche et bien plus assurée quand les lois sont connues de ceux qui obéissent, que lorsqu'elles ne leur parviennent que par des ordres arbitraires dont il ne leur est pas permis d'examiner les motifs. Les décrets de l'Assemblée nationale ne sont pas tous arrivés jusqu'à vous ; quelques-uns vous ont été présentés de manière à vous séduire et à vous tromper ; surtout vous ne connaissez pas la liaison qu'ils ont entre eux ; et si plusieurs vous ont instruit des bienfaits, inattendus, peut-être, qu'ils vous apportaient, vous n'avez pas eu le temps d'apprendre les obligations qu'ils vous imposent. »

La Feuille villageoise contenait toute sorte de relations, d'explications, d'exemples. C'est la première fois que la presse devenait popularisatrice : et pour donner un exemple de l'art avec lequel elle se mettait à la portée de toutes les intelligences, nous citerons l'article suivant extrait du n° 13 paru le 23 décembre 1790 et intitulé : *La conversation de bonne foi, ou la vérité dans le vin.*

Le ci-devant prince de *** est connu pour son patriotisme. Quoiqu'il ait perdu sa principauté, il n'a pas perdu sa gaîté ni sa philosophie. Il dînait avant-hier chez lui avec un ci-devant magistrat, un ci-devant ministre, un ci-devant prélat, un ci-devant duc et pair, enfin un ci-devant fermier général. Tout le monde était assez triste et assez taciturne avant de se mettre à table. La bonne chère anima les esprits. On commença par déclamer contre la Révolution. Le maître de la maison avait l'air d'applaudir. Il semblait même exciter ses convives. Je le regardais avec surprise. Il me fit signe de me taire et de patienter. L'aristocratie, tout en buvant d'excellent Champagne, répandait son fiel et sa mauvaise humeur. On apporta des vins encore plus exquis. Les valets nous laissèrent libres. Je buvais et j'écoutais en silence, les autres buvaient et parlaient avec fureur. A la fureur succéda une joie bachique. Les mécontents paraissaient heureux et les meilleurs gens du monde. Ma foi, dit alors le maître de la maison, convenons tous que nous étions de vrais aristocrates, et que nous vivions sans remords aux dépens du pauvre royaume : M. Le président, vous étiez l'oracle de votre parlement : que pensez-vous au juste de la robe ? — LE CI-DEVANT MAGISTRAT : La robe, monsieur? Elle était admirable pour nous : par le peuple, nous gouvernions le roi, et par le roi nous gouvernions le peuple : voyez-vous ce triangle :

Le parlement était placé au sommet, le roi et le peuple en bas, l'un à droite et l'autre à gauche : le roi, ou le peuple voulaient-ils s'élever ? le parlement descendait pour les écraser tous deux. — Bravo, monsieur le Président : et vous, monsieur le ministre d'État, vous étiez l'aigle du conseil : que pensez-vous du pouvoir ministériel? — LE CI-DEVANT MINISTRE : nous étions les tyrans du trône, les esclaves de la cour, les fléaux des provinces ; une femme en crédit ou un homme en faveur obtenait tout de nous avec un mot de flatterie : nous obtenions tout d'un prince avec un mot d'adresse ; avec deux ou trois mots de préambule, nous obtenions tout du peuple : le ministère était un labyrinthe dont l'intrigue ouvrait la porte, dant la complaisance tenait le fil, et dont le caprice hâtait ou retardait la sortie. — A merveille : et vous, M. l'archevêque, vous passiez pour un père de l'église : dites-nous franchement votre opinion sur elle. — Le ci-devant prélat : les clés de Saint-Pierre étaient devenues pour nous celles de tous les coffres-forts : l'ancien et le nouveau testament nous avaient servi de titres pour hériter du monde entier ; une église fondée pour les pauvres était mangée par les riches : nous avions une abbaye pour n'avoir rien fait, une crèche pour ne rien faire : nous laissions aux bons curés tout le travail de la vigne du Seigneur et nous en gardions toute la récolte. Mes bénéfices étaient en Champagne, je recueillais les vins le plus parfaits : j'avais dans ma cave 80 mille bouteilles, et dans ma bibliothèque des livres de théologie que je n'ai jamais ouverts. Nous n'avions pas besoin d'être savants. Nos prédécesseurs nous avaient si bien établis dans le monde ! Ils avaient imaginé une puissance ecclésiastique par laquelle ils se dispensaient presque d'obéir aux souverains. Si les souverains se fâchaient, nous sollicitions les papes ; si les papes nous blâmaient, nous en appelions aux conciles ; et dans ces conciles, c'est nous qui prononcions nous-mêmes : aussi chaque concile ajoutait à nos privilèges : nous laissions dire l'évangile et crier le monde : enfin nous avions tondu notre beau mouton, mais en revanche nous le bénissions :

il a repris son bien, que Dieu le bénisse! — Vous êtes un homme de bien, vous parlez comme un ange : et vous, M. le duc, nous avons ri vingt fois ensemble du manteau ducal, du chapeau de plumes, du tabouret du Louvre qui étaient les beaux restes de la Pairie : Eh bien, regrettez-vous toutes ces belles choses? — LE CI-DEVANT DUC ET PAIR : Moi, monsieur, regretter ces haillons de la féodalité, ces parodies de la grandeur? non, en vérité. J'étais obligé de ramper dans l'antichambre d'un favori, ou à la toilette d'une favorite, ou dans la garde-robe d'une femme de chambre ; enfin je valetais à Versailles pour me ruiner à Paris et dominer en province : à présent je resterai chez moi, je me reposerai ; ou plutôt je m'occuperai dans ma terre, j'aurai comme vous une excellente table et je m'enivrerai gaiement avec mon curé et mon fermier. — Ils vous éliront leur maire. Et vous, M. le Richard, vous avez amassé des millions : avouez que le métier était bon, mais un peu scélérat. — LE CI-DEVANT FERMIER GÉNÉRAL : Il faut bien l'avouer ; le cardinal de Fleuri nous avait nommés les PILIERS de l'État! nous en étions les PILLARDS : plus d'une fois, j'en conviens, le cœur m'a saigné de voir notre bonne compagnie faire envoyer le monde aux galères pour deux vols de tabac : l'argent qui nous arrivait par torrent, était mêlé des larmes publiques et des malédictions populaires ; notre rôle était assez embarrassant : quand les grands avaient besoin de nous, ils se prosternaient à notre porte ; quand nous avions besoin d'eux, ils nous foulaient sous leurs pieds! nous avions pour ainsi dire, deux faces, l'une rayonnante d'or, l'autre trempée dans la boue ; allons, il vaut mieux être républicain estimé que publicain maudit : j'ai quelques millions en assignats, je vais acheter un magnifique Domaine,d'un ci-devant abbé : je veux vivre et mourir en terre sainte. — Et moi aussi ! — Et moi aussi ! — Et moi aussi ! s'écrièrent tous les convives. Ils burent à la santé de la nation, et ils sortirent démocrates ivres, après avoir été aristocrates à jeun.

A côté de Cérutti, de Rabaud, de Grouvelle et de Guinguené, vint bientôt prendre place Mme de Genlis qui dota *la Feuille villageoise* d'une correspondance suivie, sous le titre de *Lettres de Félicie à Marianne* et qui avait pour objet de relever la condition des paysannes. Cette collaboration acheva le succès du journal dont le tirage augmentait chaque jour quand Cérutti mourut. A dater de cette époque, c'est-à-dire en 1792, Grouvelle devint rédacteur en chef. Il augmenta la rédaction de Lequinio, François de Neufchâteau, Lauthéas, Boileau, mais l'âme inspiratrice du journal n'était plus là, son succès alla en décroissant jusqu'en Thermidor, puis il cessa de paraître.

En ne nous arrêtant pas aux *Lettres du journal Français*, écrites par Marat et qui disparurent à la 8e épître ; à la *Feuille du jour* de Parisot ; au *Journal des Impartiaux* de Salles de la Salle ; au *Républicain* de Thomas Payne, Condorcet et Achille Duchâtelet ; à la *Chronique du mois* de Clavière, Garan de

Coulon et Condorcet ; au *Thermomètre du jour* de Dulaure ; à l'*Ami des citoyens* de Tallien ; à l'*Ami de la Révolution* de Duval et Moreau ; aux différents journaux : l'*Ami de la Constitution*, *le Véritable Ami du peuple*, le *Contre-Poison*, etc., etc., nous arrivons aux fameuses publications qui firent les délices de la foule, devant leur popularité à l'extravagance de leurs idées et de leur rédaction.

Une des premières qui parurent avait pour titre : *le Père Duchesne*, et était due à Lemaire.

« C'est ce journaliste constitutionnel, dit M. Léonard Gallois, qui publia les *Lettres b... t patriotiques du père Duchesne*. Quoique ces lettres ne portent aucune date, et qu'elles ne se distinguent entre elles que par leurs numéros d'ordre, il est facile de reconnaître que la première fut publiée vers le milieu de 1790. Les *Lettres b... t patriotiques* sont au nombre de 600 : elles forment aujourd'hui 4 forts volumes in-8°. Le *Père Duchesne* de Lemaire a pour épigraphe ce distique : *Castigat bibendo mores*. Lorsqu'il vit paraître d'autres feuilles sous ce même titre, Lemaire mit en tête de ses lettres une image représentant un militaire qui fume sa pipe : puis il y appliqua une sorte de timbre contenant ces mots : *Véritable père Duchesne*. On le distingue encore des autres membres de cette nombreuse famille et principalement du journal d'Hébert, par deux espèces de croix de Malte placées à la fin de chaque lettre.

« Le second de ces *Père Duchesne* est celui qui a pour titre : *la Trompette du Père Duchesne, pour faire suite aux lettres b...t patriotiques:* cette nouvelle variante de la famille appartient aussi à Lemaire. La *Trompette* vit le jour en 1792, et cessa de paraître en 1793. Il en existe 147 numéros, devenus fort rares, quoiqu'ils forment 3 volumes in-8°. »

Le *Père Duchesne* d'Hébert qui avait encore à lutter contre le *J'm'en fous ! les Pensées de Jean Bart* et le *Journal des Halles*, l'emporta bien vite sur ses devanciers. « Je suis le véritable père Duchesne, foutre ! » et il exhale « la grande colère » contre M. de La Fayette. Chaque numéro surmonté d'un marchand de fourneaux fumant sa pipe et tenant une carotte de tabac à la main et plus tard du père Duchesne lui-même, avec des pistolets à sa ceinture et brandissant une hache dont il menace un abbé suppliant, porte un titre différent. C'est : *la France sauvée ou les bienfaits de la révolution et la grande joie du Père Duchesne sur l'émission des petits assignats ;* c'est : *la Trompette du père Duchesne ;* ou bien : *la Grande visite du père Duchesne à madame ;* ou encore : *A la Chie-au-Lit* ou le *tour de Carnaval du père Duchesne* à une société d'aristocrate, et ses amours avec *une ci-devant Duchesse ;* etc., etc. Voulez-vous un aperçu du style ? citons : *le Désespoir du père Duchesne après avoir dé-*

couvert la véritable cause de la mort du grand Mirabeau.

Ah ! les bougres de scélérats ! je m'en étais bien douté, (foutre) que la mort de ce pauvre bougre n'était pas naturelle. Je sais bien, foutre, que nul ne peut échapper à la mort ; mais quoique ça la garce ne vous dépêche pas un homme en si peu de temps ; d'ailleurs, foutre, les coliques, les maux d'estomac qu'avait éprouvé Mirabeau au commencement de sa maladie, m'avaient donné des soupçons qui n'étaient que trop fondés.

. . . .

Moi, je le tiens d'un bougre qui s'y connaît et qui a vu de quoi il retourne ; il m'a dit que l'estomac et les intestins de Mirabeau étaient criblés par le poison. Il est au reste un moyen bien simple de s'en assurer ; que chacun des chirurgiens qui a assisté à l'opération, soit mandé à sa section, et qu'il atteste, sur son âme et conscience, la vérité du fait ; mais non, foutre, on s'en gardera bien. Lorsqu'il s'agit d'excuser la bougre de canaille qui a perdu ce grand homme, on ne manque jamais de prétexte. On leur aurait vu, foutre, préparer eux-mêmes le poison, qu'on ne voudrait pas en convenir. Après les avoir trouvés chez le Roi, munis de pistolets, de poignards, on a osé dire, foutre, qu'ils n'avaient que de bonnes intentions, et les bougres ont été quittes pour quelques gifles et les coups de pieds qu'ils avaient reçus. Voilà, foutre, ce qui les enhardit, ce qui les excite sans cesse à de nouveaux attentats.

Le père Duchesne n'épargna ni les anciens possesseurs de maîtrises, ni le comte d'Artois, ni le Prince de Condé, ni l'archevêque de Paris, ni l'Assemblée législative, ni la faction Brissotine, ni les généraux de la République, ni la commission des Douze, ni Chabot, ni Bazire, ni Fabre d'Eglantine et autres montagnards, ni Danton, ni Robespierre.

Ah! foutre, s'écrie-t-il dans son 355e et dernier numéro, que l'aristocratie est dure à tuer. Quand elle est prête à recevoir le coup de grâce, elle fait la morte, et lorsqu'elle paraît écrasée, elle se révolte et se ranime tout à coup pour lancer son poison avec plus de force. Chaque jour elle enfante de nouveaux monstres pour tourmenter le peuple. Pourquoi, foutre, les patriotes s'arrêtent-ils presque toujours à moitié chemin? Pourquoi quand ils sont en train de frapper, n'exterminent-ils pas à la fois tous leurs ennemis? Tout était fini le 10 août, si des bougres d'endormeurs n'avaient pas arrêté le bras vengeur du peuple; l'ogre Capet et son abominable race perdaient le goût du pain, pas un seul chevalier du poignard n'aurait échappé; d'un seul coup de filet on enlevait à Paris tous les feuillants, tous les royalistes, tous les aristocrates, et les départements qui désiraient autant que nous cette grande journée, auraient donné à plein collier dans tout ce que les Parisiens auraient fait : mais au contraire les Sans-Culottes se laissèrent embêter par des jean-foutres à double face; le modérantisme l'emporta : qu'en arriva-t-il, foutre? Les Brissotins firent la pluie et le beau temps; le vieux Roland avec les millions que la convention lui avait confiés pour acheter des subsistances, manigança contre la Révolution. Le boudoir de la putain qui l'encanaillait, remplaça le comité autrichien : ses mouchards, dispersés dans toutes les parties de la république, allumèrent partout le feu de la guerre civile. Presque tous les journalistes vendus à cette infâme clique, empoisonnèrent l'opinion. Les meilleurs citoyens furent traînés dans la boue. Les législateurs purs et courageux passèrent pour des scélérats. On accusa ceux qui avaient détruit la tyrannie de vouloir la rétablir. La voix de la vérité fut étouffée par le mensonge et la calomnie. Il n'y eut plus de sûreté pour le petit nombre d'écrivains qui était resté fidèle au peuple. Marat fut regardé comme un loup-garou ; il passa pour une bête féroce, et dans plusieurs départements on se demandait combien il mangeait de petits enfants à son déjeuner et combien par jour il buvait de pintes de sang ; cependant, foutre, il n'y avait pas d'homme plus humain. Les jean-foutrès qui voulaient s'en débarrasser à tel prix que ce fût, le firent décréter d'accusation, et pour l'assassiner plus sûrement, ils avaient formé le projet de donner de la pelle au cul au tribunal révolutionnaire, pour en créer un autre composé de coquins et de brigands de leur acabit ; mais, foutre, les Sans Culottes se rebiffèrent, le peuple défendit la cause de son véritable ami, il ne laissa pas aux Brissotins le temps d'achever leur crime. Marat parut devant ses juges, et il confondit ses accusateurs ; ramené en triomphe au haut de la sainte montagne, il y épouvanta tous les scélérats.

Robespierre et Danton ne tardèrent pas à voir

qu'Hébert voulait substituer le pouvoir de la Commune à celui de la Convention. Le 23 ventôse an II, Saint Just faisait entendre à la tribune conventionnelle ces terribles paroles : « Quoi, notre gouvernement serait humilié au point d'être la proie d'un scélérat qui a fait marchandise de sa plume et de sa conscience, et qui varie, selon l'aspect et le danger, de couleurs, comme un reptile qui rampe au soleil! Fripon, allez aux ateliers, allez sur les navires, allez labourer la terre! Mauvais citoyen, à qui la tâche imposée par l'étranger est de troubler la paix publique et de corrompre tous les cœurs, allez dans les combats; vil artisan de calamités, allez vous instruire à l'honneur, parmi les défenseurs de la patrie... Mais non! vous n'irez pas; l'échafaud vous attend! »

Quelques jours après Hébert marchait à la guillotine.

Cependant la Cour continuait d'opposer des journaux à ceux de la révolution. Ils avaient leur *Journal en Vaudevilles*, *les Sottises de la semaine*, *le Martyrologe national*, *les Quatre Evangélistes*, *les Conciliabules de la Societé des amis du Peuple*, *le Journal de Louis XVI et de son Peuple*, *la Gazette des Cours de l'Europe*, *le Véritable défenseur de la reine*, *l'Observateur féminin*, *l'Apocalypse*, *le Journal de Suleau*, *le Défenseur du Peuple*, *le Journal du soir*, *le Journal à deux liards, la Rocambole des Journaux, l'Anti-Marat, le Déjeuner, la Moutarde après dîner*, etc., etc.

A vrai dire, aucun d'eux ne fait grand honneur aux écrivains défenseurs du trône. Il faut en excepter cependant *l'Ami du Roi* que rédigeaient l'abbé Royou, « Le Marat de la monarchie », son frère et Montjoie.

L'abbé Royou était le beau-frère de Fréron. En 1778, il avait fondé avec Geoffroy le *Journal de Monsieur* qui en 1783, cessa de paraître faute de souscripteurs et « malgré sa méchanceté » a dit La Harpe. Auteur de quelques ouvrages sans importance : *Le Monde de verre réduit en poudre, Etrennes aux beaux esprits*, il s'était associé « pour faire corps et âme » son frère que nous retrouverons en 1792 créant *le Véridique*, puis *l'Invariable*, et que quelques-uns ont put voir en 1825, comme on sifflait à l'Odéon la tragédie de la *Mort de César*, s'avancer sur la scène, arracher brusquement le manuscrit des mains du souffleur et se retirer en menaçant le parterre. Quant à Montjoie qui n'avait pas encore de passé, il faudra attendre deux ans pour son *Histoire de la Révolution de France et de l'Assemblée nationale*, et le suivre à travers ses productions qui lui devaient valoir dans la suite une pension de Louis XVIII et la place de conservateur de la Bibliothèque Mazarine.

L'Ami du Roi parut le 1er juin 1790.

Voici ce qu'on lisait à la première page :

L'AMI DU ROI

DES FRANÇAIS,

De l'ordre, et surtout de la vérité.
Par les continuateurs de Fréron.

Pro Deo, Rege et Patria.

Les rédacteurs de l'Année Littéraire, frappés d'effroi, comme la saine partie du public, à la vue de cette foule innombrable de feuilles et de pamphlets périodiques, où l'on trouve tout excepté la vérité, et dont les auteurs, déchirant sans pudeur et sans retenue le parti auquel ils ne sont pas attachés, sèment l'erreur et le mensonge, font circuler la calomnie et les blasphèmes, ont pensé qu'il était de leur devoir de faire effort contre ce torrent impur.

Une épouvantable conspiration s'est formée contre l'autel et contre le trône. Les principes de justice, de fidélité, de morale, de saine politique, sont attaqués journellement par une légion d'écrivains incendiaires dont il est temps d'arrêter la scandaleuse audace. Leur frénésie est évidemment l'ouvrage de cette fausse et astucieuse philosophie, qui, depuis plus d'un demi-siècle, soulève les peuples contre ce qu'il leur importe le plus de respecter. Ses vues sacriléges et séditieuses n'échappèrent pas à Fréron, qui, en les dévoilant, prédit la révolution que cette secte orgueilleuse et ennemie de toute dépendance opérerait un jour si elle ne trouvait dans sa marche des obstacles insurmontables.

La prédiction s'accomplit aujourd'hui. Les continuateurs de cet écrivain estimable, pénétré de ses principes, jaloux de la route qu'il leur a tracée, auront, comme lui, la fermeté de démasquer les ennemis du bien public. Les attentats du fanatisme philosophique sont à leur comble ; il devient instant de redoubler de courage pour les combattre ; et comme l'attaque est journalière, la défense doit l'être aussi.

Les rédacteurs de l'Année Littéraire se proposent donc de donner tous les jours, (indépendamment du Journal qui paraît une fois par semaine, et au format duquel il ne sera rien changé, non plus qu'au genre des matières qui y sont traitées) un autre Journal qui contiendra un extrait succinct des ouvrages de littérature et de politique, le relevé de toutes les bévues, de toutes les erreurs, de toutes les calomnies qui se glissent dans tant de feuilles périodiques, un récit fidèle des événements du jour, et enfin un détail sincère et impartial de ce que chaque séance de l'assemblée nationale offrira de plus intéressant, sans s'astreindre à rapporter les adresses des différentes provinces, et les motions dans toute leur longueur, mais en n'omettant rien de ce qui, dans ces adresses, dans ces motions, et dans chacune des SCÈNES qui se passent au milieu de nos législateurs, mérite d'être connu et de devenir le patrimoine de l'histoire.

Les décrets seront relatés en entier, sinon dans toute

la longueur de leur énoncé, du moins dans leur substance. Quant à la narration des débats qui les ont précédés, et à l'égard des extraits des discours qui les ont déterminés, on ne se permettra que des réflexions justes, rapides, qui naîtront naturellement du sujet, et qui seront propres à instruire, à éclairer le peuple, et à lui rappeler sans cesse ce qu'il doit à son Dieu, à son roi, à sa patrie.

Que d'efforts qui seront superflus !

—

Nous avons fini la première partie de notre travail. Nous attendrons quelque temps pour parler du roman. En l'année 1791 un seul parut, méritant d'être signalé ; c'est un conte de Ferrières, intitulé : *Saint-Flour et Justine*.

On a vu le peuple naître et grandir, on va le voir combattre et mourir. Après les joyeuses Fédérations viendront les superbes Batailles ; après l'Espérance, la Terreur !

Juillet 1878.

A la page 39, le morceau commençant par : *Il y avait* et finissant par : *Ce fut le cas des grands orateurs de 1789*, doit être guillemeté.

Même observation pour le morceau de la page 171, commençant par : *Le premier* et se terminant : *en feignant de ne le point craindre.*

Saint-Amand (Cher). — DESTENAY, imprimeur breveté.

TABLE DES CHAPITRES

LIVRE III

La réalité.

FIN DE LA TABLE

Souvenirs de la tribune des journalistes, 1848 à 1852. 1 vol. gr. in-18 jésus. 3 »

Louis XV et sa famille d'après des lettres et des documents inédits. 1 vol. gr. in-18 jésus. 3 50

Histoire de la caricature antique, 2e édition. 1 vol. gr. in-18 orné de 100 gravures. 5 »

Histoire de la caricature moderne, 2e édition. 1 vol. gr. in-18 orné de 90 gravures. 5 »

Histoire de la caricature au moyen âge. 1 vol. gr. in-18 orné de 90 gravures. 5 »

Histoire de la caricature sous la Révolution, l'Empire et la Restauration. 1 vol. grand in-18 jésus orné de 95 gravures. 5 »

Histoire des faïences patriotiques sous la Révolution. 1 vol. gr. in-18 orné de grav. 5 »

Histoire de l'imagerie populaire. 1 v. gr. in-18 av. 50 grav. 5 »

L'Hôtel des commissaires priseurs. 1 vol. gr. in-18. 3 »

Souvenirs et portraits de jeunesse. 1 vol. 3 50

Les Cours galantes, histoire anecdotique de la société polie au XVIIIe siècle. 4 vol. in-18. 12 »

Ce qu'on voit dans les rues de Paris 1 fort vol. gr. in-18. 3 50

Les spectacles populaires et les artistes des rues, tableau du vieux Paris. 1 vol. gr. in-18. 3 50

L'Esprit des autres recueilli et raconté. 4e édition. 1 vol. in-18. 3 50

L'Esprit dans l'histoire, recherches sur les mots historiques, 3e édition. 1 vol. in-18. 3.50

Le Vieux-Neuf, histoire ancienne des découvertes modernes, nouvelle édition, 3 vol. gr. in-18 jésus. 15 »

Histoire du Pont-Neuf. 2 vol. in-18, avec photographie. 6 »

La Comédie de J. de La Bruyère. 2 vol. in-18. 6 »

ne 1. o 1 vo. gr. in-18.

La Sainte-Chapelle du P[...] de Justice de Paris, M[...] phie et recherches Historiques gr. in-18 avec gravures.

Dictionnaire des pseu[...] mes, révélations sur le mo[...] lettres, du théâtre et des arts. [...] tion. 1 fort vol. gr. in-18 jésus

Histoire de la censure [...] trale en France. 2 vol. in-[...]

Galerie du XVIIIe siècle. [...] grand in-18 jésus.

Sophie Arnould d'après sa [...] pondance et ses mémoires in[...] vol. petit in-4o avec eaux-forte[...]

L'Amour au XVIIIe siècl[...] in-16 avec eaux-fortes.

La Fin d'un monde et du [...] de Rameau, nouv. édit. [...] augm. 1 vol. gr. in-18 jésus.

Les Maîtresses du Régen[...] vol. in-18.

Les Confessions de l'a[...] de Chelles. 1 vol. in-18.

Nouveaux mémoires du [...] chal duc de Richelie[...] 1788, rédigés sur des docume[...] thentiques. 4 vol. gr. in-18 jés[...]

Souvenirs intimes de [...] Talleyrand. 1 vol. gr. in-[...]

Histoire de la musiqu[...] France, depuis les temps le[...] culés jusqu'à nos jours. 1 v. in-[...]

Des Chansons populai[...] les anciens et chez les Franç[...] historique suivi d'une étude [...] chansons des rues contempora[...] 2 vol. gr. in-18 avec gravure[...]

Journal particulier, pu[...] des documents inédits par Lou[...] LARDOT, 1 v. gr. in-18. p. verg[...]

Mémoires d'un journ[...] 6 vol. gr. in-18 jésus.

Souvenirs de la vie litt[...] 1 vol. gr. in-18 jésus.

Les Femmes de Vers[...]

Lightning Source UK Ltd.
Milton Keynes UK
UKHW021525090219
336936UK00007B/771/P

9 780266 313038